DERECHO PENAL
DE LAS PERSONAS JURÍDICAS

Enrique Agudo Fernández
Manuel Jaén Vallejo
Ángel Luis Perrino Pérez

ENRIQUE AGUDO FERNÁNDEZ
(Magistrado)

MANUEL JAÉN VALLEJO
(Magistrado)

ÁNGEL LUIS PERRINO PÉREZ
(Fiscal)

DERECHO PENAL DE LAS PERSONAS JURÍDICAS

Editorial Dykinson

Este libro ha sido sometido a evaluación
por parte de nuestro Consejo Editorial
Para mayor información, véase www.dykinson.com/quienes_somos

Editorial DYKINSON, S.L.
Meléndez Valdés, 61 - 28015 Madrid
Teléfono (+34) 915442846 - (+34) 915442869
e-mail: info@dykinson.com
http://www.dykinson.es
http://www.dykinson.com

ISBN: 978-84-9085-995-7
Depósito Legal: M-39835-2016

Preimpresión:
Besing Servicios Gráficos, S.L.
besingsg@gmail.com

Índice

INTRODUCCIÓN

1. La cuestión de la responsabilidad penal de las personas jurídicas ha sido una de las más debatidas últimamente en la doctrina, con importantes aportaciones en la dogmática española. Es un tema, además, de una enorme importancia en el espacio común europeo, con especial relevancia en el ámbito de la delincuencia económica, en el derecho penal de los negocios y de la empresa, pues no cabe duda del papel de especial protagonismo que tienen las empresas en las diferentes actividades económicas; es más, gran parte de los operadores jurídicos, cuyos comportamientos pueden incurrir en infracciones penales, son personas jurídicas.

En realidad, la necesidad de brindar una mayor protección a determinados intereses y bienes jurídicos, al menos en el sistema español vigente de *numerus clausus*, aparte de la dificultad que muchas veces existe para poder identificar las personas físicas responsables de una infracción, dada la estructura frecuentemente compleja de las empresas, ha llevado al planteamiento de esta cuestión, tanto a nivel doctrinal como a nivel legislativo, existiendo ya en España, como se verá en la presente obra, importantes aportaciones en la jurisprudencia.

Hoy se entiende por un importante sector de la doctrina que el sistema de exigencia de responsabilidad penal directa a la persona jurídica es preferible desde el punto de vista político-criminal, pues es claro que la prevención del delito resulta más eficaz si la acción penal se puede dirigir tanto contra la persona física como contra la persona jurídica, evitando el inconveniente de condicionar la imposición de la pena a la persona jurídica a la previa averiguación y sanción de la persona física autora del delito, lo que resulta muchas veces difícil por la complejidad de la distribución de funciones y competencias en el seno de las sociedades.

La evolución dogmática en esta materia, ya plasmada ampliamente en el derecho positivo de numerosos países, ha sido posible gracias a la elaboración en la doctrina de una teoría del delito propia de la persona jurídica y la superación de la vieja idea de Savigny, según la cual la norma es una orden dirigida a una persona física, siendo una ficción la infracción por parte de una persona jurídica.

Hoy es perfectamente posible afirmar que el sistema de derecho penal tiene también como destinatarios a las personas jurídicas y que, por tanto, siendo también éstas destinatarias de las normas jurídicas y capaces de acción y de responsabilidad, no en clave ontológica, naturalmente, pero sí desde el paradigma del modelo de sujeto al que aquéllas van dirigidas, favorecido sin duda por la normativización de los conceptos dogmáticos que integran la estructura del delito, la responsabilidad penal de las personas jurídicas no carece de fundamento dogmático.

Como ha dicho una de las mayores expertas en esta materia, Silvina Bacigalupo, no resulta imposible imaginar a la persona jurídica como un sujeto competente y, por lo tanto, como un sujeto imputable, añadiendo que la normativización del concepto del sujeto da una nueva perspectiva no sólo al tema de la responsabilidad penal de las personas jurídicas, sino a la necesidad del replanteamiento general de la problemática del sujeto del Derecho penal, como preconcepto de su elaboración[1].

Las personas jurídicas también pueden realizar acciones, como contratos, acuerdos, que se realizan a través de sus órganos y representantes, pero que son también acciones de la persona jurídica. En cuanto a la capacidad de culpabilidad, la doctrina ha puesto de manifiesto la posible aplicación de las reglas generales de los delitos impropios de omisión y de la *actio libera in causa,* con fundamento en una *culpabilidad de organización* (*Organizationsverschulden*)[2]. Si una per-

[1] *La responsabilidad penal de las personas jurídicas,* Barcelona, 1998, p. 220.

[2] Cfr. Bacigalupo, E., "La responsabilidad penal y sancionatoria de las personas jurídicas en el Derecho Europeo", *Revista del Foro Canario,* 1994, pp. 229; Schünemann, B., "La punibilidad de las personas jurídicas desde la perspectiva europea", en *Hacia un Derecho penal económico europeo,* cit., pp. 565 y ss.; Tiedemann, K., en *Jescheck-FS,* 1985, pp. 1411 y ss.

sona física, en el marco de esa organización, realiza un hecho previsto como delito (o, en su caso, como infracción administrativa), con consecuencias positivas para la persona jurídica (*interés para la organización*), cuyas reglas o medidas de precaución y control que le son exigibles para garantizar un adecuado desarrollo, no delictivo, de la actividad de la empresa, en ningún modo lo evitan (*defecto de organización*), dicha persona jurídica será culpable y podrá ser sancionada penalmente (o, en su caso, administrativamente), independientemente de la eventual responsabilidad de la persona física concreta que haya realizado la acción.

Aquí, pues, adquiere una enorme importancia el cumplimiento de códigos de buen gobierno corporativo, como los programas de cumplimiento normativo (*compliance-programme*), dirigidos a prevenir los riesgos derivados del sistema normativo, no ya sólo del derecho administrativo sancionador, sino también del derecho penal[3]. Normas a las que se refiere ya el art. 540 de la Ley de Sociedades de Capital, introducido por la Ley 31/2014, de 3 de diciembre, en relación a las sociedades anónimas cotizadas, que establece para éstas la obligación de hacer público anualmente un informe de gobierno corporativo, en los términos allí contemplados, debiendo figurar en él, entre otros extremos, los sistemas de control del riesgo, incluido el fiscal, el grado de seguimiento de las recomendaciones de gobierno corporativo y una descripción de las principales características de los sistemas internos de control y gestión de riesgos en relación con el proceso de emisión de la información financiera.

Por su parte, el art. 185 del Real Decreto Legislativo 4/2015, de 23 de octubre, por el que se aprueba el texto refundido de la Ley del Mercado de Valores, contiene las siguientes normas de gobierno corporativo:

> *1. Las empresas de servicios de inversión deberán contar con sólidos procedimientos de gobierno corporativo, incluida una estructura organizativa clara, adecuada y proporcionada al carácter, escala y complejidad de sus actividades y con líneas de responsabilidad bien definidas, transparentes y coherentes.*

[3] Cfr., ampliamente, Bacigalupo, E., *Compliance y Derecho Penal*, Buenos Aires, 2012, pp. 133 y ss.

A tales efectos, el consejo de administración de las empresas de servicios de inversión deberá definir un sistema de gobierno corporativo que garantice una gestión eficaz y prudente de la entidad, y que incluya el adecuado reparto de funciones en la organización y la prevención de conflictos de intereses.

2. El sistema de gobierno corporativo se regirá por los siguientes principios:

- *a) La responsabilidad de la administración y gestión de la entidad, la aprobación y vigilancia de la aplicación de sus objetivos estratégicos, su estrategia de riesgo y su gobierno interno, recaerá en el consejo de administración.*
- *b) El consejo de administración garantizará la integridad de los sistemas de información contable y financiera, incluidos el control financiero y operativo y el cumplimiento de la legislación aplicable.*
- *c) El consejo de administración deberá supervisar el proceso de divulgación de información y las comunicaciones relativas a la empresa de servicios de inversión.*
- *d) El consejo de administración es responsable de garantizar una supervisión efectiva de la alta dirección.*
- *e) El presidente del consejo de administración no podrá ejercer simultáneamente el cargo de consejero delegado, salvo que la entidad lo justifique y la Comisión Nacional del Mercado de Valores lo autorice.*

3. El consejo de administración vigilará la aplicación del sistema de gobierno corporativo y responderá de ella. Para ello deberá controlar y evaluar periódicamente la eficacia del sistema y adoptar las medidas adecuadas para solventar sus deficiencias.

4. Las empresas de servicios de inversión contarán con una página web donde darán difusión a la información pública prevista en este capítulo y comunicarán el modo en que cumplen las obligaciones de gobierno corporativo.

5. A los efectos de lo previsto en esta ley, se equiparará el consejo de administración a cualquier órgano equivalente de las empresas de servicios de inversión.

6. Las restantes entidades que presten servicios de inversión, de conformidad con lo dispuesto en este título, deberán contar con una estructura organizativa clara, adecuada y proporcionada al carácter, escala y complejidad de los servicios de inversión que presten.

2. Puede afirmarse, pues, que la culpabilidad por defecto de organización[4] es la que basa la culpabilidad de las personas jurídicas, y que ésta se debe excluir necesariamente cuando *ex ante* el programa de *compliance* y/o un adecuado código de buen gobierno corporativo permita demostrar que en el seno de la organización de la persona jurídica se ha cumplido con el deber de cuidado exigido para la evitación de riesgos penales y, por tanto, no haya infracción de deber, ni defecto de organización de la persona jurídica; en estos casos, pues, se debe excluir toda responsabilidad. Cuestión diferente, en pleno debate actual, es la referida a la naturaleza jurídica que deba atribuirse a esta exclusión de la responsabilidad penal de las personas jurídicas. Como simple muestra de la polémica que existe al respecto y que será objeto de tratamiento en esta obra, la Circular 1/2016 sitúa la existencia de modelos de organización y gestión en la punibilidad, siendo la eximente una especie de excusa absolutoria, mientras que la Sentencia del Tribunal Supremo 154/2016 sitúa la eximente en el tipo objetivo. Y en la doctrina, por ejemplo, como se verá más adelante, Gómez-Jara sostiene que el defecto de organización tiene que ver con la imputación objetiva (riesgo permitido), luego en sede de tipicidad, mientras que la cultura de cumplimiento (*compliance*) se referiría más bien a la culpabilidad.

Naturalmente, no cualquier tipo de programa de *compliance* permitirá excluir sin más la responsabilidad penal de la persona jurídica. Para ello, dicho programa deberá ser elaborado atendiendo a las distintas y concretas formas de organización dentro de la empresa, de su objeto de negocio y de sus riesgos específicos, la dimensión de la

[4] En la doctrina, ya desde la introducción de la responsabilidad penal de la persona jurídica en la reforma del Código Penal de 2010, se hizo hincapié en la necesidad de basar el fundamento de la responsabilidad penal de aquélla en "la constatación de un defecto de organización o de funcionamiento de la entidad jurídica, que permitió, sin preverlo y evitarlo, que su administrador, representante o dependiente" cometiera el delito: Rodríguez Ramos, L., en "La culpabilidad en los delitos cometidos por la persona jurídica", en *La Ley*, núm. 7694/2011.

empresa y sus sucursales o filiales, etc., cobrando especial trascendencia la supervisión interna dentro de la propia organización empresarial (como la auditoría interna); en función de todo ello se podrá configurar y delimitar la posición de garante, los deberes de supervisión y control, así como los requisitos que ha de cumplir su eventual delegación.

Lo anterior guarda estrecha relación con la cuestión referida a la eficacia de los modelos de gestión y, consecuentemente, con el problema de las certificaciones de calidad o sobre la idoneidad de dichos modelos, algo sobre lo que la Circular de la Fiscalía General del Estado 1/2016 proporciona unas primeras pautas de enorme interés.

La nueva responsabilidad penal de las propias personas jurídicas sitúa a la actividad empresarial en unos parámetros que llevarán a la empresa a una nueva forma de hacer negocio, de gestión responsable y de logro de un "buen gobierno corporativo", esto es, de "buen ciudadano corporativo", entendido como "corporación que cumple con el derecho", idea que basa el concepto de culpabilidad de organización.

En fin, se trata de un nuevo derecho penal, que se sitúa junto con el de las personas físicas, en el marco de una clara tendencia de la doctrina mayoritaria al reconocimiento de la responsabilidad penal de las personas jurídicas[5], aunque no falten voces autorizadas en contra de este nuevo fenómeno[6], que dada su indudable importancia, especialmente a partir de las mejoras introducidas en esta materia

---

[5] Así, entre otros: Bacigalupo, S., *La responsabilidad penal de las personas jurídicas*, Barcelona, 1998; Gómez-Jara Díez, C., *Fundamentos modernos de la responsabilidad penal de las personas jurídicas. Bases teóricas, regulación intencional y nueva legislación española*, Buenos Aires/Montevideo, 2010; Zugaldía Espinar, J.M., "Conveniencia político-criminal e imposibilidad dogmática de revisar la fórmula tradicional *societas delinquere non potest*", *Cuadernos de Política Criminal* núm. 11/1980, pp. 70 y ss. y "Bases para una teoría de la imputación de la persona jurídica", *Sistemas Penales Iberoamericanos*, Libro Homenaje al Profesor Enrique Bacigalupo en su 65 Aniversario (Director: Manuel Jaén Vallejo), auspiciado por el Instituto Latinoamericano de las Naciones Unidas para la Prevención del Delito y Tratamiento del Delincuente, Lima 2003, pp. 641 y ss.; Rodríguez Ramos, L., "¡*Societas delinquere potest*! Nuevos aspectos dogmáticos y procesales de la cuestión", *La Ley*, núm. 4136, 3-10-1996, y en *Anuario Derecho Penal 96*, dedicado monográficamente a la responsabilidad penal de las personas jurídicas (director José Hurtado Pozo), Perú, 1997, pp. 127 y ss.

[6] V. análisis crítico de Pérez del Valle, C., en *Lecciones de Derecho penal. Parte General*, Madrid, 2016, pp. 81-83.

por la Ley Orgánica 1/2015 y de los pronunciamientos ya existentes al respecto en la jurisprudencia de la Sala de lo Penal del Tribunal Supremo[7], nos ha llevado a sumar esta nueva obra a las anteriores publicaciones dedicadas al proceso de reformas de los últimos años referidas al Código Penal y a la Ley de Enjuiciamiento Criminal.

[7] Sentencias 514/2015, de 2 de septiembre, 154/2016, de 29 de febrero, y 221/2016, de 16 de marzo.

CAPÍTULO I
LA PERSONA JURÍDICA COMO NUEVO SUJETO DE LA RESPONSABILIDAD PENAL. FUNDAMENTO Y CUESTIONES DE PARTE GENERAL. ASPECTOS PROCESALES

1. DEL PRINCIPIO *SOCIETAS DELINQUERE NON POTEST* AL PRINCIPIO *SOCIETAS DELINQUERE POTEST*

1.1. En una *Recomendación de 20 de octubre de 1988*, el Comité de Ministros de los Estados miembros del Consejo de Europa había propuesto "la aplicación de la responsabilidad y de sanciones penales a las empresas, cuando la naturaleza de la infracción, la gravedad de la culpabilidad de la empresa, la consecuencia para la sociedad y la necesidad de prevenir otras infracciones, así lo exijan".

Pero para ello era necesario afrontar el problema que presenta la posibilidad de responsabilizar penalmente a las personas jurídicas, al menos en el marco de la tradición del viejo principio *societas delinquere non potest*, tan arraigado en la doctrina durante mucho tiempo.

En el *X Congreso Internacional de Derecho Comparado* (Budapest, 1978), que trató monográficamente este tema, ya se había puesto de manifiesto un clima favorable, desde un punto de vista político-criminal, a la derogación de aquel viejo principio, dada la cada vez mayor proliferación de sociedades relacionadas con la delincuencia económica, aunque en la teoría se seguía objetando que tal derogación no era posible por los conceptos dogmáticos de acción, culpabilidad y pena. Sin embargo, la doctrina se fue mostrando partidaria, en forma cada vez más extendida, de la responsabilidad penal de las personas jurídicas, aunque para ello fuera necesario reformular aquellos conceptos.

Y, efectivamente, en el derecho penal europeo se ha ido receptando poco a poco la tesis favorable a la fórmula *societas delinquere potest*, esencialmente por razones de necesidad práctica, en especial en el ámbito del derecho penal económico, como las que tienen que ver con la eficacia en la protección de determinadas normas penales y las dificultades de prueba sobre las personas físicas responsables de la infracción, dadas las complejas estructuras de las empresas en la sociedad actual.

De todos modos, las normas internacionales, como es el caso, por ejemplo, de la Convención para combatir el cohecho de servidores públicos extranjeros en transacciones comerciales internacionales adoptada por la Conferencia negociadora el 21 de noviembre de 1997, no exigen prever necesariamente la responsabilidad penal de las personas jurídicas, aunque sí la previsión de "sanciones eficaces, proporcionadas y disuasivas", que bien pueden ser las del derecho administrativo sancionador.

Así, en algunas legislaciones, como es el caso de Bélgica e Italia, se admite únicamente la responsabilidad penal indirecta de la persona jurídica, permitiendo que la multa y la indemnización a los perjudicados pueda recaer en la persona jurídica en cuyo nombre e interés se haya actuado, aunque sí está prevista la responsabilidad directa en el ámbito administrativo sancionador, como ocurre también en Alemania, sin duda por la necesidad de contemplar en los respectivos ordenamientos jurídicos sanciones eficaces, suficientemente persuasivas, para las personas jurídicas, cuando cometan determinados ilícitos, relacionados con la corrupción, protección de los intereses financieros de la Unión Europea, de los consumidores, salud pública, etc.

Pero la mayoría de los países, como Dinamarca, Francia, Grecia, Holanda, Irlanda, Noruega, y desde 2010 España, admiten ya la responsabilidad penal directa de la persona jurídica, admitida ampliamente desde hace tiempo en los sistemas jurídicos que tienen su origen en el *Common Law*, como EE.UU, Inglaterra, Canadá y Australia, a través de un sistema que permite, en los casos expresamente previstos y bajo determinadas condiciones, sancionar a las personas jurídicas, con independencia de la eventual responsabilidad de la persona física por un delito de comisión o de omisión.

También en la propuesta de *Corpus Juris* de disposiciones penales para la protección de los intereses financieros de la Unión Europea (versión de Florencia, 2000) estaba prevista la responsabilidad penal directa de las agrupaciones, en relación a determinadas infracciones (arts. 1 a 8)[8], sin perjuicio de la que pudiera corresponder a las personas físicas autoras o partícipes en los mismos hechos[9].

Por su parte, la Comisión Redactora del Código Penal Tipo Iberoamericano[10], en su III Encuentro (Panamá, 1998), acordó incorporar a dicho Código Tipo un artículo relativo a la responsabilidad penal de las personas jurídicas, en el que se reconocía la responsabilidad penal directa de las personas jurídicas, con un amplio catálogo de penas, de aplicación a los delitos que expresamente se mencionen, de acuerdo con un sistema de *numerus clausus*, quedando pendiente de discusión los criterios de imputación[11].

---

[8] V. Bacigalupo, E. y Silva Castaño, M.L., *Un derecho penal para Europa: Corpus Juris 2000*, Cuadernos «Luis Jiménez de Asúa», núm. 18, Madrid, 2004. V. también, amplias referencias a las personas jurídicas en el *Corpus Juris*, en Jaén Vallejo, M., *Cuestiones actuales del derecho penal económico*, Buenos Aires, 2004, pp. 61 y ss.

[9] Así, el art. 13 de dicha propuesta (antiguo art. 14) establecía lo siguiente: *"Responsabilidad penal de las agrupaciones. 1. Serán igualmente responsables de las infracciones definidas con anterioridad (arts. 1 a 8) las agrupaciones que tuvieran personalidad jurídica, así como las que tuvieran la calidad de sujeto de derecho y sean titulares de un patrimonio autónomo, cuando la infracción hubiera sido realizada por cuenta de la agrupación por un órgano, un representante o cualquier persona que hubiera actuado en nombre propio o con un poder de decisión de derecho o de hecho. 2. La responsabilidad penal de las agrupaciones no excluirá la de las personas jurídicas, autores, inductores o cómplices de los mismos hechos"*.

[10] V., ampliamente, sobre los trabajos de la Comisión Redactora del Código Penal Tipo Iberoamericano, a partir de 1994, Jaén Vallejo, M., en *La Justicia Penal ante los nuevos retos de la actualidad*, Fundación de Cultura Universitaria, Montevideo, 2001, pp. 137 y ss.

[11] El texto de ese artículo era el siguiente: "*1. Las personas jurídicas son penalmente responsables en los casos previstos por la ley. Los entes públicos no son responsables más que de los delitos cometidos en el ejercicio de actividades susceptibles de ser desarrolladas también por los particulares. 2. La responsabilidad penal de las personas jurídicas no excluye la de las personas físicas autores o partícipes de los mismos hechos. 3. Los Jueces y Tribunales podrán imponer a las personas jurídicas las siguientes penas: a) Disolución. b) Clausura por tiempo no superior a cinco años. c) Suspensión total o parcial de actividades por tiempo no superior a cinco años. d) La*

1.2. De todos modos, la tendencia cada vez mayor al reconocimiento de este nuevo sujeto del derecho penal, ya plasmada en numerosos códigos penales, tiene mucho que ver con el fenómeno del creciente desarrollo del derecho penal económico, un derecho penal de los negocios y de la empresa que abarca gran parte de la parte especial, y desde luego esta responsabilidad penal de las personas jurídicas, junto con la implementación de los principios de transparencia, tiene mucho que ver con la prevención de la corrupción, que tanto preocupa en la sociedad actual[12].

Probablemente también haya contribuido al reforzamiento de la extensión de la responsabilidad penal a las personas jurídicas el contexto de la crisis financiera global que ha acompañado en los últimos años a este nuevo fenómeno; contexto en el que ciertas empresas fueron percibidas como responsables principales del origen, desarrollo y desenlace de aquella crisis.

1.3. En España, fue la reforma del Código Penal de 22 de junio de 2010 la que introdujo la responsabilidad de las personas jurídicas[13], estableciendo así en el derecho español una figura vigente hace ya tiempo en el derecho comparado, que acompaña a la indudable expansión que está experimentando desde hace años el derecho penal, el más contundente del Estado, extendiéndose la legislación penal a ámbitos tradicionalmente reservados a otros subsistemas jurídicos, como el derecho administrativo, el laboral, y el civil y mercantil.

La reforma de 2010 introdujo la responsabilidad penal de las personas jurídicas, con independencia de la responsabilidad en la

---

intervención judicial para no perjudicar los intereses de los trabajadores. Dicha intervención no podrá ser superior a cinco años. e) Multa hasta el décuplo del beneficio obtenido por la actividad delictiva. f) Caución de conducta. g) El comiso de los instrumentos y los productos con los que se haya ejecutado el hecho, así como de los beneficios obtenidos con la infracción. h) Pérdida de beneficios fiscales o de Seguridad Social. i) Amonestación. j) Publicación de la Sentencia".

12 Al respecto ha señalado Jaén Vallejo, M., que "los delitos llamados de «corrupción» ocupan hoy un destacado lugar en el derecho penal económico, preocupando en los últimos años las prácticas corruptas entre operadores económicos y funcionarios, así como entre empresas y partidos políticos", que pueden afectar al propio sistema institucional, en *Estudios Penales*, Santiago de Chile, 2006, p. 120.

13 En palabras de A. del Moral García, en la obra conjunta *Aspectos prácticos de la responsabilidad criminal de las personas jurídicas* (J.M. Zugaldía y E. Marín de Espinosa, coordinadores), Navarra, 2013, p. 229, "la más revolucionaria de las modificaciones del sistema penal introducidas en la reforma de 2010".

que puedan incurrir las personas físicas integrantes de aquéllas, en la línea de otros códigos penales europeos. Básicamente, se trata de que los administradores sigan respondiendo por su propia conducta, pero que la sociedad responda también por los delitos que en su seno cometan aquéllos, actuando en nombre y provecho de la sociedad, e incluso por los cometidos por subordinados sobre los cuales los administradores no hayan ejercido el debido control. Es más, la sociedad ha de ser responsable aunque no se haya podido identificar a la persona que realmente haya actuado en su nombre, pero sí se pueda acreditar la existencia de un delito realizado por alguna persona con capacidad decisoria en la sociedad.

Dos son, pues, las notas características de esta responsabilidad penal: la existencia de una conexión con la persona jurídica, que no significa una transferencia de responsabilidad, y la idea de la culpabilidad de aquélla por un déficit de organización, en la que tendrán una importancia extraordinaria, tanto el cumplimiento de códigos de buen gobierno corporativo, como los programas de cumplimiento normativo (*compliance-programme*), dirigidos a prevenir los riesgos derivados del sistema normativo, no ya sólo del derecho administrativo sancionador, sino también del derecho penal.

A partir de entonces puede decirse que hay dos códigos dentro del mismo código penal: el de las personas físicas y el de las personas jurídicas.

1.4. Lo cierto es que tanto en lo sustantivo como en lo procesal, la nueva responsabilidad penal de las personas jurídicas presentaba lagunas, que dificultaban su aplicación práctica. Las de índole procesal se intentaron cubrir a través de la Ley 37/2011, de 10 de octubre, de medidas de agilización procesal, que introdujo las necesarias modificaciones en la Ley de Enjuiciamiento Criminal relativas a las implicaciones procesales del régimen de responsabilidad penal de las personas jurídicas (competencia, derecho de defensa, intervención en el juicio, etc.), que la Sala de lo Penal del Tribunal Supremo, a través de su doctrina jurisprudencial, irá elaborando sobre esta novedosa y trascendente materia[14], habiendo

[14] Junto a la valiosa bibliografía que ya hay en la teoría sobre la responsabilidad penal de las personas jurídicas, adquieren una gran importancia las dos circulares de

dejado ya claro aquélla, desde su primera Sentencia en esta materia, la Sentencia 514/2015, de 2 de septiembre, que "cualquier pronunciamiento condenatorio de las personas jurídicas habrá de estar basado en los principios irrenunciables que informan el derecho penal", refiriéndose tanto a los principios del derecho penal sustantivo como a los del proceso *ex* art. 24 de la Constitución. Pronunciamiento que fue reiterado tanto en la Sentencia del Pleno de dicha Sala 154/2016, de 29 de febrero, como en la Sentencia 221/2016, de 16 de marzo, en la que el Tribunal Supremo deja claro que "la responsabilidad de las personas jurídicas sólo puede declararse después de un proceso con todas las garantías" y la imposición de cualquiera de las penas "sólo puede ser el desenlace de una actividad jurisdiccional sometida a los principios y garantías que legitiman la actuación del *ius puniendi*".

En cuanto a las lagunas de orden sustantivo son las que se intentaron cubrir con la Ley Orgánica 1/2015. La reforma del Código Penal operada por la Ley Orgánica 1/2015 introdujo una mejora técnica en la regulación del régimen de responsabilidad penal de las personas jurídicas que había sido introducido en 2010 (Ley Orgánica 5/2010, de 22 de junio), delimitando con detalle el concepto de «debido control», cuyo quebrantamiento puede basar la responsabilidad penal, pero cuyo cumplimiento, a su vez, puede permitir excluir la responsabilidad penal de la persona jurídica, a diferencia de lo que ocurría en la anterior redacción, en la que tal circunstancia sólo operaba, incomprensiblemente, como circunstancia atenuante.

La responsabilidad penal de las personas jurídicas, que tanta proyección puede llegar a tener en la delincuencia económica, apenas se había venido aplicando desde su introducción en el Código Penal, precisamente por ese déficit antes referido en la regulación

---

la Fiscalía General del Estado: la Circular 1/2011, que proporciona unos lineamientos de sumo interés para todos los operadores jurídicos que pretendan la aplicación de esta figura y, especialmente, para aquellos abogados de empresa que tienen la responsabilidad precisamente de advertir y orientar para prevenir los riesgos de sanciones que puedan derivar de los negocios en el marco de la empresa; y la Circular 1/2016, no menos interesante, que entre otros aspectos proporciona ciertos criterios para valorar la eficacia de los *compliance*, por más que la última palabra la tendrá el Tribunal Supremo, cuando se pronuncie sobre este particular y demás cuestiones referidas a esta nueva materia de la responsabilidad penal de las personas jurídicas.

de la responsabilidad penal de estos nuevos sujetos del derecho penal. Ello podía verse perfectamente al contraponer la opinión que venía teniendo la Fiscalía General del Estado, que interpretaba en su Circular 1/2011[15] que el régimen de responsabilidad de las personas jurídicas era un régimen vicarial, como el americano, de aplicación casi automática, con la opinión de la Organización para la Cooperación y el Desarrollo Económicos (OCDE), que interpretaba que era un sistema que, al no determinar el fundamento de aplicación, era de imposible aplicación. Esta disparidad de interpretaciones venía originando una alta inseguridad jurídica, que era necesario resolver.

Las reformas de 2010 y 2015 han hecho realidad, en el plano legislativo, la derogación del viejo principio *societas delinquere non potest*, y la vigencia del principio *societas delinquere potest*, introduciendo la última reforma importantes mejoras, que ya permiten la aplicación práctica de este nuevo derecho penal. Entre esas mejoras puede mencionarse la limitación de la responsabilidad penal de las personas jurídicas, en el caso de los delitos cometidos por los dependientes de sus representantes legales o personas con capacidad decisoria, a aquellos supuestos en los que la infracción del deber de supervisión haya sido grave. Y, lo que es extraordinariamente importante y a lo que ya se ha hecho referencia, la existencia de un buen programa de prevención excluye la responsabilidad de la persona jurídica, no sólo cuando sea adecuado para prevenir el riesgo de delitos de la naturaleza del que fue cometido, sino también cuando sea adecuado para reducir de forma significativa el riesgo de su comisión. Naturalmente, la determinación de cuándo existe una reducción significativa del riesgo requerirá de una valoración por los Tribunales, pero no cabe duda que se trata de una previsión razonable y adecuada para evitar la comisión de delitos y, por tanto, suficiente para evitar la responsabilidad de la persona jurídica, aunque finalmente no pueda llegar a evitarse el delito.

---

[15] Circular 1/2011 de la Fiscalía General del Estado relativa a la responsabilidad penal de las personas jurídicas conforme a la reforma del Código Penal efectuada por Ley Orgánica número 5/2010.

2. Responsabilidad de los entes colectivos sin personalidad jurídica: consecuencias accesorias que les son aplicables

2.1. En España se receptó la fórmula *societas delinquere potest* en el ámbito administrativo sancionador, concretamente, con carácter general, en el art. 130 de la Ley 30/1992, de 26 de noviembre, de Régimen Jurídico de las Administraciones Públicas y del Procedimiento Administrativo Común[16] y, en particular, en los distintos ámbitos, como en el art. 77.3 de la Ley General Tributaria, en el art. 93 de la Ley 22/1988, de 28 de julio, de Costas, art. 118 de la Ley 27/1992, de 24 de noviembre, de Puertos del Estado y de la Marina Mercante, etc.

El Código Penal español de 1995 no quiso quedar al margen de esta nueva corriente, por lo que introdujo, a través de su art. 129[17], la posibilidad de que los Jueces y Tribunales pudieran imponer a empresas, sociedades, asociaciones y fundaciones, una serie de medidas, que aunque las denominaba «accesorias», se trataba, en realidad, de verdaderas penas[18], orientadas, en los términos de ese artículo, an-

---

[16] Cuyo número 1 establecía que "sólo podrán ser sancionadas por hechos constitutivos de infracción administrativa las personas físicas y jurídicas que resulten responsables de los mismos aun a título de simple inobservancia". Esta Ley de 1992 ha sido derogada por la hoy vigente Ley 39/2015, de 1 de octubre, del Procedimiento Administrativo Común de las Administraciones Públicas.

[17] Sobre la confusión reinante a propósito de la naturaleza jurídica de las «consecuencias accesorias» del art. 129, cfr. Zugaldía Espinar, J.M., "¿Qué queda en pie en el derecho penal del principio «mínima intervención, máximas garantías»?, en *Cuadernos de Política Criminal*, núm. 79/2003, pp. 120-123.

[18] Esta cuestión, de todos modos, no es pacífica, en absoluto, en la doctrina española; cfr., a favor de este punto de vista, Rodríguez Ramos, L., "¡*Societas delinquere potest*! Nuevos aspectos dogmáticos y procesales de la cuestión", *La Ley*, núm. 4136, 3-10-1996, y en *Anuario Derecho Penal 96*, dedicado monográficamente a la responsabilidad penal de las personas jurídicas (director José Hurtado Pozo), Perú, 1997, pp. 127 y ss., Zugaldía Espinar, J.M., "Las penas previstas en el art. 129 del Código penal para las personas jurídicas (consideraciones teóricas y consecuencias prácticas)", *Revista del Poder Judicial*, núm. 46/1997, pp. 327 y ss., Bacigalupo, S., en "Las consecuencias accesorias aplicables a las personas jurídicas en el Código penal de 1995", *Curso de Derecho Penal Económico* (varios autores; obra dirigida por Enrique Bacigalupo), Madrid, 1997, p. 73, y en *La responsabilidad penal de las personas jurídicas*, Barcelona, 1998, pp. 101 y ss., y Jaén Vallejo, M., en *Derecho penal y sociedad moderna*, Universidad Santo Tomás, Bogotá, 2006, p. 147; a favor de entender que son consecuencias "accesorias" de la

tes de su modificación por la Ley Orgánica 5/2010, de 22 de junio, «a prevenir la continuidad en la actividad delictiva y los efectos de la misma».

Las penas previstas en dicho artículo, según la redacción dada por la Ley Orgánica 10/1995, eran las siguientes: a) clausura de la empresa, sus locales o establecimientos, con carácter temporal o definitivo; b) disolución de la sociedad, asociación o fundación; c) suspensión de las actividades de la sociedad, empresa, fundación o asociación por un plazo que no podrá exceder de cinco años; d) prohibición de realizar en el futuro actividades, operaciones mercantiles o negocios de la clase de aquéllos en cuyo ejercicio se haya cometido, favorecido o encubierto el delito; e) la intervención de la empresa para salvaguardar los derechos de los trabajadores o de los acreedores por el tiempo necesario y sin que exceda de un plazo máximo de cinco años.

El legislador de 1995 olvidó entonces sanciones características en la lucha contra la delincuencia económica y acordes con la naturaleza de las personas jurídicas, tales como la propia multa, la pérdida de beneficios fiscales, aplicación de beneficios económicos a fines sociales, publicación de la sentencia, prohibición de contratar con empresas públicas, etc., sanciones que hubieran enriquecido el art. 129 y facilitado los fines de prevención especial que con el mismo se pretendían. De todos modos, algunas de estas sanciones estaban previstas en la parte especial del Código con respecto a algunos delitos, como por ejemplo en el art. 369.2 (tráfico de drogas), en donde se prevé la imposición de multa «a la organización, asociación o persona titular del establecimiento» y «la pérdida de la posibilidad de obtener subvenciones o ayudas públicas y del derecho a gozar de beneficios o incentivos fiscales o de la Seguridad Social» (redacción dada por la Ley Orgánica 15/2003).

La reforma operada en el Código por la Ley Orgánica 5/2010 enriqueció el catálogo de consecuencias, mantenido luego por la Ley

---

pena, G. Guinarte Cabada, en *Comentarios al Código Penal de 1995* (dirección Vives Antón), Valencia, 1995, pp. 665 y ss., Gracia Martín, L., "La cuestión de la responsabilidad penal de las propias personas jurídicas", en *Actualidad Penal*, núm. 39 (octubre 1993); por su parte, Cerezo Mir, J., en su *Curso de Derecho Penal Español*, PG, II, 5ª edición, Madrid, 1997, pp. 69 y ss., considera que se trata de consecuencias accesorias de carácter administrativo.

Orgánica 1/2015, y que son las que se mencionan en las letras c) a g) del apartado 7 del art. 33: suspensión de sus actividades por un plazo que no podrá exceder de cinco años; clausura de sus locales y establecimientos por un plazo que no podrá exceder de cinco años; prohibición –temporal o definitiva– de realizar en el futuro las actividades en cuyo ejercicio se haya cometido, favorecido o encubierto el delito; inhabilitación para obtener subvenciones y ayudas públicas, para contratar con el sector público y para gozar de beneficios e incentivos fiscales o de la Seguridad Social, por un plazo que no podrá exceder de quince años; e intervención judicial para salvaguardar los derechos de los trabajadores o de los acreedores por el tiempo que se estime necesario, que no podrá exceder de cinco años, aclarando el art. 129.3 que "la clausura temporal de los locales o establecimientos, la suspensión de las actividades sociales y la intervención judicial podrán ser acordadas también por el Juez Instructor como medida cautelar durante la instrucción de la causa a los efectos establecidos en este artículo y con los límites señalados en el artículo 33.7".

2.2. En realidad, más allá de las palabras utilizadas por el legislador («consecuencias accesorias»), y de la falta de un reconocimiento expreso en tal sentido, puede afirmarse que en España comenzó la derogación del principio *societas delinquere non potest*, a partir de la aprobación del Código Penal de 1995, iniciándose paralelamente la consagración del principio *societas delinquere potest*, en un proceso que puede decirse que ha culminado de momento con ocasión de la Ley Orgánica 1/2015.

Lamentablemente, en esta última reforma se ha mantenido la distinción entre las personas jurídicas en sentido estricto, a las que se refiere el art. 31 bis, y el art. 129, reservado a entes sin personalidad jurídica, lo cual no deja de generar cierta confusión, aparte que tal distinción hoy en día está superada y no se corresponde con la realidad de los negocios. Acaso hubiera sido mejor aprovechar la reforma para unificar ambos supuestos

El art. 129 establece que las consecuencias accesorias sólo podrán aplicarse a las empresas, organizaciones, grupos o entidades o agrupaciones de personas, sin personalidad jurídica, "cuando este Código lo prevea expresamente, o cuando se trate de alguno de los delitos por los que el mismo permite exigir responsabilidad penal a las personas jurídicas". Se establece así, lo mismo que en cuanto a la responsabilidad penal de las personas jurídicas, un sistema basado en el *numerus clausus*.

Actualmente, el régimen del art. 129 del Código Penal, se contempla expresamente para los delitos relativos a la manipulación genética (art. 162), la alteración de precios en concursos y subastas públicas (art. 262), la negativa a actuaciones inspectoras (art. 294), los delitos cotra los derechos de los trabajadores (art. 318), la falsificación de moneda (art. 386.4), la asociación ilícita (art. 520) y la organización y grupos criminales y organizaciones y grupos terroristas (art. 570 quater).

2.3. La evolución dogmática en esta materia, ya plasmada, como se ha visto, en el derecho positivo, ha sido posible gracias a la elaboración en la doctrina de una teoría del delito propia de la persona jurídica y, como se dijo, la superación de la vieja idea de Savigny, según la cual la norma es una orden dirigida a una persona física, siendo una ficción la infracción por parte de una persona jurídica.

Con razón ha dicho Bacigalupo que los dogmas de la dogmática no son sino decisiones y elecciones primeras de cadenas argumentales, no susceptibles de una fundamentación última[19], luego no es posible entender que existe un único concepto válido de acción, como comportamiento humano, y un único concepto válido de culpabilidad. Por ello, siguiendo a Zugaldía, que bien temprano defendió la idea de la responsabilidad penal de las personas jurídicas, "no es metodológicamente correcto preguntarse por la capacidad de acción y de culpabilidad de las personas jurídicas partiendo de un concepto de acción y de culpabilidad exclusivamente válido para las personas físicas; lo que procede es preguntarse si puede existir un concepto de acción y de culpabilidad válido (también o exclusivamente) para las personas jurídicas"[20].

---

[19] Cfr. Bacigalupo, en *Delito y punibilidad*, Madrid, 1983, pp. 30 y ss. Hay una 2ª ed. ampliada de esta obra, publicada en Buenos Aires, 1999.

[20] "Vigencia del principio *societas delinquere potest* en el moderno derecho penal", en *Revista Canaria de Ciencias Penales*, número monográfico 1/1999, p. 284; cfr. también Hurtado Pozo J., "Personas jurídicas y responsabilidad penal", *Anuario de*

Pues bien, un primer punto de vista, en el marco del funcionalismo jurídico es el sostenido por Jakobs, quien defiende un concepto de acción y de culpabilidad que podría ser válido tanto para las personas físicas como para las jurídicas. Según este autor, que ha llevado a cabo un análisis sistémico del delito y de la pena, llegando a una fundamentación preventivo-general positiva del Derecho penal, mediante la traslación a este ámbito de la teoría sociológica de los sistemas de Luhmann, no es sujeto el que pueda producir o impedir un hecho, sino el que pueda ser competente para ello; del mismo modo, los conceptos de causalidad, capacidad, culpabilidad, etc., pierden su contenido prejurídico y se vuelven conceptos para niveles de competencia. Luego, desde este punto de vista, es claro que sujeto de responsabilidad puede serlo tanto la persona física como la jurídica[21], imputándosele a ésta todo acto realizado por la persona física dentro del marco estatutario y contexto social de la persona jurídica, actuando en nombre o interés de la misma (interés para la organización)[22]. En cambio, no se podrían imputar a la persona jurídica aquellos actos realizados por un órgano de la misma fuera del marco estatutario, ni tampoco aquellos otros realizados por un órgano no elegido por la persona jurídica, sino que le ha sido impuesto, como, por ejemplo, en el curso de una intervención judicial.

Como dice S. Bacigalupo, en el marco de los parámetros defendidos por Jakobs, «no resulta imposible imaginar a la persona jurídica como un sujeto competente y, por lo tanto, como un sujeto imputable»[23], añadiendo que «esta normativización del concepto del sujeto da una nueva perspectiva no sólo al tema de la responsabilidad penal de las personas jurídicas, sino a la necesidad del replanteamiento general de la problemática del sujeto del Derecho penal, como preconcepto de su elaboración»[24].

En fin, aunque Jakobs no afirma un reconocimiento de la persona jurídica como sujeto del derecho penal, sus puntos de partida

---

Derecho Penal 96, Lima (Perú), 1997, pp. 141 y ss., y Bacigalupo, S., *La responsabilidad penal de las personas jurídicas,* Barcelona, 1998.

21 Cfr. Jakobs, *Strafrecht,* pp. 4 y ss. (prólogo, pp. V y VI).

22 Cfr. Jakobs, op. cit., núms. 44 y 45.

23 *La responsabilidad penal de las personas jurídicas,* cit., p. 220.

24 Op. cit., pp. 220 y 221.

metodológicos, los dogmas penales de los que parte, permiten aquel reconocimiento[25].

Otro punto de vista, quizás dominante[26], se inclina más bien por respetar la dogmática de la persona física y elaborar nuevos conceptos de acción y culpabilidad sólo válidos para las personas jurídicas, en algunos casos similares a las reglas generales de la coautoría y de la autoría mediata que rigen para las personas físicas.

3. La responsabilidad penal de las personas jurídicas como medida de prevención de la corrupción

3.1. Una de las razones que ha impulsado el desarrollo en la doctrina de la idea de la responsabilidad penal de las personas jurídicas está en la necesidad de prevenir la corrupción, algo que ya contemplaba la Convención de las Naciones Unidas contra la Corrupción hecha en Nueva York el 31 de octubre de 2003, al señalar que "la responsabilidad de las personas jurídicas podrá ser de índole penal, civil o administrativa" (art. 26.2). Naturalmente, tal responsabilidad no tendrá relevancia alguna cuando se trate de sociedades pantalla, sin ninguna actividad mercantil, meramente instrumentales de los delitos llevados a cabo por las personas físicas que las crearon, normalmente para obstaculizar la investigación de esos delitos y quedar impunes, casos, pues, de absoluta inimputabilidad por parte de aquéllas, al haber sido

---

[25] Incluso, en "¿Punibilidad de las personas jurídicas?", *La responsabilidad criminal de las personas jurídicas, órganos y representantes*, Lima 2002, Jakobs - según refiere Zugaldía en "Bases para una teoría de la imputación de la persona jurídica", en *Homenaje a E. Bacigalupo*, cit. - "considerando que la persona jurídica no puede desautorizar las normas por no ser autoconsciente ni comunicativamente competente, propone mantener a las personas jurídicas alejadas del Derecho penal" (p. 659).

[26] Cfr., Hirsch, H. J., "La cuestión de la responsabilidad penal de las asociaciones de personas", *Anuario de Derecho Penal y Ciencias Penales*, 1993, pp. 1099 y ss.; Otto, H., *Die Strafbarkeit von Unternehmen und Verbänden*, Berlín, 1993, pp. 31 y ss.; Schünemann, B., "La punibilidad de las personas jurídicas desde la perspectiva europea", *Hacia un Derecho Penal Económico Europeo, Jornadas en Homenaje del Profesor Klaus Tiedemann*, B.O.E., Madrid, 1995, pp. 565 y ss.; Stratenwerth, G., Strafrechtliche Unternehmenshaftung?, *Festchrift für Rudolf Schmitt zum 70 Geburstag, 1992*, Tübingen, pp. 295 y ss.; Tiedemann, K., "Responsabilidad penal de las personas jurídicas", *Anuario Derecho Penal 96*, Lima, 1997, pp. 97 y ss.

creadas para delinquir. Pero sí la tendrá cuando se trate de sociedades reales, con actividad, pues la sociedad quedará expuesta no ya sólo a sufrir una pena, normalmente de multa, sino también a sufrir un claro desprestigio que le podrá provocar una pérdida de beneficios, aparte de las medidas cautelares que se le puedan imponer a lo largo del procedimiento.

Y muy probablemente el aspecto de la delincuencia económica que hoy más preocupa en España, además muy especialmente, es el de la corrupción. Son numerosos los casos relacionados con los delitos que integran el derecho penal de los negocios y de la empresa, entre los que se encuentran, naturalmente, los delitos de corrupción, tanto en el sector público (prevaricación, malversación, cohecho, fraude, tráfico de influencias), como en el sector privado (corrupción entre particulares), que actualmente se investigan y juzgan en los tribunales españoles, existiendo una demanda social cada vez mayor que reclama su persecución y castigo, así como también la recuperación del dinero ilícitamente obtenido, razón por la que hoy se le está dando tanta importancia en la delincuencia económica a la investigación patrimonial, indisolublemente unida a la investigación de los hechos, normalmente referida a una criminalidad de delincuentes poderosos, que aparece especialmente organizada, y que tanto daño ocasiona al Estado democrático de derecho. No cabe duda aquí de la extraordinaria importancia que está teniendo la Oficina de Recuperación y Gestión de Activos, ya constituida y en funcionamiento, y regulada por el Real Decreto 948/2015, de 23 de octubre[27].

El anterior fenómeno no es sino reflejo de la actual preocupación por la corrupción en el ámbito económico, razón por la que se viene demandando cada vez más, como instrumento de prevención, la transparencia, algo especialmente relevante en el marco de las empresas, que ya comienzan a implementar mecanismos tales como el cumplimiento de programas de buen gobierno corporativo, programas de cumplimiento legal, cumplimiento de obligaciones fiscales, de códigos éticos, información pública de las retribuciones de los

[27] V. sobre esta Oficina, Jaén Vallejo, M., y Perrino Pérez, A., *La recuperación de activos frente a la corrupción (La Oficina de Recuperación y Gestión de Activos)*, Madrid, 2016.

directivos, información sobre actividades subvencionadas, evitación de prácticas de corrupción de funcionarios extranjeros en las transacciones internacionales, etc., que culminarán muy probablemente en un futuro próximo en el logro de una nueva cultura empresarial, en la que tan importante como la consecución de buenos resultados económicos, algo consustancial a los negocios y a las empresas, será el cumplimiento de estos principios de transparencia, que alejen toda sospecha de posible corrupción.

También la transparencia es un buen sistema de control y medida anticorrupción en el marco de las administraciones públicas, que debe servir para que los gestores públicos actúen con la mayor responsabilidad. En este sentido, debe aplaudirse la aprobación de la Ley 19/2013, de 9 de diciembre, de transparencia, acceso a la información pública y buen gobierno. No hay mejor sistema de control y de prevención de la corrupción que el de la transparencia de la actuación de las administraciones públicas, de manera que ésta pueda ser conocida y fiscalizada por los ciudadanos, de ahí la importancia de esta Ley de Transparencia, por más que siempre sea posible introducir mejoras en esta novedosa materia. La trasparencia es buen sistema de control y una buena medida anticorrupción en el marco de las administraciones públicas, aunque también en el sector privado, que sirve para que los gestores públicos actúen con la mayor responsabilidad, evitando situaciones de abuso de poder para provecho propio o de utilización de los cargos que se ostentan con fines distintos al único que debe guiar siempre su actuación: el servicio prioritario a los intereses generales, con sometimiento pleno a la ley y absoluta objetividad en el desempeño del cargo.

3.2. En España han proliferado casos de criminalidad económica, vinculados tanto a la corrupción política como a la corrupción en el ámbito de la empresa, muchos de ellos aún en fase de investigación.

Consciente de la anterior situación, el legislador de la reforma del Código Penal operada por la Ley Orgánica 5/2010, de 22 de junio, introdujo un nuevo tipo penal de corrupción privada o entre particulares, que define como delito los supuestos en los que un particular recibe o solicita una dádiva o ventaja (es decir, solicita un soborno o es sobornado), para que tome una decisión que favorece a quien le entrega tal ventaja o a un tercero (art. 286 bis), rompiendo así las reglas de buen funcionamiento del mercado. Con ocasión de la reforma operada por la Ley Orgánica 1/2015, se recogen, entre los "Delitos de corrupción en los negocios" (arts. 286 bis, 286 ter y 286 quater), mejorados, para cumplimiento así de las recomendaciones efectuadas desde el Grupo de Estados contra la Corrupción del Consejo de Europa (GRECO), los delitos contenidos antes bajo la rúbrica "De la corrupción entre particulares", en definitiva en el ámbito privado[28].

La nueva regulación se refiere tanto al aspecto de corrupción pasiva (corrupto) (art. 286 bis 1), como al de la corrupción activa (corruptor) (art. 286 bis 2), con previsión expresa de las acciones consistentes en "recibir", "solicitar" o "aceptar", referidas a "beneficios o ventajas", "no justificadas, de cualquier naturaleza", "para favorecer indebidamente a otro en la adquisición o venta de mercancías o en la contratación de servicios o en las relaciones comerciales".

Además, el delito, en el aspecto de corrupción activa, lo cometen no sólo los directivos y administradores, sino también "empleados o colaboradores", aunque el art. 286 bis 3 contempla, por razones de proporcionalidad, la posibilidad de reducir la pena en atención a "la trascendencia de las funciones del culpable".

Se extiende además la aplicación de estos delitos a los directivos, administradores, empleados o colaboradores de una entidad deportiva, cualquiera que sea la forma jurídica de ésta, así como a los deportistas, árbitros o jueces, respecto de aquellas conductas que tengan por finalidad predeterminar o alterar de manera deliberada y fraudulenta el resultado de una prueba, encuentro o competición deportiva de especial relevancia económica o deportiva.

Lo anterior no es sino consecuencia de la necesidad de implementar principios de transparencia y de la previsión de responsabilidad penal de las sociedades, contribuyéndose con todas estas medidas a una mejor administración de las sociedades y, en consecuencia, a la prevención de la corrupción.

No cabe duda que una competencia justa y honesta pasa por la represión de los actos encaminados a corromper a los administrado-

---

[28] V. Jaén Vallejo, M., "Delitos de corrupción en los negocios", Revista electrónica *El Derecho*, junio 2015.

res de entidades privadas, de forma similar a lo que se hace a través del delito de cohecho, pues con tales comportamientos se rompen las reglas de buen funcionamiento del mercado.

3.3. En cuanto a la corrupción en el sector público, entre las plasmadas en la reforma del Código Penal operada por la Ley Orgánica 1/2015, de 30 de marzo, destacan las modificaciones llevadas a cabo entre los delitos contra la Administración Pública, delitos de infracción de deber, propio de la función pública que desempeñan sus autores, y a través de los cuales se intenta proteger el correcto ejercicio de la potestad atribuida a la administración y ejercida por los funcionarios, garantizándose así la confianza de los ciudadanos en el ejercicio de la función pública según los principios constitucionales. Las modificaciones han afectado principalmente a las penas previstas para las distintas hipótesis delictivas, además de la introducción en el código de la financiación ilegal de partidos políticos[29].

4. La responsabilidad penal de las personas jurídicas en el Código Penal

4.1. En la reforma del Código Penal operada por la Ley Orgánica 1/2015[30]hay una importante mejora técnica de la regulación de la responsabilidad penal de las personas jurídicas, introducida en la reforma llevada a cabo en 2010, delimitando con detalle el concepto de «debido control», cuyo quebrantamiento puede basar la responsabilidad penal, pero cuyo cumplimiento puede permitir, como se dijo, excluir la responsabilidad penal de la persona jurídica.

---

[29] V. Jaén Vallejo, M., y Perrino Pérez, A., *La reforma penal de 2015*, Madrid, 2015, pp. 167 y ss.

[30] Cfr. Alcalá Pérez-Flores, R., Jaén Vallejo, M., Martínez Arrieta Márquez de Prado, C., y Perrino Pérez, A., en "La reforma del Código Penal. Principales modificaciones introducidas por la Ley Orgánica 1/2015, de 30 de marzo, por la que se modifica la Ley Orgánica 10/1995, de 23-11, del Código Penal (BOE núm. 77, de 31 de marzo)", en *El Derecho*, abril 2015, y Jaén Vallejo, M., y Perrino Pérez, A.L., en *La reforma penal de 2015*, cit., pp. 45 y ss.

La reforma ha confirmado la idea de que la responsabilidad de las personas jurídicas está basada en un defecto de organización, excluyéndose la responsabilidad, entre otros supuestos, cuando *ex ante* la persona jurídica disponía de un buen modelo de organización y gestión, con medidas de vigilancia y control idóneas para prevenir los delitos, esto es, un buen programa de *compliance*, que permita demostrar que en el seno de la organización de la persona jurídica se ha cumplido con el debido control exigido para la evitación de riesgos penales, por lo que ni hay infracción de deber, ni defecto de organización de la persona jurídica que permita basar su responsabilidad (art. 31 bis 2).

En cualquier caso, la concreción de las obligaciones del deber de control queda asociada a la dimensión de la persona jurídica. En el caso concreto de personas jurídicas de pequeñas dimensiones, las funciones de vigilancia y control no tiene por qué realizarlas un órgano autónomo de supervisión sino que pueden ser asumidas por el órgano de administración (art. 31 bis 3).

En particular, se distinguen dos supuestos de responsabilidad de la persona jurídica (art. 31 bis 1):

— la persona jurídica será responsable de los delitos cometidos en nombre o por cuenta suya y en su beneficio, por sus representantes legales o personas autorizadas para tomar decisiones en nombre de la misma o que ostenten facultades de organización y control en la persona jurídica;

— y será responsable de los delitos cometidos en el ejercicio de actividades sociales, por quienes están sometidos a la autoridad de las personas físicas mencionadas, por haberse incumplido gravemente el deber de control.

Es decir, se prevé un sistema mejorado de doble autoría: por un lado, los representantes legales o personas autorizadas para la toma de decisiones o que tengan facultades de organización y control, cuyos hechos punibles son imputables a la persona jurídica; y por otro lado, los que están sometidos a la autoridad de los anteriores, por cuyos hechos responde también la persona jurídica si no se ha ejercido sobre ellos el debido control.

Pero lo anterior no debe llevar a pensar que la persona jurídica responde por transferencia de la persona física; el núcleo de la responsabilidad está en la propia persona jurídica.

4.2. Ahora se contemplan varias causas eximentes de la responsabilidad penal:

— adopción, antes de la comisión de delito, de «medidas de vigilancia y control idóneas para prever delitos de la misma naturaleza»;
— que el cumplimiento del modelo de prevención haya sido confiado a un órgano de la persona jurídica con poderes autónomos de iniciativa y control;
— que las personas físicas hayan cometido el delito eludiendo fraudulentamente el modelo de prevención;
— que no se haya producido omisión alguna o un ejercicio insuficiente de la función de vigilancia y control por parte del órgano que tenga asignada tal tarea.

Causas todas ellas que, en caso de acreditarse parcialmente, podrían operar como atenuante.

En cuanto al contenido de los modelos de vigilancia y prevención, se exigen una serie de requisitos (art. 31 bis 5), como:

— identificar las actividades en cuyo ámbito pueden ser cometidos los delitos que se intenta prevenir;
— establecer protocolos que concreten el proceso de formación de la voluntad de la persona jurídica y adopción de decisión;
— disponer de modelos de gestión de los recursos financieros que impidan la comisión de los delitos que deben ser prevenidos;
— tener la obligación de informar de posibles riesgos e incumplimientos al organismo encargado de vigilar el modelo de prevención;
— establecer un sistema disciplinario adecuado;
— realizar una verificación periódica del modelo y de su eventual modificación cuando se pongan de manifiesto infracciones relevantes de sus disposiciones, o cuando se produz-

can cambios en la organización, en la estructura de control o en la actividad desarrollada.

El modelo de prevención debe garantizar el desarrollo de la actividad conforme a la Ley (*compliance-programme*) y permitir la detección rápida y prevención de riesgos, conteniendo las medidas oportunas, de acuerdo con la naturaleza y el tamaño de la organización, así como el tipo de actividades que se llevan a cabo.

Por supuesto, en el caso de que el delito haya sido cometido por las personas sometidas a la autoridad de los representantes legales o personas con capacidad decisoria o de organización y control, la persona jurídica quedará exenta de responsabilidad si antes del delito adoptó y ejecutó eficazmente un modelo de organización, gestión y control adecuado para prevenir delitos de la naturaleza del que se ha cometido.

4.3. En cuanto a las excepciones a la responsabilidad penal de las personas jurídicas, se han producido en esta materia dos novedades que reducen tales excepciones.

— La primera tuvo lugar en la reforma que entró en vigor en enero de 2013 en materia de fraude fiscal y a la Seguridad Social, que extendió la responsabilidad penal de las personas jurídicas a los partidos políticos y sindicatos, naturalmente no en cuanto éstos ejerzan su función constitucional, expresando el pluralismo político y como cauce para la participación política, sino sólo cuando actúen como una persona jurídica más en orden a su propio funcionamiento.
— Y la segunda es la que ha tenido lugar a propósito de la reforma de la Ley Orgánica 1/2015, extendiendo la responsabilidad penal a las sociedades mercantiles estatales que ejecuten políticas públicas o presten servicios de interés económico general, a las que se les podrá imponer pena de multa o intervención judicial.

4.4. En fin, la regulación expresa de la responsabilidad penal de las personas jurídicas introducida por la Ley Orgánica 5/2010, de 22 de junio, una de las modificaciones del sistema penal más importante de las últimas reformas del Código Penal, se ha ido mejorando en los últimos años.

Primero a través de la Ley 37/2011, de 10 de octubre, de medidas de agilización procesal, que introdujo las necesarias modificaciones en la Ley de Enjuiciamiento Criminal relativas a las implicaciones procesales del régimen de responsabilidad penal de las personas jurídicas (referidas a la competencia, derecho de defensa, intervención en el juicio, etc.) [31].

Y posteriormente tanto a través de la Ley Orgánica 7/2012, que extendió la responsabilidad penal de las personas jurídicas a los partidos políticos y sindicatos, como a través de la Ley Orgánica1/2015, de reforma del Código Penal, que ha venido a cubrir las lagunas que presentaba la responsabilidad penal de las personas jurídicas, mejorando su regulación, incluyendo las sociedades mercantiles estatales que ejecuten políticas públicas o presten servicios de interés económico general, delimitando con detalle el concepto de «debido control» y los requisitos de los modelos de organización y gestión, cuyo cumplimiento vienen a excluir la culpabilidad por defecto de organización, culpabilidad que no ha de entenderse necesariamente en el sentido técnico jurídico atribuido a las personas físicas, como una de las categorías que integran la estructura del delito, sino, sencillamente, en sentido contrapuesto a inocencia.

Cuál sea la naturaleza jurídica que haya de asignarse a tal exención de responsabilidad penal es otra cuestión diferente, abierta, que puede tener que ver con el peligro jurídicamente desaprobado, que forma parte de la tipicidad, como se sostiene, por ejemplo, en la Sen-

---

[31] Cfr., ampliamente, sobre los aspectos procesales aplicables a la responsabilidad penal de las personas jurídicas, en particular los relativos a competencia y procedimiento, comparecencia de la persona jurídica investigada, presencia en el juicio oral, incomparecencia de la persona jurídica investigada, declaración de la persona jurídica investigada, derecho a la no autoincriminación, medidas cautelares y otras cuestiones procesales, Moral García, A., "Aspectos procesales de la responsabilidad penal de personas jurídicas", en la obra colectiva *Aspectos prácticos de la responsabilidad criminal de las personas jurídicas,* J.M. Zugaldía Espinar y E. B. Marín de Espinosa Ceballos (coordinadores), Navarra, 2013, pp. 268 y ss. V. también el dictamen sobre "Derechos de la persona jurídica imputada: defensa, no autoincriminación y privilegio de las comunicaciones entre abogado y cliente", del Observatorio de Derecho Penal Económico 2012 de la Cátedra de Investigación Financiera y Forense de la Universidad Rey Juan Carlos-KPMG, en *La Ley,* núm. 7834/2012.

tencia del Tribunal Supremo 154/2016, de 29 de febrero, correspondiendo la prueba sobre su concurrencia a la acusación, pues de lo contrario se produciría una inversión de la carga de la prueba, contraria a la presunción de inocencia, de la que también disfrutan, naturalmente, las personas jurídicas, o que puede tener que ver con la cultura de control de «buen ciudadano corporativo», que se situaría más bien en la categoría dogmática de la culpabilidad.

5. Modelo de la responsabilidad de las personas jurídicas basado en defecto de organización: culpabilidad de la persona jurídica

5.1. El fundamento de la responsabilidad penal de las personas jurídicas hay que buscarlo en una culpabilidad por defecto de organización[32]. La responsabilidad penal de las personas jurídicas está vinculada a la existencia de un hecho cometido por los representantes legales o administradores de hecho o de derecho, o por quienes estando sometidos a la autoridad de éstos y sin haberse ejercido el debido control, hubieran cometido el hecho en nombre de la persona jurídica, en su provecho o por su cuenta o, aunque no se identifique la persona concreta, el hecho haya tenido que ser cometido por quienes ostenten los anteriores cargos o funciones; no depende, pues, de la responsabilidad penal de la persona física, sino de la existencia de un hecho de conexión atribuible a una persona física, razón por la que el art. 31 bis 3) establece la responsabilidad penal de las personas jurídicas con independencia de que el autor material no resulte cul-

[32] Cfr., en este sentido, entre otros, Bacigalupo, E., en "La responsabilidad penal y sancionatoria de las personas jurídicas en el derecho europeo", *Revista del Foro Canario,* núm. 89/1994, p. 229, Bacigalupo, S., *La responsabilidad penal de las personas jurídicas*, cit., pp. 398 y ss., Jaén Vallejo, M., "La responsabilidad penal de las personas jurídicas", *Revista Canaria de Ciencias Penales*, núm. 1/1998, p. 69, Rodríguez Ramos, L., "La culpabilidad en los delitos cometidos por la persona jurídica", *La Ley*, 14 de septiembre de 2011, Schünemann, B., "La punibilidad de las personas jurídicas desde la perspectiva europea", *Hacia un Derecho penal económico europeo*, Homenaje a Klaus Tiedemann, Universidad Autónoma de Madrid, 1992, pp. 565 y ss., y Zugaldía, J.M., *La responsabilidad criminal de las personas jurídicas, de los entes sin personalidad y de sus directivos*, Valencia, 2013, pp. 76 y ss.

pable. En palabras de S. Bacigalupo, "el modelo de imputación debe basarse sobre la existencia de un hecho de conexión y sobre la idea de la culpabilidad por defecto de organización"[33].

Por el contrario, en el caso de los entes colectivos del art. 129, no es suficiente con la existencia de un hecho de conexión, sino que, para que pueda imponerse alguna de las consecuencias accesorias allí previstas, es necesario que exista un autor responsable del hecho, condenado a una determinada pena, pues las consecuencias accesorias lo son de la pena.

5.2. Aunque más adelante se examinará con cierto detenimiento la importante Circular 1/2016 de la Fiscalía General del Estado sobre la responsabilidad penal de las personas jurídicas conforme a la reforma del Código Penal efectuada por la Ley Orgánica 1/2015, hay un aspecto de especial relevancia referido al modelo del Código Penal vigente, que debe tratarse en este mismo apartado.

En esta Circular, como ya se había manifestado en el mismo sentido la Fiscalía General del Estado en su Circular 1/2011, relativa a la responsabilidad penal de las personas jurídicas conforme a la reforma del Código Penal efectuada por la Ley Orgánica 5/2010, se insiste en que "en los dos párrafos del apartado 1 del art. 31 bis del Código Penal se establece un mecanismo normativo de atribución de la responsabilidad por transferencia o de tipo vicarial", idea que es reiterada a lo largo de esta Circular, argumentándose a tal efecto que "el art. 31 bis no dice que las personas jurídicas cometan el delito", sino que lo que establece el precepto es que "las personas jurídicas serán penalmente responsables de los delitos cometidos por personas físicas".

En realidad, esto último sólo sería posible en el marco de la figura prevista en el art. 31 del Código Penal[34], pero en ningún caso es po-

---

[33] "El modelo de imputación de la responsabilidad penal de los entes colectivos", en la obra colectiva (dirigida por J.M. Zugaldía y E. Blanco Marín de Espinosa) *Aspectos prácticos de la responsabilidad criminal de las personas jurídicas*, Navarra, 2013, p. 83.

[34] Que contiene la figura de la "actuación en nombre de otro", incorporada a nuestro Código por la Ley Orgánica 8/1983. En un principio, en la regulación del antiguo art. 15 bis, resolviendo sólo el problema del que actúa en nombre de una persona jurídica, no el supuesto del que actúa como representante legal de una persona física, realizando una conducta cuya tipicidad requiere que el autor posea alguna condición que no concurre en él pero sí en su representado; laguna que finalmente

sible que una persona, sea física o jurídica, responda por lo que haya hecho otro; ello sólo sería posible cuando se actúa en nombre de otro (art. 31). Como muy atinadamente lo señala la Sentencia 221/2016, de 16 de marzo, de la Sala de lo Penal del Tribunal Supremo, la pena impuesta a una persona jurídica sólo puede basarse en un hecho delictivo propio, sin que en nuestro sistema, sin duda por exigencias derivadas del principio de culpabilidad, puedan acogerse fórmulas de responsabilidad por el actuar de otro, aunque se trate de un ente ficticio. Según esta Sentencia del Tribunal Supremo, "la responsabilidad de la persona jurídica ha de hacerse descansar en un delito corporativo construido a partir de la comisión de un previo delito por la persona física, pero que exige algo más, la proclamación de un hecho propio con arreglo a criterios de imputación diferenciados y adaptados a la especificidad de la persona colectiva", concluyendo que de lo que se trata "es de aceptar que sólo a partir de una indagación por el Juez instructor de la efectiva operatividad de los elementos estructurales y organizativos asociados a los modelos de prevención, podrá construirse un sistema respetuoso con el principio de culpabilidad".

No se trata, como dice Zugaldía, "de «transferir» lo que ha hecho una persona (la persona física) a otra que no lo ha hecho (la persona jurídica)"[35] y "ni siquiera se trata de poder afirmar que el hecho cometido por una persona (la persona física) equivale jurídica o axiológicamente a su realización por otra persona (la persona jurídica), sino que se trata de determinar bajo qué condiciones normativas se puede atribuir directamente el hecho a la persona jurídica como propio, como su autora"[36]. Se trata, pues, de una culpabilidad por defecto de organización[37]. El citado autor se muestra favorable a la tesis de que la regulación del Código Penal obedece a un modelo de «auto-responsabilidad o responsabilidad directa de las personas

---

fue cubierta con ocasión de la reforma operada por la Ley Orgánica 15/2003, que incluyó, ya en el art. 31, el actuar "en nombre o representación legal o voluntaria de otro".

[35] *La responsabilidad criminal de las personas jurídicas, de los entes sin personalidad y de sus directivos*, cit., p. 69.

[36] *Ibídem*.

[37] Sigue así el punto de vista de Tiedemann, expresada entre otras obras en "Responsabilidad de las personas jurídicas", *Anuario de Derecho Penal y Ciencias Penales*, 1996, pp. 21 y ss.

jurídicas», rechazando que el modelo de responsabilidad sea el de heterorresponsabilidad o «sistema vicarial», como se deduce, añade el autor, "en primer lugar, del hecho de que la atribución de responsabilidad criminal a la persona jurídica se realiza con total y absoluta independencia de que se identifique o no («levantamiento del velo») a la persona física que ha actuado en su seno, o de que no se pueda proceder contra ellas por haber fallecido o haberse sustraído a la acción de la justicia" (art. 31 ter 1)[38], en segundo lugar, "de que no solo la actuación delictiva del superior determina la responsabilidad de la persona jurídica, sino también la de los subordinados"[39] (art. 31 bis 1), en tercer lugar "se deduce del hecho de que la culpabilidad de la persona jurídica sea independiente de la culpabilidad de la persona física que realiza el hecho de referencia o de conexión"[40] (art. 31 ter 2), y se deduce, por último, "de una interpretación constitucionalmente conforme del art. 31 bis... ya que no es posible imponer una pena a una persona jurídica sin fundamentarla en un reproche frente a la misma"[41].

Lo anterior se quiso dejar claro ya, precisamente, en la propia exposición de motivos de la Ley Orgánica 1/2015, cuando se afirma, luego de señalar la intención de querer llevar a cabo con la reforma una mejora técnica en la regulación de la responsabilidad penal de las personas jurídicas, "la finalidad de delimitar adecuadamente el contenido del «debido control», cuyo quebrantamiento permite fundamentar su responsabilidad penal", y expresando incluso, para despejar así cualquier nebulosa que aún podría quedar, que "con ello se pone fin a las dudas interpretativas que había planteado la anterior regulación, que desde algunos sectores había sido interpretada como un régimen de responsabilidad vicarial, y se asumen ciertas recomendaciones que en ese sentido habían sido realizadas por algunas organizaciones internacionales".

En el mismo sentido, S. Bacigalupo deja claro que la existencia de un déficit o defecto de organización "no es sólo un requisito de la responsabilidad por la infracción del deber de vigilancia de los ad-

[38] *Op. cit.*, pp. 70 y 71.

[39] *Ibídem.*

[40] *Ibídem.*

[41] *Ibídem.*

ministradores sobre sus subordinados, sino el presupuesto general que legitima la aplicación de una pena a una persona jurídica"[42] y que, por tanto, "la existencia de un déficit o defecto de organización debe ser el presupuesto de punibilidad de las personas jurídicas"[43]. Ahora bien, añade la autora, entre el riesgo generado por la ausencia de control debido o por la omisión de control, constitutivo de un déficit de organización, y el resultado creado o no evitado, expresado por el delito cometido por la persona física, debe haber una relación de imputación objetiva, rigiendo aquí "los criterios generales de imputación"[44]. En cuanto a la culpabilidad de la persona jurídica, S. Bacigalupo concluye afirmando que ha de basarse en un defecto de organización, por lo que tal culpabilidad debe excluirse "cuando *ex ante* el programa de *compliance* y / o un adecuado código de buen gobierno corporativo permita demostrar que en el seno de la organización de la persona jurídica se ha cumplido con el deber de cuidado exigido para la evitación de riesgos penales"[45].

Por último, otro destacado autor, igualmente pionero en esta materia de responsabilidad penal de las personas jurídicas, Rodríguez Ramos, concluye afirmando, en uno de sus muchos trabajos sobre la cuestión examinada, la necesidad de "encontrar una imputación objetiva y subjetiva del delito a la persona jurídica, en la existencia de una posición de garante y de la consiguiente posibilidad de evitar el resultado delictivo, pero también en el deber de prever y evitar dicho resultado sin concurrencia de causa de exculpación en sentido amplio, incluido el error"[46], señalando que "el referente tendrá que ser la constatación de un *defecto de organización o de funcionamiento* de la entidad jurídica, que permitió sin preverlo y evitarlo

---

[42] "El modelo de imputación de la responsabilidad penal de los entes colectivos", cit., pp. 83 y 84.

[43] *Ibídem*, con cita de Tiedemann, de Zugaldía, y de su propia obra sobre *La responsabilidad penal de las personas jurídicas*, pp. 398 y ss.

[44] *Op. cit.*, p. 84.

[45] *Op. cit.*, p. 88. En el mismo sentido, Zugaldía Espinar, en *La responsabilidad criminal de las personas jurídicas, de los entes sin responsabilidad y de sus directivos*, cit., pp. 97 y ss.

[46] "La culpabilidad en los delitos cometidos por la persona jurídica. El «delito de sospecha blindado» y la responsabilidad objetiva «impura» en la Circular 1/2010 de la Fiscalía General del Estado", *La Ley*, 14 de septiembre de 2011.

que su administrador, representante o dependiente cometiera ese delito"[47].

Puede afirmarse, pues, que aunque el modelo adoptado en el Código Penal depende de la existencia de un hecho de conexión atribuible a una persona física, no de la responsabilidad penal de ésta, como ocurre, en cambio, en el caso de los entes colectivos del art. 129, la responsabilidad penal de la persona jurídica es propia, aunque naturalmente vinculada a las acciones de la persona física, única forma a través de la cual puede expresarse aquélla. En otras palabras: el modelo de imputación se basa en la existencia de un hecho de conexión, que es el que se describe en nuestro Código en el art. 31 bis 1, y sobre la idea de la culpabilidad por defecto de organización (art. 31 bis 2 y 4).

5.3. Lo que dice el Código Penal en su art. 31 bis hay que traducirlo a las categorías y elementos que siempre deben manejarse a la hora de la aplicación de las normas, en el marco de la teoría del delito.

El art. 31 bis 1 dice lo siguiente:

En los supuestos previstos en este código, las personas jurídicas serán penalmente responsables:

a) De los delitos cometidos en nombre o por cuenta de las mismas, y en su beneficio directo o indirecto, por sus representantes legales o por aquellos que actuando individualmente o como integrantes de un órgano de la persona jurídica, están autorizados para tomar decisiones en nombre de la persona jurídica u ostentan facultades de organización y control dentro de la misma.

b) De los delitos cometidos, en el ejercicio de actividades sociales y por cuenta y en beneficio directo o indirecto de las mismas, por quienes, estando sometidos a la autoridad de las personas físicas mencionadas en el párrafo anterior, han podido realizar los hechos por haberse incumplido gravemente por aquéllos los deberes de supervisión, vigilancia y control de su actividad atendidas las concretas circunstancias del caso.

---

[47] *Ibídem.*

En este apartado primero del art. 31 bis se distinguen, pues, dos supuestos de responsabilidad de la persona jurídica, que será responsable de los delitos cometidos en nombre o por cuenta suya y en su beneficio, por sus representantes legales o personas autorizadas para tomar decisiones en nombre de la misma u ostenten facultades de organización y control en la persona jurídica, y será responsable de los delitos cometidos en el ejercicio de actividades sociales, por quienes están sometidos a la autoridad de las personas físicas mencionadas, por haberse incumplido gravemente el deber de control.

Se prevé, pues, un sistema mejorado de doble autoría: por un lado, los representantes legales o personas autorizadas para la toma de decisiones o que tengan facultades de organización y control, cuyos hechos punibles son imputables a la persona jurídica; y por otro lado, los que están sometidos a la autoridad de los anteriores, por cuyos hechos responde también la persona jurídica, si no se ha ejercido sobre ellos el debido control.

Son posiciones de garante, pues, a cargo de la persona jurídica, de las que emanan los respectivos deberes de garantía que le incumben a ella, que permiten responsabilizar a la persona jurídica por los delitos cometidos tanto por sus representantes legales como por aquellos que tengan capacidad decisoria u ostenten facultades de organización y control, e incluso por los delitos cometidos por las personas físicas que actúen bajo la autoridad de todas aquéllas, siempre que exista un déficit o defecto de organización, que basa el modelo de responsabilidad penal de las personas jurídicas previsto en el Código Penal. Posiciones de garante que, en el derecho penal de las personas físicas, están previstas en el art. 11.

En cierto modo, la idea anterior es la que subyace en el punto de vista expresado en el voto particular de la Sentencia del Tribunal Supremo 154/2016 cuando hace referencia a la «culpa in eligendo» y la «culpa in vigilando» como fundamento de la culpabilidad de la persona jurídica.

Y es correcto, a nuestro juicio, que el art. 31 bis, en lugar de referirse a los administradores, de hecho o de derecho, como así se hacía en la redacción dada por la Ley Orgánica 5/2010, se establezcan esas posiciones de garante antes referidas y transcritas, porque son éstas precisamente las que permiten fundamentar la responsabilidad de la persona jurídica por el delito cometido por la persona física, pero siempre en el marco del incumplimiento de esos deberes de garantía que derivan de las posiciones de garante establecidas en el art. 31 bis 1 y de un déficit de organización que permita fundamentar su responsabilidad penal. Pero incluso esa falta de realización de la acción típica, que es algo obvio en el caso de las personas jurídicas, no es obstáculo tampoco en el caso de las personas físicas para que éstas puedan ser responsabilizadas, como ocurre en los supuestos de coautoría, en los que no siempre todos los que intervienen en el hecho tienen por qué realizar la acción típica correspondiente al delito cometido y por el que van a ser responsabilizados todos ellos.

6. Destinatarios del derecho penal de las personas jurídicas. Responsabilidad penal de partidos políticos y sindicatos

6.1. Los destinatarios del derecho penal de las personas jurídicas, luego de la norma contenida en el art. 31 bis y en otros artículos referidos a aquéllas, son los que se señalan como tales en el art. 35 del Código Civil, a cuyo tenor:

Son personas jurídicas:

1.º Las corporaciones, asociaciones y fundaciones de interés público reconocidas por la ley.

Su personalidad empieza desde el instante mismo en que, con arreglo a derecho, hubiesen quedado válidamente constituidas.

2.º Las asociaciones de interés particular, sean civiles, mercantiles o industriales, a las que la ley conceda personalidad propia, independiente de la de cada uno de los asociados.

Se excluyen, sin embargo, en la línea de otros códigos penales europeos, las personas jurídicas de derecho público, e incluso, en un principio, también quedaron excluidos los partidos políticos y sindicatos, así como las sociedades mercantiles públicas. Pero con la reforma llevada a cabo por Ley Orgánica 7/2012, de 27 de diciembre, en materia de transparencia y lucha contra el fraude fiscal y en la Seguridad Social, se extendió la responsabilidad penal de las personas jurídicas a los partidos políticos y sindicatos, naturalmente no en cuanto éstos ejerzan su función constitucional, expresando el pluralismo político y como cauce para la participación política, sino sólo cuando actúen como una persona jurídica más en orden a su propio funcionamiento. Y con la reforma operada por la Ley Orgánica 1/2015 se extendió también la responsabilidad penal a las sociedades mercantiles estatales que ejecuten políticas públicas o presten servicios de interés económico general, a las que se les podrá imponer pena de multa o intervención judicial.

Concretamente, las exenciones a la responsabilidad penal de las personas jurídicas son las que ahora se mencionan en el art. 31 quinquies, cuyo tenor es el siguiente:

Artículo 31 quinquies.

1. Las disposiciones relativas a la responsabilidad penal de las personas jurídicas no serán aplicables al Estado, a las Administraciones públicas territoriales e institucionales, a los Organismos Reguladores, las Agencias y Entidades públicas Empresariales, a las organizaciones internacionales de derecho público, ni a aquellas otras que ejerzan potestades públicas de soberanía o administrativas.

2. En el caso de las Sociedades mercantiles públicas que ejecuten políticas públicas o presten servicios de interés económico general, solamente les podrán ser impuestas las penas previstas en las letras a) y g) del apartado 7 del artículo 33. Esta limitación no será aplicable cuando el juez o tribunal aprecie que se trata de una forma jurídica creada por sus promotores, fundadores, administradores o representantes con el propósito de eludir una eventual responsabilidad penal.

6.2. La exclusión del régimen general de responsabilidad penal de las personas jurídicas, en la reforma de 2010, de los partidos políticos y sindicatos, fue algo muy criticado en la doctrina y en la opinión pública, pues precisamente los partidos políticos venían preconizando reiteradamente en sus programas políticos la lucha contra la corrupción, y no eran pocos los casos de esa naturaleza que habían tenido lugar, en nombre y provecho de tales entidades o/y de sus integrantes, por lo que no era comprensible que si en adelante una empresa podía ser responsable penalmente por los delitos que en su seno pudieran cometer sus responsables, actuando en su nombre y provecho, o por los delitos cometidos por otras personas de la organización sobre las cuales aquéllos no hubieran ejercido el debido control, los partidos políticos (y sindicatos) quedaran exentos de una responsabilidad penal similar.

La extensión, pues, de la responsabilidad penal de las personas jurídicas a los partidos políticos y sindicatos llevada a cabo con ocasión de la reforma en materia de fraude fiscal y a la Seguridad Social (diciembre de 2012), coherentemente con el pretendido "reforzamiento de la transparencia de la actividad de la administración y del régimen de responsabilidad de partidos políticos y sindicatos" expresada en el preámbulo de la ley orgánica, no puede calificarse, pues, sino de satisfactoria, al menos desde el punto de vista de regeneración democrática tan predicado por la práctica totalidad de los partidos políticos. Medida que está íntimamente relacionada con la financiación ilegal de partidos.

6.3. Desde que en la década de los noventa del siglo pasado tuviera lugar un caso de especial relevancia social, como lo fue el caso «Filesa», resuelto por la Sentencia del Tribunal Supremo de 28 de octubre de 1997, que condenó a altos dirigentes del partido socialista por delitos de falsedad documental, asociación ilícita y contra la Hacienda pública, el tema de la financiación ilegal de partidos políticos ha sido objeto de permanente debate.

En este caso no se pudo enjuiciar a personas jurídicas ni colectivos de personas (partido político implicado, empresas, bancos), porque el derecho penal entonces vigente no reconocía la responsabilidad de personas jurídicas. Por lo tanto, ni los bancos, ni las empresas, ni el partido político implicado, ni sus órganos de dirección, pudieron ser, como tales, inculpados en la causa; sólo fueron objeto de enjuiciamiento comportamientos individuales de personas físicas.

Tampoco fue objeto de este importante proceso la financiación irregular del partido político implicado, pues tampoco existía en el derecho español, a diferencia de otros Estados Miembros de la Unión Europea, un delito de financiación ilegal de partidos políticos. El derecho vigente establece infracciones administrativas, consistentes, en esencia, en la superación de ciertos límites en la percepción de aportaciones, sancionada con multa administrativa (Ley Orgánica 8/2007, de 4 de julio, sobre financiación de los partidos políticos), aunque la reforma operada en esta materia por la Ley Orgánica 3/2015, de 30 de marzo, de control de la actividad económico-financiera de los Partidos Políticos ha introducido un conjunto de obligaciones relativas a la contabilidad de los partidos políticos, con un claro endurecimiento del régimen sancionatorio.

La Ley Orgánica 3/2015 ha introducido numerosas novedades en el régimen de financiación de partidos políticos, entre las que cabe destacar: la mejora de la regulación del cauce a través del cual han de realizarse las donaciones; la clarificación del concepto de donación a un partido político, la referencia a la recepción de éstas mediante mecanismos de financiación participativa; la previsión de supuestos de devolución de donaciones indebidas y de ingreso en el Tesoro; la prohibición de donaciones a los partidos políticos procedentes de personas jurídicas y de condonaciones de deuda por entidades de crédito; la ampliación de la información económica y contable que, de acuerdo con el principio de transparencia, los partidos políticos y las fundaciones y entidades vinculadas o dependientes de ellos han de hacer pública; la regulación de la figura del responsable de la gestión económico-financiera y su comparecencia ante la Comisión Mixta del Tribunal de Cuentas; la obligatoriedad para los partidos de aprobar unas instrucciones internas en materia de contratación y establecimiento de los principios en los que habrá de inspirarse aquella actividad; la introducción en materia de financiación, junto a las faltas muy graves, de faltas graves y leves y sus correspondientes plazos de prescripción; la previsión de sanciones para cada tipo de infracción; o la especificación de las circunstancias que determinan la existencia de «vinculación» de una fundación o de una asociación a un partido.

Ahora, además del referido régimen sancionatorio, ampliado y mejorado, el ordenamiento jurídico prevé ya, como queda dicho, la responsabilidad penal de los partidos políticos. Asimismo, en esta misma reforma se ha extendido también el régimen de responsabilidad penal a las sociedades mercantiles estatales que ejecuten políticas públicas o presten servicios de interés económico general, a las que se podrán imponer las sanciones actualmente previstas en las letras a) y g) del apartado 7 del art. 33 del Código Penal.

Además, la Ley Orgánica 1/2015 ha introducido el delito de financiación ilegal de partidos políticos. Concretamente, la reforma llevada a cabo por dicha ley orgánica introduce un nuevo título XIII bis, en el libro II, con la rúbrica "de los delitos de financiación ilegal de los partidos políticos", integrado por dos artículos, 304 bis y 304 ter, incorporando un tipo penal específico que incrimina dichas conductas.

Con la reforma, en síntesis, se castigará a aquellas personas que acepten, reciban o entreguen, donaciones o aportaciones destinadas a un partido político, federación, coalición o agrupación de electores con infracción de lo dispuesto en la Ley Orgánica 8/2007 de 4 de julio, sobre financiación de partidos políticos. Se establece un escalonamiento de penas en función de la cuantía de lo aceptado, recibido o entregado, llegando a poder imponerse penas de hasta cuatro años de prisión y multas que pueden llegar al quíntuplo del valor de lo donado o recibido, cuando los hechos revistan especial gravedad. Y también se prevé la responsabilidad penal de las personas jurídicas, así como la persecución de aquellas personas que participen en estructuras u organizaciones, cualquiera que sea su naturaleza, cuya finalidad sea la financiación de partidos políticos, federaciones, coaliciones o agrupaciones de electores, al margen de lo establecido en la ley.

7. Penas aplicables a las personas jurídicas e individualización judicial de la medida de la pena

El apartado 7 del art. 33 prevé las penas de las personas jurídicas. Su tenor literal es el siguiente:

Las penas aplicables a las personas jurídicas, que tienen todas la consideración de graves, son las siguientes:

a) Multa por cuotas o proporcional.

b) Disolución de la persona jurídica. La disolución producirá la pérdida definitiva de su personalidad jurídica, así como la de su capacidad de actuar de cualquier modo en el tráfico jurídico, o llevar a cabo cualquier clase de actividad, aunque sea lícita.

c) Suspensión de sus actividades por un plazo que no podrá exceder de cinco años.

d) Clausura de sus locales y establecimientos por un plazo que no podrá exceder de cinco años.

e) Prohibición de realizar en el futuro las actividades en cuyo ejercicio se haya cometido, favorecido o encubierto el delito. Esta prohibición podrá ser temporal o definitiva. Si fuere temporal, el plazo no podrá exceder de quince años.

f) Inhabilitación para obtener subvenciones y ayudas públicas, para contratar con el sector público y para gozar de beneficios e incentivos fiscales o de la Seguridad Social, por un plazo que no podrá exceder de quince años.

g) Intervención judicial para salvaguardar los derechos de los trabajadores o de los acreedores por el tiempo que se estime necesario, que no podrá exceder de cinco años.

La intervención podrá afectar a la totalidad de la organización o limitarse a alguna de sus instalaciones, secciones o unidades de negocio. El Juez o Tribunal, en la sentencia o, posteriormente, mediante auto, determinará exactamente el contenido de la intervención y determinará quién se hará cargo de la intervención y en qué plazos deberá realizar informes de seguimiento para el órgano judicial. La intervención se podrá modificar o suspender en todo momento previo informe del interventor y del Ministerio Fiscal. El interventor tendrá derecho a acceder a todas las instalaciones y locales de la empresa o persona jurídica y a recibir cuanta información estime necesaria para el ejercicio de sus funciones. Reglamentariamente se determinarán los aspectos relacionados con el ejercicio de la función de interventor, como la retribución o la cualificación necesaria.

La clausura temporal de los locales o establecimientos, la suspensión de las actividades sociales y la intervención judicial podrán ser acordadas también por el Juez Instructor como medida cautelar durante la instrucción de la causa.

8. Extinción de la responsabilidad penal y circunstancias atenuantes

8.1. En cuanto a la extinción de la responsabilidad penal, los apartados 2, 3, 4 y 5 del art. 31 bis dicen lo siguiente:

2. Si el delito fuere cometido por las personas indicadas en la letra a) del apartado anterior, la persona jurídica quedará exenta de responsabilidad si se cumplen las siguientes condiciones:

1ª el órgano de administración ha adoptado y ejecutado con eficacia, antes de la comisión del delito, modelos de organización y gestión que incluyen las medidas de vigilancia y control idóneas para prevenir delitos de la misma naturaleza o para reducir de forma significativa el riesgo de su comisión;

2ª la supervisión del funcionamiento y del cumplimiento del modelo de prevención implantado ha sido confiada a un órgano de la persona jurídica con poderes autónomos de iniciativa y de control o que tenga encomendada legalmente la función de supervisar la eficacia de los controles internos de la persona jurídica;

3ª los autores individuales han cometido el delito eludiendo fraudulentamente los modelos de organización y de prevención y

4ª no se ha producido una omisión o un ejercicio insuficiente de sus funciones de supervisión, vigilancia y control por parte del órgano al que se refiere la condición 2ª.

En los casos en los que las anteriores circunstancias solamente puedan ser objeto de acreditación parcial, esta circunstancia será valorada a los efectos de atenuación de la pena.

3. En las personas jurídicas de pequeñas dimensiones, las funciones de supervisión a que se refiere la condición 2.ª del apartado 2 podrán ser asumidas directamente por el órgano de administración. A estos efectos, son personas jurídicas de pequeñas dimensiones aquéllas que, según la legislación aplicable, estén autorizadas a presentar cuenta de pérdidas y ganancias abreviada.

4. Si el delito fuera cometido por las personas indicadas en la letra b) del apartado 1, la persona jurídica quedará exenta de responsabilidad si, antes de la comisión del delito, ha adoptado y ejecutado eficazmente un modelo de organización y gestión que resulte adecuado para prevenir delitos de la naturaleza del que fue cometido o para reducir de forma significativa el riesgo de su comisión.

En este caso resultará igualmente aplicable la atenuación prevista en el párrafo segundo del apartado 2 de este artículo.

5. Los modelos de organización y gestión a que se refieren la condición 1ª del apartado 2 y el apartado anterior deberán cumplir los siguientes requisitos:

1º Identificarán las actividades en cuyo ámbito puedan ser cometidos los delitos que deben ser prevenidos.

2º Establecerán los protocolos o procedimientos que concreten el proceso de formación de la voluntad de la persona jurídica, de adopción de decisiones y de ejecución de las mismas con relación a aquéllos.

3º Dispondrán de modelos de gestión de los recursos financieros adecuados para impedir la comisión de los delitos que deben ser prevenidos.

4º Impondrán la obligación de informar de posibles riesgos e incumplimientos al organismo encargado de vigilar el funcionamiento y observancia del modelo de prevención.

5º Establecerán un sistema disciplinario que sancione adecuadamente el incumplimiento de las medidas que establezca el modelo.

6º Realizarán una verificación periódica del modelo y de su eventual modificación cuando se pongan de manifiesto infracciones relevantes de sus disposiciones, o cuando se produzcan cambios en la organización, en la estructura de control o en la actividad desarrollada que los hagan necesarios.

La reforma viene a confirmar la idea de que la culpabilidad de las personas jurídicas está basada en una culpabilidad por defecto de organización[48], excluyéndose la responsabilidad cuando *ex ante* pueda comprobarse que la persona jurídica disponía de un buen modelo de organización y gestión, con medidas de vigilancia y control idóneas para prevenir los delitos, esto es, un buen programa de *compliance* y un adecuado código de buen gobierno, que permita demostrar que en el seno de la organización de la persona jurídica se cumple con el debido control exigido para evitar riesgos penales, por lo que

[48] Cfr., Jaén Vallejo, M., "La responsabilidad penal de las personas jurídicas", en *Revista Canaria de Ciencias Penales*, 1998, p. 69.

ni puede haber infracción de deber, ni defecto de organización de la persona jurídica, que permita basar su responsabilidad penal. Lo contrario sería palmariamente contrario al principio de culpabilidad, un principio estructural básico del derecho penal, como ya lo afirmara el Tribunal Constitucional en uno de sus principales precedentes, el de la Sentencia 150/1991[49].

En cualquier caso, la concreción de las obligaciones del deber de control queda asociada a la dimensión de la persona jurídica, algo que queda claro ahora en el art. 31 bis.3, en donde se señala que las funciones de supervisión en las personas jurídicas de pequeñas dimensiones no tiene por qué realizarlas un órgano autónomo de supervisión sino que pueden ser asumidas por el órgano de administración.

Según el propio texto de la reforma, debe entenderse por «personas jurídicas de pequeñas dimensiones» las que están autorizadas a presentar cuenta de pérdidas y ganancias abreviada. Según la Ley de Sociedades de Capital pueden formular cuenta de pérdidas y ganancias abreviada las sociedades en las que durante dos años consecutivos concurran, al menos, dos de las siguientes circunstancias: el total del activo no supere los once millones cuatrocientos mil euros; la cifra de negocios no supere los veintidós millones ochocientos mil euros; el número medio de trabajadores empleados no sea superior a 250 trabajadores (art. 258 de la Ley de Sociedades de Capital, aprobada por Real Decreto Legislativo 1/2010, de 2 de julio).

8.2. El apartado segundo prevé la exención de la responsabilidad concurriendo las siguientes condiciones: adopción, antes de la comisión de delito, de «medidas de vigilancia y control idóneas para prever delitos de la misma naturaleza o para reducir de forma significativa el riesgo de su comisión»; que el cumplimiento del modelo de prevención haya sido confiado a un órgano de la persona jurídica con poderes autónomos de iniciativa y control, o que tenga encomendada legalmente la función de supervisar los controles internos de la persona jurídica; que las personas físicas hayan cometido el delito eludiendo fraudulentamente el modelo de prevención; que no se haya producido omisión alguna o un ejercicio insuficiente de la función de

---

[49] V. Jaén Vallejo, M., *Los principios superiores del derecho penal*, núm. 5 de la Colección Cuadernos «Luis Jiménez de Asúa», Madrid, 1999, pp. 39 y ss.

vigilancia y control por parte del órgano que tenga asignada tal tarea. Causas todas ellas que, en caso de acreditarse parcialmente, podrían operar como atenuante.

El apartado tercero se refiere a las personas jurídicas de pequeñas dimensiones, aclarando que en tal caso las funciones de vigilancia y control podrán ser asumidas directamente por el órgano de administración.

El apartado cuarto aclara que si el delito ha sido cometido por las personas sometidas a la autoridad de los representantes legales o personas con capacidad decisoria o de organización y control, la persona jurídica queda exenta de responsabilidad si antes del delito adoptó y ejecutó eficazmente un modelo de organización, gestión y control adecuado para prevenir delitos de la naturaleza del que se ha cometido.

Y el apartado quinto concreta el contenido de los modelos de organización y gestión, exigiendo una serie de requisitos como: identificar las actividades en cuyo ámbito pueden ser cometidos los delitos que se intenta prevenir; establecer protocolos que concreten el proceso de formación de la voluntad de la persona jurídica y adopción de decisión; disponer de modelos de gestión de los recursos financieros que impidan la comisión de los delitos que deben ser prevenidos; tener la obligación de informar de posibles riesgos e incumplimientos al organismo encargado de vigilar el modelo de prevención; establecer un sistema disciplinario adecuado; y realizar una verificación periódica del modelo.

8.3. Otro precepto nuevo introducido por la reforma de la Ley Orgánica 1/2015 es el del art. 31 quáter que, en realidad, contiene las mismas circunstancias atenuantes antes previstas en el apartado cuarto del art. 31 bis. Su tenor literal es el siguiente:

Artículo 31 quáter.

Sólo podrán considerarse circunstancias atenuantes de la responsabilidad penal de las personas jurídicas haber realizado, con posterioridad a la comisión del delito y a través de sus representantes legales, las siguientes actividades:

a) Haber procedido, antes de conocer que el procedimiento judicial se dirige contra ella, a confesar la infracción a las autoridades.

b) Haber colaborado en la investigación del hecho aportando pruebas, en cualquier momento del proceso, que fueran nuevas y decisivas para esclarecer las responsabilidades penales dimanantes de los hechos.

c) Haber procedido en cualquier momento del procedimiento y con anterioridad al juicio oral a reparar o disminuir el daño causado por el delito.

d) Haber establecido, antes del comienzo del juicio oral, medidas eficaces para prevenir y descubrir los delitos que en el futuro pudieran cometerse con los medios o bajo la cobertura de la persona jurídica.

9. ASPECTOS PROCESALES DE LA RESPONSABILIDAD PENAL DE LAS PERSONAS JURÍDICAS

Poco después de que tuviera lugar en 2010 la reforma del Código Penal referida a la inclusión de las personas jurídicas como nuevo sujeto del derecho penal, quedaron regulados los aspectos procesales que requería tal reforma sustantiva en la Ley 37/2011, de 10 de octubre, de medidas de agilización procesal.

La Ley de medidas de agilización procesal introdujo las necesarias modificaciones en la Ley de Enjuiciamiento Criminal, relativas a las implicaciones procesales del régimen de responsabilidad penal de las personas jurídicas, activando así los mecanismos para hacer realidad su persecución penal en los supuestos previstos en el Código Penal.

De todos modos, cualquier eventual laguna que pueda producirse en el estatuto procesal de las personas jurídicas habrá de cubrirse con arreglo a los principios y reglas generales, siendo de aplicación lo dispuesto para las personas físicas en lo que no sea incompatible con su especial naturaleza.

En un futuro, además, deberán introducirse ciertas mejoras que eviten posibles conflictos de intereses entre las personas físicas acusadas del delito y las personas jurídicas que sean representadas por esas mismas personas físicas, atribuyendo, por ejemplo, la defensa al oficial de cumplimiento (*Compliance Officers*), para asegurar así la efectividad del derecho de defensa de la persona jurídica.

9.1. En cuanto a la competencia para enjuiciar los delitos cometidos por personas jurídicas se establece como criterio el de tener en cuenta la gravedad de la pena prevista para la persona física; naturalmente, los problemas de transnacionalidad habrán de ser resueltos con arreglo a lo establecido en el art. 23 de la Ley Orgánica del Poder Judicial. Concretamente, es el art. 14 bis de la Ley de Enjuiciamiento Criminal, introducido por la referida Ley 37/2011, que se transcribe a continuación, el que regula la competencia.

Artículo 14 bis.

Cuando de acuerdo con lo dispuesto en el artículo anterior el conocimiento y fallo de una causa por delito dependa de la gravedad de la pena señalada a éste por la ley se atenderá en todo caso a la pena legalmente prevista para la persona física, aun cuando el procedimiento se dirija exclusivamente contra una persona jurídica.

9.2. El ejercicio del derecho de defensa en la fase de instrucción, así como la comparecencia, personación y citación de la persona jurídica, además del ejercicio del derecho a la asistencia en la práctica de diligencias, aparece regulado en los arts. 119 y 120 de la Ley de Enjuiciamiento Criminal, redactados conforme a la Ley 37/2011.

Artículo 119.

1. Cuando de acuerdo con lo dispuesto en el artículo 118 de esta Ley, haya de procederse a la imputación de una persona jurídica, se practicará con ésta la comparecencia prevista en el artículo 775, con las siguientes particularidades:

a) La citación se hará en el domicilio social de la persona jurídica, requiriendo a la entidad que proceda a la designación de un representante, así como Abogado y Procurador para ese procedimiento, con la advertencia de que, en caso de no hacerlo, se procederá a la designación de oficio de estos dos últimos. La falta de designación del representante no impedirá la sustanciación del procedimiento con el Abogado y Procurador designado.

b) La comparecencia se practicará con el representante especialmente designado de la persona jurídica imputada acompañada del Abogado de la misma. La inasistencia al acto de dicho representante determinará la práctica del mismo con el Abogado de la entidad.

c) El Juez informará al representante de la persona jurídica imputada o, en su caso, al Abogado, de los hechos que se imputan a ésta. Esta información se facilitará por escrito o mediante entrega de una copia de la denuncia o querella presentada.

d) La designación del Procurador sustituirá a la indicación del domicilio a efectos de notificaciones, practicándose con el Procurador designado todos los actos de comunicación posteriores, incluidos aquellos a los que esta Ley asigna carácter personal. Si el Procurador ha sido nombrado de oficio se comunicará su identidad a la persona jurídica imputada.

Artículo 120.

1. Las disposiciones de esta Ley que requieren o autorizan la presencia del imputado en la práctica de diligencias de investigación o de prueba anticipada se entenderán siempre referidas al representante especialmente designado por la entidad, que podrá asistir acompañado del letrado encargado de la defensa de ésta.

2. La incomparecencia de la persona especialmente designada no impedirá la celebración del acto de investigación o de prueba anticipada que se sustanciará con el Abogado defensor.

Se señala, pues, la necesidad de requerir a la entidad para que designe a un representante, así como abogado y procurador, con la advertencia respecto a estos últimos que de no hacerlo se designarán de oficio, informando el Juez al representante de la persona jurídica imputada de los hechos que se imputan a ésta. Naturalmente, la asistencia en la práctica de diligencias corresponde al representante designado y, en su defecto, al abogado defensor.

9.3. La regulación de la declaración del representante de la persona jurídica imputada está prevista en el nuevo art. 409 bis de la Ley de Enjuiciamiento Criminal.

Artículo 409 bis.

Cuando se haya procedido a la imputación de una persona jurídica, se tomará declaración al representante especialmente designado por ella, asistido de su Abogado. La declaración irá dirigida a la averiguación de los hechos y a la participación en ellos de la entidad imputada y de las demás personas que hubieran también podido intervenir en su realización. A dicha declaración le será de aplicación lo dispuesto en los preceptos del presente capítulo en lo que no sea incompatible con su especial naturaleza, incluidos los derechos a guardar silencio, a no declarar contra sí misma y a no confesarse culpable.

No obstante, la incomparecencia de la persona especialmente designada por la persona jurídica para su representación determinará que se tenga por celebrado este acto, entendiéndose que se acoge a su derecho a no declarar.

A dicho representante, pues, asistido de Abogado, se le tomará declaración, con el fin de averiguar los hechos y la participación en ellos de la entidad investigada; naturalmente, como las personas físicas, aquél gozará de los derechos a guardar silencio, a no declarar y a no confesarse culpable.

9.4. En cuanto a la representación en juicio de la persona jurídica hay que tener en cuenta las especialidades previstas en el nuevo art. 786 bis de la Ley de Enjuiciamiento Criminal.

Artículo 786 bis.

1. Cuando el acusado sea una persona jurídica, ésta podrá estar representada para un mejor ejercicio del derecho de defensa por una persona que especialmente designe, debiendo ocupar en la Sala el lugar reservado a los acusados. Dicha persona podrá declarar en nombre de la persona jurídica si se hubiera propuesto y admitido esa prueba, sin perjuicio del derecho a guardar silencio, a no declarar contra sí mismo y a no confesarse culpable, así como ejercer el derecho a la última palabra al finalizar el acto del juicio.

No se podrá designar a estos efectos a quien haya de declarar en el juicio como testigo.

2. No obstante lo anterior, la incomparecencia de la persona especialmente designada por la persona jurídica para su representación no impedirá en ningún caso la celebración de la vista, que se llevará a cabo con la presencia del Abogado y el Procurador de ésta.

9.5. Por último, en materia de conformidad y rebeldía, son el nuevo apartado 8 del art. 787 y el nuevo art. 839 bis de la Ley de Enjuiciamiento Criminal, los que prevén las correspondientes especialidades.

Artículo 787.

«8. Cuando el acusado sea una persona jurídica, la conformidad deberá prestarla su representante especialmente designado, siempre que cuente con poder especial. Dicha conformidad, que se sujetará a los requisitos enunciados en los apartados anteriores, podrá realizarse con independencia de la posición que adopten los demás acusados, y su contenido no vinculará en el juicio que se celebre en relación con éstos.

Artículo 839 bis.

1. La persona jurídica imputada únicamente será llamada mediante requisitoria cuando no haya sido posible su citación para el acto de primera comparecencia por falta de un domicilio social conocido.

2. En la requisitoria de la persona jurídica se harán constar los datos identificativos de la entidad, el delito que se le imputa y su obligación de comparecer en el plazo que se haya fijado, con Abogado y Procurador, ante el Juez que conoce de la causa.

3. La requisitoria de la persona jurídica se publicará en el «Boletín Oficial del Estado» y, en su caso, en el «Boletín Oficial del Registro Mercantil» o en cualquier otro periódico o diario oficial relacionado con la naturaleza, el objeto social o las actividades del ente imputado.

4. Transcurrido el plazo fijado sin haber comparecido la persona jurídica, se la declarará rebelde, continuando los trámites procesales hasta su conclusión.

10. Medidas cautelares

Igual que la persona física, la persona jurídica sobre la que recaiga una investigación puede quedar sometida a medidas cautelares, en los términos que se prevén en el nuevo art. 544 quáter.

Artículo 544 quáter.

1. Cuando se haya procedido a la imputación de una persona jurídica, las medidas cautelares que podrán imponérsele son las expresamente previstas en la Ley Orgánica 10/1995, de 23 de noviembre, del Código Penal.

2. La medida se acordará previa petición de parte y celebración de vista, a la que se citará a todas las partes personadas. El auto que decida sobre la medida cautelar será recurrible en apelación, cuya tramitación tendrá carácter preferente.

Se trata, pues, de las medidas previstas en el art. 129.3 del Código Penal, a cuyo tenor, "la clausura temporal de los locales o establecimientos, la suspensión de las actividades sociales y la intervención judicial podrán ser acordadas también por el Juez Instructor como medida cautelar durante la instrucción de la causa a los efectos establecidos en este artículo y con los límites señalados en el artículo 33.7".

CAPÍTULO II
LA PARTE ESPECIAL DEL DERECHO PENAL DE LAS PERSONAS JURÍDICAS

1. SISTEMA DE *NUMERUS CLAUSUS*

La propia Ley Orgánica 5/2010, de 22 de junio, ya indicaba en su exposición de motivos que "esta responsabilidad únicamente podrá ser declarada en aquellos supuestos donde expresamente se prevea", explicando que tan novedosa regulación ofrecía respuesta a la progresiva demanda de distintos instrumentos jurídicos internacionales "sobre todo en aquellas figuras delictivas donde la posible intervención de las mismas (personas jurídicas) se hace más evidente".

Los delitos para los que está prevista la responsabilidad penal de las personas jurídicas se constituyen por lo tanto en nuestro Código Penal con un sistema de *numerus clausus* desarrollado en la parte especial del mismo, pues las personas jurídicas sólo responderán de los delitos en los que en su configuración legal haya una expresa remisión al art. 31 bis del Código.

La reforma operada por la Ley Orgánica 1/2015, de 30 de junio, no hizo sino ampliar algunos supuestos delictivos en los que ahora ya es posible la responsabilidad penal de las personas jurídicas, por lo que puede decirse que España se ha unido al movimiento general de reforma de la legislación penal para apostar de forma clara por la fórmula *societas delinquere potest*, consecuencia natural de la tendencia expansiva de los diferentes instrumentos internacionales al respecto[50].

---

[50] Sobre esta materia, v. Zugaldía Espinar, J.M., "La responsabilidad criminal de las personas jurídicas en el derecho penal español", dentro de la obra colectiva *La res-*

Por lo que respecta al catálogo tras la última reforma, se incorporaron con la Ley Orgánica 1/2015 los nuevos delitos de frustración de la ejecución (arts. 257, 258 y 258 bis), de financiación ilegal de los partidos políticos (art. 304 bis), los delitos contra la salud pública no relacionados con el tráfico de drogas (arts. 359 a 365), y el delito de falsificación de moneda (art. 386), supuesto para el que con anterioridad no se contemplaba el régimen del art. 31 bis sino el del art. 129. Finalmente, también se incluyó la responsabilidad de las personas jurídicas en los denominados genéricamente "delitos de odio" (arts. 510, y 510 bis).

Cabe destacar dentro de esta relación de delitos, que solo existen cuatro conductas imprudentes cometidas por personas físicas en las circunstancias del art. 31 bis susceptibles de generar un reproche penal a la persona jurídica. Es el caso de las insolvencias punibles (art. 259.3), de los delitos contra los recursos naturales y el medio ambiente (art. 331), del blanqueo de capitales (art. 302.2) y de la financiación del terrorismo (art. 576.5).

El catálogo de delitos que en lo concerniente a esta materia deberían estar incluidos en el Código Penal no es una cuestión pacífica, y no faltan autores como Zugaldía, que considera que ese listado debería ampliarse, citando a modo de ejemplo algunas infracciones que deberían incorporarse, como son los delitos contra los derechos de los trabajadores, los delitos societarios, la receptación, el homicidio, las lesiones por imprudencia (poniendo como ejemplo los accidentes laborales), los delitos contra el control de cambios, o el quebrantamiento de condena.

2. TRÁFICO ILEGAL DE ÓRGANOS

El art. 156 bis del Código Penal establece lo siguiente:

Artículo 156 bis.

1. Los que promuevan, favorezcan, faciliten o publiciten la obtención o el tráfico ilegal de órganos humanos ajenos o el trasplante de los mismos serán castigados con la pena de prisión de seis a doce años si se tratara de un órgano principal, y de prisión de tres a seis años si el órgano fuera no principal.

ponsabilidad criminal de las personas jurídicas en Latinoamérica y en España, Navarra, 2015, pp. 222 y 237.

2. Si el receptor del órgano consintiera la realización del trasplante conociendo su origen ilícito será castigado con las mismas penas que en el apartado anterior, que podrán ser rebajadas en uno o dos grados atendiendo a las circunstancias del hecho y del culpable.

3. Cuando de acuerdo con lo establecido en el artículo 31 bis una persona jurídica sea responsable de los delitos comprendidos en este artículo, se le impondrá la pena de multa del triple al quíntuple del beneficio obtenido.

Atendidas las reglas establecidas en el artículo 66 bis, los jueces y tribunales podrán asimismo imponer las penas recogidas en las letras b) a g) del apartado 7 del artículo 33.

El art. 156 bis fue introducido en nuestro Código Penal por la Ley Orgánica 5/2010, de 22 de junio, contemplándose ya en ese momento la responsabilidad de las personas jurídicas, sin que su redacción sufriera ningún tipo de modificación posterior como consecuencia de la Ley Orgánica 1/2015, de 30 de marzo.

La propia exposición de motivos de dicha Ley justificaba la novedad "como respuesta al fenómeno cada vez más extendido de la compraventa de órganos humanos y al llamamiento de diversos foros internacionales a abordar su punición", recordando que "ya en el año 2004 la Organización Mundial de la Salud declaró que la venta de órganos era contraria a la Declaración Universal de Derechos Humanos, exhortando a los médicos a que no realizasen trasplantes si tenían sospechas de que el órgano había sido objeto de una transacción. Recientemente, en la Cumbre internacional sobre turismo de trasplantes y tráfico de órganos celebrada en mayo de 2008, representantes de 78 países consensuaron la denominada «Declaración de Estambul», en donde se deja constancia de que dichas prácticas violan los principios de igualdad, justicia y respeto a la dignidad humana debiendo ser erradicadas. Y, aunque nuestro Código Penal ya contempla estas conductas en el delito de lesiones, se considera necesario dar un tratamiento diferenciado a dichas actividades castigando a todos aquellos que promuevan, favorezcan, faciliten o publiciten la obtención o el tráfico ilegal de órganos humanos ajenos o su trasplante. En este marco, se ha considerado que también debe incriminarse, con posibilidad de moderar la sanción penal en atención a las circunstancias concurrentes, al receptor del órgano que, conociendo su origen ilícito, consienta en la realización del trasplante".

A estos instrumentos hay que añadir la Conferencia Internacional sobre el tráfico de órganos celebrada el 25 de marzo de 2015 en Santiago de Compostela, marco de la firma del Convenio nº 215 del Consejo de Europa, sobre la lucha contra el tráfico de órganos humanos, cuya finalidad es la prevención y la lucha contra el tráfico de órganos humanos mediante la tipificación como delitos de determinados actos, la protección de las víctimas, el fomento de la cooperación en el ámbito nacional e internacional y el establecimiento de un sistema específico de seguimiento, y que prevé además la responsabilidad penal de las personas jurídicas en el art. 11.

Por lo que respecta al apartado 3 del art. 156 bis del Código Penal, que es el que prevé la responsabilidad penal de las personas jurídicas, ningún problema se plantea en lo relativo a las conductas típicas reguladas en el apartado 1, esto es, respecto de los que promuevan, favorezcan, faciliten o publiciten la obtención o el tráfico ilegal de órganos humanos ajenos o el trasplante de los mismos. Sin embargo, la conducta prevista en el apartado 2, "si el receptor del órgano consintiera la realización del trasplante conociendo su origen ilícito será castigado con las mismas penas que en el apartado anterior", parece evidente que no puede ser cometida por una persona jurídica y ello a pesar de que el apartado 3 prevé la responsabilidad de las personas jurídicas por "los delitos comprendidos en este artículo", sin limitarse al primer apartado.

3. Trata de seres humanos

El art. 177 bis del Código Penal contiene el siguiente tenor literal:

Artículo 177 bis.

1. Será castigado con la pena de cinco a ocho años de prisión como reo de trata de seres humanos el que, sea en territorio español, sea desde España, en tránsito o con destino a ella, empleando violencia, intimidación o engaño, o abusando de una situación de superioridad o de necesidad o de vulnerabilidad de la víctima nacional o extranjera, o mediante la entrega o recepción de pagos o beneficios para lograr el consentimiento de la persona que poseyera el control sobre la víctima, la captare, transportare, trasladare, acogiere, o recibiere, incluido el intercambio o transferencia de control sobre esas personas, con cualquiera de las finalidades siguientes:

a) La imposición de trabajo o de servicios forzados, la esclavitud o prácticas similares a la esclavitud, a la servidumbre o a la mendicidad.

b) La explotación sexual, incluyendo la pornografía.

c) La explotación para realizar actividades delictivas.

d) La extracción de sus órganos corporales.

e) La celebración de matrimonios forzados.

Existe una situación de necesidad o vulnerabilidad cuando la persona en cuestión no tiene otra alternativa, real o aceptable, que someterse al abuso.

2. Aun cuando no se recurra a ninguno de los medios enunciados en el apartado anterior, se considerará trata de seres humanos cualquiera de las acciones indicadas en el apartado anterior cuando se llevare a cabo respecto de menores de edad con fines de explotación.

3. El consentimiento de una víctima de trata de seres humanos será irrelevante cuando se haya recurrido a alguno de los medios indicados en el apartado primero de este artículo.

4. Se impondrá la pena superior en grado a la prevista en el apartado primero de este artículo cuando:

a) se hubiera puesto en peligro la vida o la integridad física o psíquica de las personas objeto del delito;

b) la víctima sea especialmente vulnerable por razón de enfermedad, estado gestacional, discapacidad o situación personal, o sea menor de edad.

Si concurriere más de una circunstancia se impondrá la pena en su mitad superior.

5. Se impondrá la pena superior en grado a la prevista en el apartado 1 de este artículo e inhabilitación absoluta de seis a doce años a los que realicen los hechos prevaliéndose de su condición de autoridad, agente de ésta o funcionario público. Si concurriere además alguna de las circunstancias previstas en el apartado 4 de este artículo se impondrán las penas en su mitad superior.

6. Se impondrá la pena superior en grado a la prevista en el apartado 1 de este artículo e inhabilitación especial para profesión, oficio, industria o comercio por el tiempo de la condena, cuando el culpable perteneciera a una organización o asociación de más de dos personas, incluso de carácter transitorio, que se dedicase a la realización de tales actividades. Si concurriere alguna de las circunstancias previstas en el apartado 4 de este artículo se impondrán las penas en la mitad superior. Si concurriere la circunstancia prevista en el apartado 5 de este artículo se impondrán las penas señaladas en este en su mitad superior.

Cuando se trate de los jefes, administradores o encargados de dichas organizaciones o asociaciones, se les aplicará la pena en su mitad superior, que podrá elevarse a la inmediatamente superior en grado. En todo caso se elevará la pena a la inmediatamente superior en grado si concurriera alguna de las circunstancias previstas en el apartado 4 o la circunstancia prevista en el apartado 5 de este artículo.

7. Cuando de acuerdo con lo establecido en el artículo 31 bis una persona jurídica sea responsable de los delitos comprendidos en este artículo, se le impondrá la pena de multa del triple al quíntuple del beneficio obtenido. Atendidas las reglas establecidas en el artículo 66 bis, los jueces y tribunales podrán asimismo imponer las penas recogidas en las letras b) a g) del apartado 7 del artículo 33.

8. La provocación, la conspiración y la proposición para cometer el delito de trata de seres humanos serán castigadas con la pena inferior en uno o dos grados a la del delito correspondiente.

9. En todo caso, las penas previstas en este artículo se impondrán sin perjuicio de las que correspondan, en su caso, por el delito del artículo 318 bis de este Código y demás delitos efectivamente cometidos, incluidos los constitutivos de la correspondiente explotación.

10. Las condenas de jueces o tribunales extranjeros por delitos de la misma naturaleza que los previstos en este artículo producirán los efectos de reincidencia, salvo que el antecedente penal haya sido cancelado o pueda serlo con arreglo al Derecho español.

11. Sin perjuicio de la aplicación de las reglas generales de este Código, la víctima de trata de seres humanos quedará exenta de pena por las infracciones penales que haya cometido en la situación de explotación sufrida, siempre que su participación en ellas haya sido consecuencia directa de la situación de violencia, intimidación, engaño o abuso a que haya sido sometida y que exista una adecuada proporcionalidad entre dicha situación y el hecho criminal realizado.

Este delito fue una de las nuevas figuras introducidas en nuestro ordenamiento jurídico penal por la Ley Orgánica 5/2010, de 22 de junio, y aunque el precepto fue modificado por la Ley Orgánica 1/2015, de 30 de marzo, se mantuvo idéntica la redacción correspondiente a la responsabilidad de las personas jurídicas.

Como recuerda una Circular de la Fiscalía General del Estado del año 2011[51], la delimitación del concepto de trata de seres humanos por los textos normativos comunitarios, desde la primera definición recogida en la "acción común" de 24 de febrero de 1997 del Consejo hasta la actualidad, ha sufrido una evolución extraordinariamente compleja y no exenta de ciertas confusiones y deficiencias.

Partiendo de esta idea, podemos afirmar que nos encontramos ante uno de esos delitos que provocan una evolución constante del derecho penal, con la finalidad de dar una respuesta lo suficientemente adecuada y contundente a tan execrables comportamientos que atentan contra la dignidad y la libertad de aquellos que los sufren[52].

De hecho, la propia exposición de motivos de la Ley Orgánica 5/2010, de 22 de junio, señala como justificación a la regulación específica de este delito que "el tratamiento penal unificado de los delitos de trata de seres humanos e inmigración clandestina que contenía el artículo 318 bis resultaba a todas luces inadecuado, en vista de las grandes diferencias que existen entre ambos fenómenos delictivos. La separación de la regulación de estas dos realidades resulta imprescindible tanto para cumplir con los mandatos de los compromisos internacionales como para poner fin a los constantes conflictos interpretativos".

Por lo que respecta a la responsabilidad penal de las personas jurídicas contemplada en el apartado 7, debe resaltarse que ya la Decisión Marco del Consejo de 19 de julio de 2002 relativa a la lucha contra la trata de seres humanos (2002/629/JAI), indicaba en su artícu-

---

[51] Circular 5/2011 de la Fiscalía General del Estado sobre criterios para la unidad de actuación especializada del Ministerio fiscal en materia de extranjería e inmigración.

[52] V. Jaén Vallejo, M. y Perrino Pérez, A.L., *La reforma penal de 2015*, Madrid 2015, pp. 90 y ss.

lo 4 que cada Estado miembro debía adoptar las medidas necesarias para garantizar que las personas jurídicas puedan ser consideradas responsables por estos delitos.

Posteriormente, esta responsabilidad también quedó reflejada expresamente en la Directiva 2011/36/UE del Parlamento Europeo y del Consejo, de 5 abril de 2011 relativa a la prevención y lucha contra la trata de seres humanos y a la protección de las víctimas, y por la que se sustituye la Decisión marco 2002/629/JAI del Consejo, que indicaba en su art. 5 lo siguiente:

Artículo 5. Responsabilidad de las personas jurídicas.

1. Los Estados miembros adoptarán las medidas necesarias para garantizar que las personas jurídicas puedan ser consideradas responsables de las infracciones contempladas en los artículos 2 y 3, cuando estas infracciones sean cometidas en su beneficio por cualquier persona que, actuando a título individual o como parte de un órgano de la persona jurídica, ostente un cargo directivo en su seno, basado en:

a) un poder de representación de dicha persona jurídica;

b) una autoridad para tomar decisiones en nombre de dicha persona jurídica, o

c) una autoridad para ejercer control dentro de dicha persona jurídica.

2. Los Estados miembros se asegurarán asimismo de que las personas jurídicas puedan ser consideradas responsables cuando la falta de supervisión o control por parte de una de las personas a que se refiere el apartado 1 haya hecho posible que una persona sometida a su autoridad cometa una de las infracciones contempladas en los artículos 2 y 3 en beneficio de la persona jurídica.

3. La responsabilidad de las personas jurídicas en virtud de los apartados 1 y 2 se entenderá sin perjuicio de las acciones penales que puedan emprenderse contra las personas físicas que sean autores, inductores o cómplices de alguna de las infracciones contempladas en los artículos 2 y 3.

4. A efectos de la presente Directiva se entenderá por «persona jurídica» cualquier entidad que tenga personalidad jurídica con arreglo al Derecho aplicable, con excepción de los Estados o de otros organismos públicos en el ejercicio de su potestad pública y de las organizaciones internacionales públicas.

4. Delitos relativos a la prostitución y corrupción de menores

El Capítulo V, del Título VIII ("De los delitos contra la libertad e indemnidad sexuales"), del Libro II del Código Penal, lleva la rúbrica de "los delitos relativos a la prostitución y a la explotación sexual y corrupción de menores". En concreto, el art. 187 aborda la acción típica del que determine a una persona mayor de edad a ejercer o mantenerse en la prostitución empleando violencia, intimidación o engaño, o abusando de una situación de superioridad o de necesidad o de vulnerabilidad; el art. 188 regula el supuesto del que induzca, promueva, favorezca o facilite la prostitución de un menor de edad o una persona con discapacidad necesitada de especial protección; y finalmente el art. 189 castiga los supuestos de corrupción de menores.

Esta nueva regulación llevada a cabo por la Ley Orgánica 1/2015, tiene su explicación en la preceptiva transposición de la Directiva 2011/93/UE del Parlamento Europeo y del Consejo, de 13 de diciembre de 2011, relativa a la lucha contra los abusos sexuales y la explotación sexual de los menores y la pornografía infantil y por la que se sustituye la Decisión Marco 2004/68/JAI del Consejo, de 22 de diciembre de 2003 relativa a la lucha contra la explotación sexual de los niños y la pornografía infantil, que incluía la responsabilidad penal de las personas jurídicas en su art. 6.

Por ello, y en relación con nuestro Código Penal, la responsabilidad penal de las personas jurídicas se encuentra prevista en un precepto que fue ya introducido por la Ley Orgánica 5/2010, de 22 de junio, redacción que no ha sufrido ninguna modificación ulterior.

Así, el art. 189 bis del Código Penal indica lo siguiente:

Artículo 189 bis.

Cuando de acuerdo con lo establecido en el artículo 31 bis una persona jurídica sea responsable de los delitos comprendidos en este Capítulo, se le impondrán las siguientes penas:

a) Multa del triple al quíntuple del beneficio obtenido, si el delito cometido por la persona física tiene prevista una pena de prisión de más de cinco años.

b) Multa del doble al cuádruple del beneficio obtenido, si el delito cometido por la persona física tiene prevista una pena de prisión de más de dos años no incluida en el anterior inciso.

c) Multa del doble al triple del beneficio obtenido, en el resto de los casos.

Atendidas las reglas establecidas en el artículo 66 bis, los jueces y tribunales podrán asimismo imponer las penas recogidas en las letras b) a g) del apartado 7 del artículo 33.

5. Descubrimiento y revelación de secretos

La reforma del Código Penal llevada a cabo por la Ley Orgánica 1/2015, de 30 de marzo en relación con estos delitos, no hizo sino proceder a la transposición de la Directiva Europea 2013/40/UE del Parlamento Europeo y del Consejo de 12 de agosto de 2013, relativa a los ataques contra los sistemas de información y la interceptación de datos electrónicos cuando no se trata de una comunicación personal, por la que se sustituye la Decisión Marco 2005/222/JAI del Consejo. Se trata, como dice la exposición de motivos de la propia Ley, de "superar las limitaciones de la regulación vigente para ofrecer respuesta a la delincuencia informática en el sentido de la normativa europea", dotando de la necesaria protección a los sistemas de información.

La regulación de la responsabilidad de las personas jurídicas prevista en el art. 197 quinquies, constituye por lo tanto una novedad de la Ley Orgánica 1/2015, respondiendo a la necesaria armonización normativa en el marco de la Unión Europea.

Efectivamente, la Directiva regula en el artículo 10 la responsabilidad de las personas jurídicas, y en el art. 11 las sanciones correspondientes a las mismas, de la siguiente manera:

Artículo 10. Responsabilidad de las personas jurídicas.

1. Los Estados miembros adoptarán las medidas necesarias para garantizar que las personas jurídicas puedan ser consideradas responsables de las infracciones mencionadas en los artículos 3 a 8 cuando estas infracciones sean cometidas en su beneficio por cualquier persona que, actuando a título particular o como parte de un órgano de la perso-

na jurídica, ostente un cargo directivo en el seno de dicha persona jurídica, basado en:

a) el poder de representación de dicha persona jurídica, o

b) la capacidad para tomar decisiones en nombre de dicha persona jurídica, o

c) la capacidad para ejercer un control en el seno de dicha persona jurídica.

2. Los Estados miembros adoptarán las medidas necesarias para garantizar que las personas jurídicas puedan ser consideradas responsables cuando la falta de supervisión o control por parte de alguna de las personas a que se refiere el apartado 1 haya permitido que una persona sometida a su autoridad cometa una de las infracciones mencionadas en los artículos 3 a 8 en beneficio de esa persona jurídica.

3. La responsabilidad de las personas jurídicas en virtud de los apartados 1 y 2 no excluirá la incoación de acciones penales contra las personas físicas que sean autoras, inductoras o cómplices de las infracciones mencionadas en los artículos 3 a 8.

Artículo 11. Sanciones contra las personas jurídicas.

1. Los Estados miembros adoptarán las medidas necesarias para garantizar que a la persona jurídica considerada responsable en virtud de lo dispuesto en el artículo 10, apartado 1, le sean impuestas sanciones efectivas, proporcionadas y disuasorias, que incluirán multas de carácter penal o de otro tipo, y entre las que podrán incluir otras sanciones como:

a) exclusión del disfrute de ventajas o ayudas públicas;

b) inhabilitación temporal o permanente para el ejercicio de actividades comerciales;

c) vigilancia judicial;

d) medida judicial de liquidación;

e) cierre temporal o definitivo de los establecimientos utilizados para cometer la infracción.

2. Los Estados miembros adoptarán las medidas necesarias para garantizar que a la persona jurídica considerada responsable en virtud de lo dispuesto en el artículo 10, apartado 2, le sean impuestas sanciones o medidas efectivas, proporcionadas y disuasorias.

Como consecuencia de lo anterior, la regulación en nuestro Código Penal quedó prevista en los siguientes términos:

Artículo 197 quinquies.

Cuando de acuerdo con lo establecido en el artículo 31 bis una persona jurídica sea responsable de los delitos comprendidos en los artículos 197, 197 bis y 197 ter, se le impondrá la pena de multa de seis meses a dos años. Atendidas las reglas establecidas en el artículo 66 bis, los jueces y tribunales podrán asimismo imponer las penas recogidas en las letras b) a g) del apartado 7 del artículo 33.

Dentro del genérico concepto de los delitos de "descubrimiento y revelación de secretos", la responsabilidad penal de las personas jurídicas se extiende: al descubrimiento de secretos o datos reservados de carácter personal registrados (art. 197.1 y 2); a la revelación de secretos o datos reservados de carácter personal, tanto cuando la difusión o revelación se lleve a cabo por quien los descubrió o tuvo acceso a los mismos, como cuando se efectúe por quien no tomó parte en su descubrimiento (art. 197.3); a la difusión, revelación o cesión a terceros no autorizada de imágenes o grabaciones audiovisuales privadas obtenidas con el consentimiento del sujeto pasivo (art. 197.7); a los delitos de intrusión en un sistema de información o la interceptación de transmisiones de sistemas de información (art. 197 bis); y finalmente a la facilitación de medios informáticos para la comisión de delitos contra la intimidad (art. 197 ter).

6. Estafa

El art. 251 bis del Código Penal establece lo siguiente:

Artículo 251 bis.

Cuando de acuerdo con lo establecido en el artículo 31 bis una persona jurídica sea responsable de los delitos comprendidos en esta Sección, se le impondrán las siguientes penas:

a) Multa del triple al quíntuple de la cantidad defraudada, si el delito cometido por la persona física tiene prevista una pena de prisión de más de cinco años.

b) Multa del doble al cuádruple de la cantidad defraudada, en el resto de los casos.

Atendidas las reglas establecidas en el artículo 66 bis, los jueces y tribunales podrán asimismo imponer las penas recogidas en las letras b) a g) del apartado 7 del artículo 33.

La responsabilidad de las personas jurídicas en el ámbito del delito de estafa fue introducida en la propia reforma operada por la Ley Orgánica 5/2010, de 22 de junio, que le dio la redacción actual, y se extiende a toda la sección, esto es, al tipo básico de estafa previsto en el art. 248 del Código Penal, y a los tipos agravados del art. 250 del Código Penal, es decir:

— Cuando la estafa recaiga sobre cosas de primera necesidad, viviendas u otros bienes de reconocida utilidad social.
— Cuando se perpetre abusando de firma de otro, o sustrayendo, ocultando o inutilizando, en todo o en parte, algún proceso, expediente, protocolo o documento público u oficial de cualquier clase.
— Cuando recaiga sobre bienes que integren el patrimonio artístico, histórico, cultural o científico.
— Cuando revista especial gravedad, atendiendo a la entidad del perjuicio y a la situación económica en que deje a la víctima o a su familia.
— Cuando el valor de la defraudación supere los 50.000 euros, o afecte a un elevado número de personas.
— Cuando se cometa con abuso de las relaciones personales existentes entre víctima y defraudador, o aproveche éste su credibilidad empresarial o profesional.
— En los casos de estafa procesal.
— Si al delinquir el culpable hubiera sido condenado ejecutoriamente al menos por tres delitos comprendidos en el Capítulo VI ("De las defraudaciones").

Finalmente, también se extiende la responsabilidad a los que se han llegado a denominar tipos cualificados del art. 251: la enajenación, gravamen o arriendo de bienes, atribuyéndose una facultad de disposición de la que se carece; la disposición del bien con ocultación de carga sobre el mismo gravándolo o enajenándolo de nuevo antes de la definitiva transmisión al adquirente; y el contrato simulado en perjuicio de otro.

Fue precisamente la responsabilidad penal de las personas jurídicas en el ámbito del delito de estafa, la que motivó el primer pronunciamiento del Tribunal Supremo sobre la materia. Efectivamente, la Sentencia del Tribunal Supremo de 2 de septiembre de 2015 que será analizada de manera pormenorizada más adelante, y en la que se reconocía que "esta Sala todavía no ha tenido ocasión de pronunciarse acerca del fundamento de la responsabilidad de los entes colectivos, declarable al amparo del art. 31 bis del Código Penal", casaba y anulaba una sentencia de 17 de diciembre de 2014[53], de la Audiencia Provincial de Madrid por la que se condenaba a una empresa por "un delito de estafa previsto y penado en el art. 251 bis - 2º del Código Penal y que castiga a la persona jurídica que conforme a lo dispuesto en el art. 31 bis, sea responsable de los delitos cometidos en esta Sección".

También la Sentencia del Tribunal Supremo de 16 de marzo de 2016, que se desarrollará posteriormente, se produce en el marco de este delito, casando y anulando la condena impuesta a una sociedad por Sentencia de 8 de mayo de 2015, de la Audiencia Provincial de Cáceres[54], cuya motivación reflejaba que "si la acción ilícita se comete bajo el paraguas de esa persona jurídica, o al menos bajo el nombre comercial que utilizaba la sociedad en el tráfico inmobiliario, y la distracción patrimonial repercute en beneficio de la sociedad que es la gestora de la firma comercial actuante, considera el Tribunal que se dan todos los requisitos para declarar la responsabilidad penal de la persona jurídica".

---

[53] Audiencia Provincial de Madrid, Sec. 3ª, Sentencia de 17 de diciembre de 2014, nº 742/2014, recurso 1627/2014, ponente Magistrada Dña. Rosa Esperanza Rebollo Hidalgo; anulada por Sentencia del Tribunal Supremo de 2 de septiembre 2015 (J2015/161457).

[54] Audiencia Provincial de Cáceres, Sec. 2ª, Sentencia de 8 de mayo de 2015, nº 203/2015, recurso 13/2015, ponente Magistrada Dña. María Félix Tena Aragón; anulada por Sentencia del Tribunal Supremo de 16 de marzo de 2016 (recurso 1535/2015).

7. Frustración de la ejecución

El art. 258 ter del Código Penal señala lo siguiente:

Artículo 258 ter.

Cuando de acuerdo con lo establecido en el artículo 31 bis una persona jurídica sea responsable de los delitos comprendidos en este Capítulo, se le impondrán las siguientes penas:

a) Multa de dos a cinco años, si el delito cometido por la persona física tiene prevista una pena de prisión de más de cinco años.

b) Multa de uno a tres años, si el delito cometido por la persona física tiene prevista una pena de prisión de más de dos años no incluida en el inciso anterior.

c) Multa de seis meses a dos años, en el resto de los casos.

Atendidas las reglas establecidas en el artículo 66 bis, los jueces y tribunales podrán asimismo imponer las penas recogidas en las letras b a g del apartado 7 del artículo 33.

La introducción de este precepto en nuestro Código Penal es una de las novedades resultantes de la Ley Orgánica 1/2015 de 30 de marzo, que extiende además la responsabilidad penal de las personas jurídicas a todos los delitos del Capítulo (Capítulo VII, "frustración de la ejecución").

Se trata de una nueva regulación de la materia cuya justificación la encontramos en la propia exposición de motivos cuando indica que "se lleva a cabo una revisión técnica de los delitos de insolvencia punible que parte de la necesidad de establecer una clara separación entre las conductas de obstaculización o frustración de la ejecución, a las que tradicionalmente se ha entendido referido el delito de alzamiento de bienes, y los delitos de insolvencia o bancarrota. Estos grupos de delitos pasan a estar regulados en capítulos diferenciados", añadiendo que "dentro de los delitos de frustración de la ejecución se incluyen, junto al alzamiento de bienes, dos nuevas figuras delictivas que están llamadas a completar la tutela penal de los procedimientos de ejecución y, con ello, del crédito, y que son habituales en el Derecho comparado: de una parte, se tipifica la ocultación de bienes en un procedimiento judicial o administrativo de ejecución; y de otra, la utilización no autorizada por el depositario de bienes embargados por la autoridad".

8. Insolvencias punibles

El art. 261 bis del Código Penal establece lo siguiente:

Artículo 261 bis.

Cuando de acuerdo con lo establecido en el artículo 31 bis una persona jurídica sea responsable de los delitos comprendidos en este Capítulo, se le impondrán las siguientes penas:

a) Multa de dos a cinco años, si el delito cometido por la persona física tiene prevista una pena de prisión de más de cinco años.

b) Multa de uno a tres años, si el delito cometido por la persona física tiene prevista una pena de prisión de más de dos años no incluida en el inciso anterior.

c) Multa de seis meses a dos años, en el resto de los casos.

Atendidas las reglas establecidas en el artículo 66 bis, los jueces y tribunales podrán asimismo imponer las penas recogidas en las letras b) a g) del apartado 7 del artículo 33.

Tras la nueva regulación llevada a cabo por la Ley Orgánica 1/2015, de 30 de marzo, la previsión de la responsabilidad penal de las personas jurídicas introducida por el legislador a través de la Ley Orgánica 5/2010, de 22 de junio en este artículo, queda vinculada ahora exclusivamente a "las insolvencias punibles" previstas en el Capítulo VII bis, entre los arts. 259 a 261, cubriendo como ya se ha visto el art. 258 ter dicha responsabilidad para los delitos previstos en los arts. 257 y 258, ahora denominados "de frustración de la ejecución", teniendo en cualquier caso los arts. 258 ter y 261 bis idéntico contenido[55].

9. Daños informáticos

El art. 264 quáter establece lo siguiente:

Artículo 264 quáter.

[55] Sobre esta cuestión, v. Benítez Ortúzar, I., "Delitos contra el patrimonio y el orden socioeconómico", dentro de la obra colectiva *Sistema de derecho penal, parte especial*, director Morillas Cueva, L., Madrid, 2016.

Cuando de acuerdo con lo establecido en el artículo 31 bis una persona jurídica sea responsable de los delitos comprendidos en los tres artículos anteriores, se le impondrán las siguientes penas:

a) Multa de dos a cinco años o del quíntuplo a doce veces el valor del perjuicio causado, si resulta una cantidad superior, cuando se trate de delitos castigados con una pena de prisión de más de tres años.

b) Multa de uno a tres años o del triple a ocho veces el valor del perjuicio causado, si resulta una cantidad superior, en el resto de los casos.

Atendidas las reglas establecidas en el artículo 66 bis, los jueces y tribunales podrán asimismo imponer las penas recogidas en las letras b) a g) del apartado 7 del artículo 33.

Nos encontramos ante otra de las materias que fueron revisadas de manera exhaustiva por la Ley Orgánica 1/2015, de 30 de marzo, extendiéndose la responsabilidad penal de las personas al delito de daños informáticos (art. 264 del Código Penal), a la obstaculización o interrupción del funcionamiento de los sistemas informáticos (art. 264 bis), y a las conductas relacionadas con los programas informáticos o las contraseñas que permitan acceder a un programa informático que tengan por objetivo la facilitación de los delitos anteriores (art. 264 ter).

La Ley Orgánica 5/2010, de 22 de junio introdujo la responsabilidad penal de las personas jurídicas en estos delitos, ubicándola en el art. 244.4 del Código Penal. La nueva regulación operada por la Ley Orgánica 1/2015, ha supuesto un incremento punitivo respecto de la anterior, y así en la redacción original la pena era de multa del doble al cuádruple del perjuicio causado, si el delito cometido por la persona física tenía prevista una pena de prisión de más de dos años, y de multa del doble al triple del perjuicio causado, en el resto de los casos, mientras que en la redacción vigente, la multa es de dos a cinco años o del quíntuplo a doce veces el valor del perjuicio causado, si resulta una cantidad superior, cuando se trate de delitos castigados con una pena de prisión de más de tres años, y multa de uno a tres años o del triple a ocho veces el valor del perjuicio causado, si resulta una cantidad superior, en el resto de los casos. Se mantiene por el contrario que atendidas las reglas establecidas en el artículo 66 bis, los jueces y tribunales podrán asimismo imponer las penas recogidas en las letras b) a g) del apartado 7 del art. 33.

10. Propiedad intelectual, industrial, delitos relativos al mercado y los consumidores, y corrupción en los negocios

El art. 288 del Código Penal señala lo siguiente:

Artículo 288.

En los supuestos previstos en los artículos anteriores se dispondrá la publicación de la sentencia en los periódicos oficiales y, si lo solicitara el perjudicado, el Juez o Tribunal podrá ordenar su reproducción total o parcial en cualquier otro medio informativo, a costa del condenado.

Cuando de acuerdo con lo establecido en el artículo 31 bis una persona jurídica sea responsable de los delitos recogidos en este Capítulo, se le impondrán las siguientes penas:

1.º En el caso de los delitos previstos en los artículos 270, 271, 273, 274, 275, 276, 283, 285 y 286:

a) Multa del doble al cuádruple del beneficio obtenido, o que se hubiera podido obtener, si el delito cometido por la persona física tiene prevista una pena de prisión de más de dos años.

b) Multa del doble al triple del beneficio obtenido, favorecido, o que se hubiera podido obtener, en el resto de los casos.

En el caso de los delitos previstos en los artículos 277, 278, 279, 280, 281, 282, 282 bis, 284 y 286 bis al 286 quáter:

a) Multa de dos a cinco años, o del triple al quíntuple del beneficio obtenido o que se hubiere podido obtener si la cantidad resultante fuese más elevada, cuando el delito cometido por la persona física tiene prevista una pena de más de dos años de privación de libertad.

b) Multa de seis meses a dos años, o del tanto al duplo del beneficio obtenido o que se hubiere podido obtener si la cantidad resultante fuese más elevada, en el resto de los casos.

2.º Atendidas las reglas establecidas en el artículo 66 bis, los jueces y tribunales podrán asimismo imponer las penas recogidas en las letras b) a g) del apartado 7 del artículo 33.

Este precepto se encuentra integrado en el Capítulo XI (del Título XIII, "delitos contra el patrimonio y el orden socioeconómico"), que lleva la rúbrica "de los delitos relativos a la propiedad intelectual e industrial, al mercado y a los consumidores", incluyendo los delitos relativos a la propiedad intelectual (arts. 270 a 272), los delitos relativos a la propiedad industrial (arts. 273 a 277), los delitos relativos al mercado y a los consumidores (arts. 278 a 286), y los delitos de corrupción en los negocios (arts. 286 bis a 286 quáter), estando prevista la responsabilidad de las personas jurídicas en todos ellos.

Aunque se trata de un artículo introducido por la ley Orgánica 5/2010, de 30 de marzo, la Ley Orgánica 1/2015 lo modificó en dos sentidos: por un lado se amplió el ámbito de la responsabilidad penal de las personas jurídicas, que ahora abarca las conductas previstas entre los arts. 286 bis al 286 quinquies, esto es, a los denominados "delitos de corrupción en los negocios", y por otro lado, se elevó la cuantía de las multas.

11. Blanqueo de capitales

El art. 302 del Código Penal establece lo siguiente:

Artículo 302.

1. En los supuestos previstos en el artículo anterior se impondrán las penas privativas de libertad en su mitad superior a las personas que pertenezca a una organización dedicada a los fines señalados en los mismos, y la pena superior en grado a los jefes, administradores o encargados de las referidas organizaciones.

2. En tales casos, cuando de acuerdo con lo establecido en el artículo 31 bis sea responsable una persona jurídica, se le impondrán las siguientes penas:

a) Multa de dos a cinco años, si el delito cometido por la persona física tiene prevista una pena de prisión de más de cinco años.

b) Multa de seis meses a dos años, en el resto de los casos.

Atendidas las reglas establecidas en el artículo 66 bis, los jueces y tribunales podrán asimismo imponer las penas recogidas en las letras b) a g) del apartado 7 del artículo 33.

Este precepto fue introducido por la Ley Orgánica 5/2010, de 30 de marzo, que le dio la redacción vigente en la actualidad.

Se trata de la regulación de la responsabilidad de las personas jurídicas en el delito de blanqueo de capitales, previsto en el art. 301 del Código Penal y que incluye por lo tanto, al que adquiera, posea, utilice, convierta, o transmita bienes, sabiendo que éstos tienen su origen en una actividad delictiva, cometida por él o por cualquiera tercera persona, o realice cualquier otro acto para ocultar o encubrir su origen ilícito, o para ayudar a la persona que haya participado en la infracción o infracciones a eludir las consecuencias legales de sus actos, así como la ocultación o encubrimiento de la verdadera naturaleza, origen, ubicación, destino, movimiento o derechos sobre los bienes o propiedad de los mismos, a sabiendas de que proceden de alguno de los delitos expresados en el apartado anterior o de un acto de participación en ellos.

12. Financiación ilegal de los partidos políticos

El art. 304 bis del Código Penal establece lo siguiente:

Artículo 304 bis.

1. Será castigado con una pena de multa del triplo al quíntuplo de su valor, el que reciba donaciones o aportaciones destinadas a un partido político, federación, coalición o agrupación de electores con infracción de lo dispuesto en el artículo 5. Uno de la Ley Orgánica 8/2007, de 4 de julio, sobre financiación de los partidos políticos.

2. Los hechos anteriores serán castigados con una pena de prisión de seis meses a cuatro años y multa del triplo al quíntuplo de su valor o del exceso cuando:

a) Se trate de donaciones recogidas en el artículo 5. Uno, letras a) o c) de la Ley Orgánica 8/2007, de 4 de julio, sobre financiación de los partidos políticos, de importe superior a 500.000 euros, o que superen en esta cifra el límite fijado en la letra b) del aquel precepto, cuando sea ésta el infringido.

b) Se trate de donaciones recogidas en el artículo 7. Dos de la Ley Orgánica 8/2007, de 4 de julio, sobre financiación de los partidos políticos, que superen el importe de 100.000 euros.

3. Si los hechos a que se refiere el apartado anterior resultaran de especial gravedad, se impondrá la pena en su mitad superior, pudiéndose llegar hasta la superior en grado.

4. Las mismas penas se impondrán, en sus respectivos casos, a quien entregare donaciones o aportaciones destinadas a un partido político, federación, coalición o agrupación de electores, por sí o por persona interpuesta, en alguno de los supuestos de los números anteriores.

5. Las mismas penas se impondrán cuando, de acuerdo con lo establecido en el artículo 31 bis de este Código, una persona jurídica sea responsable de los hechos. Atendidas las reglas establecidas en el artículo 66 bis, los jueces y tribunales podrán asimismo imponer las penas recogidas en las letras b) a g) del apartado 7 del artículo 33.

La exposición de motivos de la Ley Orgánica 1/2015, de 30 de marzo refleja que "la reforma introduce un nuevo Título XIII bis con la rúbrica «De los delitos de financiación ilegal de los partidos políticos», integrado por los dos nuevos artículos 304 bis y 304 ter, que da respuesta penal a la necesidad de definir un tipo penal específico para estos actos delictivos, ya que en la vigente legislación española no existe un delito concreto que esté tipificado como delito de financiación ilegal de partidos políticos. Con esta modificación se castigará a aquellas personas que acepten y reciban donaciones ilegales o que participen en estructuras u organizaciones cuyo principal objeto sea el de financiar ilegalmente a un partido político".

Se trata de una norma penal en blanco que deberá completarse por vía de la remisión a la Ley Orgánica 8/2007, de 4 de julio, sobre financiación de los partidos políticos, que fue reformada prácticamente de manera paralela a la elaboración de Ley Orgánica 1/2015, a través de la Ley Orgánica 3/2015.

El apartado 5, relativo a la responsabilidad de las personas jurídicas, hace una remisión en cuanto a las sanciones, a las previstas en los apartados anteriores ("las mismas penas"). Sin embargo, llama la atención que entre las penas contempladas en el precepto, los apartados 2, 3 y 4 establecen una pena de prisión para las correspondientes conductas típicas en ellos reflejadas.

13. Delitos contra la Hacienda pública y la Seguridad Social

El art. 310 bis del Código Penal establece lo siguiente:

Artículo 310 bis.

Cuando de acuerdo con lo establecido en el artículo 31 bis una persona jurídica sea responsable de los delitos recogidos en este Título, se le impondrán las siguientes penas:

a) Multa del tanto al doble de la cantidad defraudada o indebidamente obtenida, si el delito cometido por la persona física tiene prevista una pena de prisión de más de dos años.

b) Multa del doble al cuádruple de la cantidad defraudada o indebidamente obtenida, si el delito cometido por la persona física tiene prevista una pena de prisión de más de cinco años.

c) Multa de seis meses a un año, en los supuestos recogidos en el artículo 310.

Además de las señaladas, se impondrá a la persona jurídica responsable la pérdida de la posibilidad de obtener subvenciones o ayudas públicas y del derecho a gozar de los beneficios o incentivos fiscales o de la Seguridad Social durante el período de tres a seis años. Podrá imponerse la prohibición para contratar con las Administraciones Públicas.

Atendidas las reglas establecidas en el artículo 66 bis, los Jueces y Tribunales podrán asimismo imponer las penas recogidas en las letras b), c), d), e) y g) del apartado 7 del artículo 33.

Se trata de un precepto introducido por la Ley Orgánica 5/2010, de 22 de junio, que le dio la redacción que se encuentra actualmente en vigor.

La responsabilidad penal de las personas jurídicas se extiende en esta materia a todos los delitos contra la Hacienda Pública y contra la Seguridad Social, incluyendo por lo tanto el delito de defraudación a la Hacienda Pública (art. 305), el delito de defraudación a la Seguridad Social (art. 307), el disfrute indebido de prestaciones del sistema de la Seguridad Social (art. 307 ter), el fraude de subvenciones (art. 308), los delitos relacionados con la Unión Europea, incluyendo tanto las defraudaciones a la Hacienda de la Unión Europea (art. 305.3) como el fraude a los presupuestos generales de la Unión Europea o a otros administrados por ésta (art. 306), así como el delito contable (art. 310).

En cuanto a las penas aplicables a las personas jurídicas en estos delitos, han sido fijadas teniendo en consideración y como criterio de referencia la pena señalada para la persona física. Además, debe destacarse que estos delitos llevan aparejada de manera imperativa la pérdida de la posibilidad de obtener subvenciones o ayudas públicas y del derecho a gozar de los beneficios o incentivos fiscales o de la Seguridad Social durante el período de tres a seis años. Además, podrá imponerse la prohibición para contratar con las Administraciones Públicas.

14. DELITOS CONTRA LOS DERECHOS DE LOS CIUDADANOS EXTRANJEROS

El art. 318 bis del Código Penal establece lo siguiente:

Artículo 318 bis.

1. El que intencionadamente ayude a una persona que no sea nacional de un Estado miembro de la Unión Europea a entrar en territorio español o a transitar a través del mismo de un modo que vulnere la legislación sobre entrada o tránsito de extranjeros, será castigado con una pena de multa de tres a doce meses o prisión de tres meses a un año.

Los hechos no serán punibles cuando el objetivo perseguido por el autor fuere únicamente prestar ayuda humanitaria a la persona de que se trate.

Si los hechos se hubieran cometido con ánimo de lucro se impondrá la pena en su mitad superior.

2. El que intencionadamente ayude, con ánimo de lucro, a una persona que no sea nacional de un Estado miembro de la Unión Europea a permanecer en España, vulnerando la legislación sobre estancia de extranjeros será castigado con una pena de multa de tres a doce meses o prisión de tres meses a un año.

3. Los hechos a que se refiere el apartado 1 de este artículo serán castigados con la pena de prisión de cuatro a ocho años cuando concurra alguna de las circunstancias siguientes:

a) Cuando los hechos se hubieran cometido en el seno de una organización que se dedicare a la realización de tales actividades. Cuando se trate de los jefes, administradores o encargados de dichas organizaciones o asociaciones, se les aplicará la pena en su mitad superior, que podrá elevarse a la inmediatamente superior en grado.

b) Cuando se hubiera puesto en peligro la vida de las personas objeto de la infracción, o se hubiera creado el peligro de causación de lesiones graves.

4. En las mismas penas del párrafo anterior y además en la de inhabilitación absoluta de seis a doce años, incurrirán los que realicen los hechos prevaliéndose de su condición de autoridad, agente de ésta o funcionario público.

5. Cuando de acuerdo con lo establecido en el artículo 31 bis una persona jurídica sea responsable de los delitos recogidos en este Título, se le impondrá la pena de multa de dos a cinco años, o la del triple al quíntuple del beneficio obtenido si la cantidad resultante fuese más elevada.

Atendidas las reglas establecidas en el artículo 66 bis, los jueces y tribunales podrán asimismo imponer las penas recogidas en las letras b) a g) del apartado 7 del artículo 33.

6. Los tribunales, teniendo en cuenta la gravedad del hecho y sus circunstancias, las condiciones del culpable y la finalidad perseguida por éste, podrán imponer la pena inferior en un grado a la respectivamente señalada.

La Ley Orgánica 5/2010, de 22 de junio, introdujo la responsabilidad personas de las personas jurídicas por los delitos contra los derechos de los ciudadanos extranjeros en el art. 318 bis.4 del Código Penal.

Sin embargo, los denominados delitos de inmigración ilegal previstos en el art. 318 bis fueron incorporados al Código Penal por la Ley Orgánica 4/2000, de 11 de enero, antes de que se introdujeran en el propio Código (en la reforma operada por la Ley Orgánica 5/2010) los delitos de trata de seres humanos para su explotación, previstos en el art. 177 bis, de manera que aquéllos ofrecían respuesta penal a las conductas más graves previstas a partir de 2010, en este art. 177 bis.

A pesar de tipificarse separadamente la trata de seres humanos, se mantuvo, sin embargo, la misma penalidad, extraordinariamente agravada y, en muchos casos, desproporcionada, para todos los supuestos de delitos de inmigración ilegal.

Era necesario, pues, revisar la regulación del art. 318 bis, como se hizo en la reforma operada por la Ley Orgánica 1/2015, con una doble finalidad, esto es, definir con claridad las conductas constitutivas de inmigración ilegal, conforme a los criterios de la normativa de la Unión Europea, es decir, de un modo diferenciado a la trata de seres humanos (Directiva 2002/90/CE), y ajustar las penas conforme a lo dispuesto en la Decisión Marco 2002/946/JAI, reservando las penas más graves para los casos de criminalidad organizada y de puesta en peligro de la vida o la integridad del inmigrante, excluyéndose además la sanción penal en los casos de actuaciones orientadas por motivaciones humanitarias.

Dentro de esta nueva regulación de la materia operada por la Ley Orgánica 1/2015, de 30 de marzo, se ha ubicado sistemáticamente la responsabilidad penal de las personas jurídicas en el apartado 5 del precepto, sin bien la redacción no ha sido alterada, manteniéndose por lo tanto la pena que llevaba aparejado el delito antes de la reforma.

15. DELITOS CONTRA LA ORDENACIÓN DEL TERRITORIO Y EL URBANISMO, PATRIMONIO HISTÓRICO, RECURSOS NATURALES Y MEDIO AMBIENTE

El art. 319 del Código Penal establece lo siguiente:

Artículo 319.

1. Se impondrán las penas de prisión de un año y seis meses a cuatro años, multa de doce a veinticuatro meses, salvo que el beneficio obtenido por el delito fuese superior a la cantidad resultante en cuyo caso la multa será del tanto al triplo del montante de dicho beneficio, e inhabilitación especial para profesión u oficio por tiempo de uno a cuatro años, a los promotores, constructores o técnicos directores que lleven a cabo obras de urbanización, construcción o edificación no autorizables en suelos destinados a viales, zonas verdes, bienes de dominio público o lugares que tengan legal o administrativamente reconocido su valor paisajísti-

co, ecológico, artístico, histórico o cultural, o por los mismos motivos hayan sido considerados de especial protección.

2. Se impondrá la pena de prisión de uno a tres años, multa de doce a veinticuatro meses, salvo que el beneficio obtenido por el delito fuese superior a la cantidad resultante en cuyo caso la multa será del tanto al triplo del montante de dicho beneficio, e inhabilitación especial para profesión u oficio por tiempo de uno a cuatro años, a los promotores, constructores o técnicos directores que lleven a cabo obras de urbanización, construcción o edificación no autorizables en el suelo no urbanizable.

3. En cualquier caso, los jueces o tribunales, motivadamente, podrán ordenar, a cargo del autor del hecho, la demolición de la obra y la reposición a su estado originario de la realidad física alterada, sin perjuicio de las indemnizaciones debidas a terceros de buena fe, y valorando las circunstancias, y oída la Administración competente, condicionarán temporalmente la demolición a la constitución de garantías que aseguren el pago de aquéllas. En todo caso se dispondrá el decomiso de las ganancias provenientes del delito cualesquiera que sean las transformaciones que hubieren podido experimentar.

4. En los supuestos previstos en este artículo, cuando fuere responsable una persona jurídica de acuerdo con lo establecido en el artículo 31 bis de este Código se le impondrá la pena de multa de uno a tres años, salvo que el beneficio obtenido por el delito fuese superior a la cantidad resultante en cuyo caso la multa será del doble al cuádruple del montante de dicho beneficio.

Atendidas las reglas establecidas en el artículo 66 bis, los jueces y tribunales podrán asimismo imponer las penas recogidas en las letras b) a g) del apartado 7 del artículo 33.

Se trata de una disposición introducida por la Ley Orgánica 5/2010, de 22 de junio, que le dio la redacción vigente en la actualidad, y que afecta a la conducta de llevar a cabo obras de urbanización, construcción o edificación no autorizables en suelos destinados a viales, zonas verdes, bienes de dominio público o lugares que tengan legal o administrativamente reconocido su valor paisajístico, ecológico, artístico, histórico o cultural, o por los mismos motivos hayan sido considerados de especial protección, así como la conducta de llevar a cabo obras de urbanización, construcción o edificación no autorizables en el suelo no urbanizable.

Por su parte, el art. 328 del Código Penal señala que:

Artículo 328.

Cuando de acuerdo con lo establecido en el artículo 31 bis una persona jurídica sea responsable de los delitos recogidos en este Capítulo, se le impondrán las siguientes penas:

a) Multa de uno a tres años, o del doble al cuádruple del perjuicio causado cuando la cantidad resultante fuese más elevada, si el delito cometido por la persona física tiene prevista una pena de más de dos años de privación de libertad.

b) Multa de seis meses a dos años, o del doble al triple del perjuicio causado si la cantidad resultante fuese más elevada, en el resto de los casos.

Atendidas las reglas establecidas en el artículo 66 bis, los jueces y tribunales podrán asimismo imponer las penas recogidas en las letras b) a g) del apartado 7 del artículo 33.

La regulación de la responsabilidad de las personas jurídicas en esta materia fue introducida por la Ley Orgánica 5/2010, que la ubicó en el art. 327. Por su parte la Ley Orgánica 1/2015 desplazó dicha regulación al art. 328, y amplió los supuestos en los que las personas jurídicas responden penalmente. Así, con anterioridad a la reforma el precepto se refería a "los delitos recogidos en los dos artículos anteriores", mientras que en la actualidad se extiende a todo el Capítulo III ("De los delitos contra los recursos naturales y el medio ambiente").

A su vez, el art. 343 del Código Penal establece lo siguiente:

Artículo 343.

1. El que mediante el vertido, la emisión o la introducción en el aire, el suelo o las aguas de una cantidad de materiales o de radiaciones ionizantes, o la exposición por cualquier otro medio a dichas radiaciones ponga en peligro la vida, integridad, salud o bienes de una o varias personas, será sancionado con la pena de prisión de seis a doce años e inhabilitación especial para empleo o cargo público, profesión u oficio por tiempo de seis a diez años. La misma pena se impondrá cuando mediante esta conducta se ponga en peligro la calidad del aire, del suelo o de las aguas o a animales o plantas.

2. Cuando con ocasión de la conducta descrita en el apartado anterior se produjere, además del riesgo prevenido, un resultado lesivo constitutivo de delito, cualquiera que sea su gravedad, los jueces o tribunales apreciarán tan sólo la infracción más gravemente penada, aplicando la pena en su mitad superior.

3. Cuando de acuerdo con lo establecido en el artículo 31 bis una persona jurídica sea responsable de los delitos recogidos en este artículo, se le impondrá la pena de multa de dos a cinco años.

Atendidas las reglas establecidas en el artículo 66 bis, los jueces y tribunales podrán asimismo imponer las penas recogidas en las letras b) a g) del apartado 7 del artículo 33.

Se trata de una figura introducida por la Ley Orgánica 5/2010 de 22 de junio, sin que el contenido del precepto haya sufrido cambios posteriormente. Se extiende la responsabilidad exclusivamente a los supuestos contenidos en el mismo.

16. DELITOS CONTRA LA SEGURIDAD COLECTIVA

El art. 348 del Código Penal tiene el siguiente tenor literal:

Artículo 348.

1. Los que en la fabricación, manipulación, transporte, tenencia o comercialización de explosivos, sustancias inflamables o corrosivas, tóxicas y asfixiantes, o cualesquiera otras materias, aparatos o artificios que puedan causar estragos, contravinieran las normas de seguridad establecidas, poniendo en concreto peligro la vida, la integridad física o la salud de las personas, o el medio ambiente, serán castigados con la pena de prisión de seis meses a tres años, multa de doce a veinticuatro meses e inhabilitación especial para empleo o cargo público, profesión u oficio por tiempo de seis a doce años. Las mismas penas se impondrán a quien, de forma ilegal, produzca, importe, exporte, comercialice o utilice sustancias destructoras del ozono.

2. Los responsables de la vigilancia, control y utilización de explosivos que puedan causar estragos que, contraviniendo la normativa en materia de explosivos, hayan facilitado su efectiva pérdida o sustracción serán castigados con las penas de prisión de seis meses a tres años, multa de doce a veinticuatro meses e inhabilitación especial para empleo o cargo público, profesión u oficio de seis a doce años.

3. En los supuestos recogidos en los apartados anteriores, cuando de los hechos fuera responsable una persona jurídica de acuerdo con lo establecido en el artículo 31 bis de este Código, se le impondrá la pena de multa de uno a tres años, salvo que, acreditado el perjuicio producido, su importe fuera mayor, en cuyo caso la multa será del doble al cuádruple del montante de dicho perjuicio.

Atendidas las reglas establecidas en el artículo 66 bis, los jueces y tribunales podrán asimismo imponer las penas recogidas en las letras b) a g) del apartado 7 del artículo 33.

Las penas establecidas en los apartados anteriores se impondrán en su mitad superior cuando se trate de los directores, administradores o encargados de la sociedad, empresa, organización o explotación.

4. Serán castigados con las penas de prisión de seis meses a un año, multa de seis a doce meses e inhabilitación especial para empleo o cargo público, profesión u oficio por tiempo de tres a seis años los responsables de las fábricas, talleres, medios de transporte, depósitos y demás establecimientos relativos a explosivos que puedan causar estragos, cuando incurran en alguna o algunas de las siguientes conductas:

a) Obstaculizar la actividad inspectora de la Administración en materia de seguridad de explosivos.

b) Falsear u ocultar a la Administración información relevante sobre el cumplimiento de las medidas de seguridad obligatorias relativas a explosivos.

c) Desobedecer las órdenes expresas de la Administración encaminadas a subsanar las anomalías graves detectadas en materia de seguridad de explosivos.

Esta previsión de la responsabilidad de las personas jurídicas en los denominados delitos de riesgo provocados por explosivos y otros agentes fue también una de las novedades operadas por la Ley Orgánica 5/2010, de 22 de junio.

El precepto contiene un conjunto heterogéneo de conductas relativas a infracciones relacionadas con explosivos, sustancias especialmente peligrosas y sustancias destructoras del ozono.

17. Delitos contra la salud pública

El art. 366 del Código Penal establece que:

Artículo 366.

Cuando de acuerdo con lo establecido en el artículo 31 bis una persona jurídica sea responsable de los delitos recogidos en los artículos anteriores de este Capítulo, se le impondrá una pena de multa de uno a tres años, o del doble al quíntuplo del valor de las sustancias y productos a que se refieren los artículos 359 y siguientes, o del beneficio que se hubiera obtenido o podido obtener, aplicándose la cantidad que resulte más elevada.

Atendidas las reglas establecidas en el artículo 66 bis, los jueces y tribunales podrán asimismo imponer las penas recogidas en las letras b) a g) del apartado 7 del artículo 33.

Este artículo fue una de las novedades introducidas por la Ley Orgánica 1/2015, extendiendo la responsabilidad penal de las personas jurídicas a los delitos relativos a sustancias nocivas para la salud y sustancias que puedan causar estragos (art. 359 y 360 CP), al delito de fabricación, distribución o tenencia para su distribución de medicamentos o productos sanitarios potencialmente nocivos (art. 361), a los delitos de falsificación o alteración de medicamentos o productos sanitarios y su comercialización (arts. 362 a 362 ter), al delito relacionado con el dopaje (art. 361 quinquies), a los fraudes alimentarios nocivos realizados por productores, distribuidores o comerciantes (art. 363), y a los fraudes alimentarios nocivos por adulteración de productos alimentarios o alimentación indebida del ganado destinado al consumo humano (art. 364 y 365).

Por su parte, y en relación con los delitos contra la salud pública relacionados con el tráfico de drogas, el art. 369 bis del Código Penal establece lo siguiente:

Artículo 369 bis.

Cuando los hechos descritos en el artículo 368 se hayan realizado por quienes pertenecieren a una organización delictiva, se impondrán las penas de prisión de nueve a doce años y multa del tanto al cuádruplo del valor de la droga si se tratara de sustancias y productos que causen grave daño a la salud y de prisión de cuatro años y seis meses a diez años y la misma multa en los demás casos.

A los jefes, encargados o administradores de la organización se les impondrán las penas superiores en grado a las señaladas en el párrafo primero.

Cuando de acuerdo con lo establecido en el artículo 31 bis una persona jurídica sea responsable de los delitos recogidos en los dos artículos anteriores, se le impondrán las siguientes penas:

a) Multa de dos a cinco años, o del triple al quíntuple del valor de la droga cuando la cantidad resultante fuese más elevada, si el delito cometido por la persona física tiene prevista una pena de prisión de más de cinco años.

b) Multa de uno a tres años, o del doble al cuádruple del valor de la droga cuando la cantidad resultante fuese más elevada, si el delito cometido por la persona física tiene prevista una pena de prisión de más de dos años no incluida en el anterior inciso.

Atendidas las reglas establecidas en el artículo 66 bis, los jueces y tribunales podrán asimismo imponer las penas recogidas en las letras b) a g) del apartado 7 del artículo 33.

Se trata de un artículo introducido por la Ley Orgánica 5/2010, de 30 de marzo, que no ha sufrido ningún tipo de modificación ulterior.

La responsabilidad penal de las personas jurídicas, se extiende por lo tanto a los que ejecuten actos de cultivo, elaboración o tráfico, o de otro modo promuevan, favorezcan o faciliten el consumo ilegal de drogas tóxicas, estupefacientes o sustancias psicotrópicas, o las posean con aquellos fines, así como a los siguientes supuestos agravados:

- Que el culpable fuere autoridad, funcionario público, facultativo, trabajador social, docente o educador y obrase en el ejercicio de su cargo, profesión u oficio.
- Que el culpable participare en otras actividades organizadas o cuya ejecución se vea facilitada por la comisión del delito.
- Que los hechos fueren realizados en establecimientos abiertos al público por los responsables o empleados de los mismos.
- Que las sustancias a que se refiere el artículo anterior se faciliten a menores de 18 años, a disminuidos psíquicos o

a personas sometidas a tratamiento de deshabituación o rehabilitación.

— Que fuere de notoria importancia la cantidad de las citadas sustancias objeto de las conductas a que se refiere el artículo anterior.
— Que las referidas sustancias se adulteren, manipulen o mezclen entre sí o con otras, incrementando el posible daño a la salud.
— Que las conductas descritas en el artículo anterior tengan lugar en centros docentes, en centros, establecimientos o unidades militares, en establecimientos penitenciarios o en centros de deshabituación o rehabilitación, o en sus proximidades.
— Que el culpable empleare violencia o exhibiere o hiciese uso de armas para cometer el hecho.

Finalmente hay que destacar que la primera condena a una persona jurídica llevada a cabo por el Tribunal Supremo en Sentencia de 29 de febrero de 2016, se produjo precisamente en el marco del delito previsto en el art. 369 bis. Resolución por la que se procedía a la confirmación de la Sentencia dictada por la Audiencia Nacional, de fecha 17 de noviembre de 2014[56], aunque excluyendo del fallo condenatorio la pena de disolución de una de las empresas y manteniendo la de multa.

18. FALSIFICACIÓN DE MONEDA

El art. 386.3 del Código Penal señala que:

Artículo 386.3.

1. Será castigado con la pena de prisión de ocho a doce años y multa del tanto al décuplo del valor aparente de la moneda:

1.º El que altere la moneda o fabrique moneda falsa.

2.º El que introduzca en el país o exporte moneda falsa o alterada.

---

[56] Sentencia de la Audiencia Nacional, Sala de lo Penal, Sec. 2ª, Sentencia nº 28/2014, de 17 de noviembre, recurso 98/2005, ponente Magistrado D. José Ricardo Prada Solaesa.

3.º El que transporte, expenda o distribuya moneda falsa o alterada con conocimiento de su falsedad.

2. Si la moneda falsa fuera puesta en circulación se impondrá la pena en su mitad superior.

La tenencia, recepción u obtención de moneda falsa para su expedición o distribución o puesta en circulación será castigada con la pena inferior en uno o dos grados, atendiendo al valor de aquélla y al grado de connivencia con el falsificador, alterador, introductor o exportador.

3. El que habiendo recibido de buena fe moneda falsa la expenda o distribuya después de constarle su falsedad será castigado con la pena de prisión de tres a seis meses o multa de seis a veinticuatro meses. No obstante, si el valor aparente de la moneda no excediera de 400 euros, se impondrá la pena de multa de uno a tres meses.

4. Si el culpable perteneciere a una sociedad, organización o asociación, incluso de carácter transitorio, que se dedicare a la realización de estas actividades, el juez o tribunal podrá imponer alguna o algunas de las consecuencias previstas en el artículo 129 de este Código.

5. Cuando, de acuerdo con lo establecido en el artículo 31 bis, una persona jurídica sea responsable de los anteriores delitos, se le impondrá la pena de multa del triple al décuplo del valor aparente de la moneda.

En relación con los delitos concernientes a la falsificación de moneda y efectos timbrados, hay que recordar que dicha materia fue objeto de reforma a través de la Ley Orgánica 1/2015, de 30 de marzo como consecuencia de la necesaria transposición de la Directiva 2014/62/UE del Parlamento Europeo y del Consejo, de 15 de mayo de 2014, relativa a la protección penal del euro y otras monedas frente a la falsificación, y por la que se sustituye la Decisión Marco 2000/383/JAI del Consejo.

La citada Directiva prevé la responsabilidad penal de las personas jurídicas en los siguientes términos:

Artículo 6. Responsabilidad de las personas jurídicas.

1. Los Estados miembros adoptarán las medidas necesarias para garantizar que las personas jurídicas puedan ser consideradas responsables de los delitos contemplados en los artículos 3 y 4 cuando se hayan cometido en su beneficio por cualquier persona que, actuando a título individual o como parte de un órgano de la persona jurídica, ostente un cargo directivo en su seno, basado en:

a) un poder de representación de dicha persona jurídica;

b) una autoridad para adoptar decisiones en su nombre, o

c) una autoridad para ejercer el control en su seno.

2. Los Estados miembros adoptarán las medidas necesarias para garantizar que una persona jurídica pueda ser considerada responsable cuando la falta de supervisión o control por parte de una de las personas a que se refiere el apartado 1 del presente artículo haya hecho posible la comisión de uno de los delitos contemplados en los artículos 3 y 4, en beneficio de esa persona jurídica por una persona bajo su autoridad.

3. La responsabilidad de una persona jurídica en virtud de los apartados 1 y 2 del presente artículo se entenderá sin perjuicio de las acciones penales entabladas contra las personas físicas que sean autoras, inductoras o cómplices de los delitos a que se refieren los artículos 3 y 4.

Por su parte, el art. 7 regula las sanciones aplicables:

Artículo 7. Sanciones aplicables a las personas jurídicas.

Los Estados miembros adoptarán las medidas necesarias para garantizar que una persona jurídica considerada responsable en virtud de lo dispuesto en el artículo 6 esté sujeta a sanciones efectivas, proporcionadas y disuasorias, incluidas multas de carácter penal o administrativo y otras sanciones como:

a) la exclusión del disfrute de ventajas o ayudas públicas;

b) la inhabilitación temporal o permanente para el ejercicio de actividades comerciales;

c) la intervención judicial;

d) la liquidación judicial;

e) la clausura temporal o definitiva de los establecimientos utilizados para cometer el delito.

A la vista de lo anterior, sorprende que nuestro Código Penal haya previsto exclusivamente como única sanción la pena de multa, no recogiendo por lo tanto el resto de sanciones enumeradas en las letras a) a e) del precepto.

Parece evidente pues, que para a cumplir con esta previsión de la Directiva será necesario incluir en el precepto otras sanciones, bien de manera expresa o bien por remisión a art. 33.7 del Código Penal.

19. Falsedad en los medios de pago

Artículo 399 bis.

1. El que altere, copie, reproduzca o de cualquier otro modo falsifique tarjetas de crédito o débito o cheques de viaje, será castigado con la pena de prisión de cuatro a ocho años. Se impondrá la pena en su mitad superior cuando los efectos falsificados afecten a una generalidad de personas o cuando los hechos se cometan en el marco de una organización criminal dedicada a estas actividades.

Cuando de acuerdo con lo establecido en el artículo 31 bis una persona jurídica sea responsable de los anteriores delitos, se le impondrá la pena de multa de dos a cinco años.

Atendidas las reglas establecidas en el artículo 66 bis, los jueces y tribunales podrán asimismo imponer las penas recogidas en las letras b) a g) del apartado 7 del artículo 33.

2. La tenencia de tarjetas de crédito o débito o cheques de viaje falsificados destinados a la distribución o tráfico será castigada con la pena señalada a la falsificación.

3. El que sin haber intervenido en la falsificación usare, en perjuicio de otro y a sabiendas de la falsedad, tarjetas de crédito o débito o cheques de viaje falsificados será castigado con la pena de prisión de dos a cinco años.

Se trata de un delito introducido por la Ley Orgánica 5/2010, de 22 de junio que le dio la redacción vigente en la actualidad. La pena de multa es imperativa mientras que las previstas entre las letras b) a g) del art. 33.7 son facultativas.

La responsabilidad de las personas jurídicas se extiende por lo tanto, a los supuestos de falsificación de tarjetas de crédito, de débito y cheques de viaje.

20. Cohecho

Artículo 427 bis.

Cuando de acuerdo con lo establecido en el artículo 31 bis una persona jurídica sea responsable de los delitos recogidos en este Capítulo, se le impondrán las siguientes penas:

a) Multa de dos a cinco años, o del triple al quíntuple del beneficio obtenido cuando la cantidad resultante fuese más elevada, si el delito cometido por la persona física tiene prevista una pena de prisión de más de cinco años.

b) Multa de uno a tres años, o del doble al cuádruple del beneficio obtenido cuando la cantidad resultante fuese más elevada, si el delito cometido por la persona física tiene prevista una pena de más de dos años de privación de libertad no incluida en el anterior inciso.

c) Multa de seis meses a dos años, o del doble al triple del beneficio obtenido si la cantidad resultante fuese más elevada, en el resto de los casos.

Atendidas las reglas establecidas en el artículo 66 bis, los jueces y tribunales podrán asimismo imponer las penas recogidas en las letras b) a g) del apartado 7 del artículo 33.

Se trata de una novedad prevista en la Ley Orgánica 1/2015, de 30 de marzo, y prevé la responsabilidad penal de las personas jurídicas para el delito de cohecho (arts. 419 a 427). Sin embargo, conviene matizar que a pesar de lo que se señala en el precepto, solamente será de aplicación la responsabilidad de las personas jurídicas en los delitos cometidos por particulares, esto es, en el cohecho activo, de conformidad con el art. 31 quinquies que señala que "las disposiciones relativas a la responsabilidad penal de las personas jurídicas no serán aplicables al Estado, a las Administraciones públicas territoriales e institucionales, a los Organismos Reguladores, las Agencias y Entidades públicas Empresariales, a las organizaciones internacionales de derecho público, ni a aquellas otras que ejerzan potestades públicas de soberanía o administrativas"[57].

[57] Morillas Cueva, L., "Delitos contra la administración pública", dentro de la obra colectiva *Sistema de derecho penal, parte especial*, Madrid, 2016.

21. Tráfico de influencias

El art. 430 del Código Penal establece lo siguiente:

Artículo 430.

Los que, ofreciéndose a realizar las conductas descritas en los dos artículos anteriores, solicitaren de terceros dádivas, presentes o cualquier otra remuneración, o aceptaren ofrecimiento o promesa, serán castigados con la pena de prisión de seis meses a un año. Si el delito fuere cometido por autoridad o funcionario público se le impondrá, además, la pena de inhabilitación especial para cargo o empleo público y para el ejercicio del derecho de sufragio pasivo por tiempo de uno a cuatro años.

Cuando de acuerdo con lo establecido en el artículo 31 bis una persona jurídica sea responsable de los delitos recogidos en este Capítulo, se le impondrá la pena de multa de seis meses a dos años.

Atendidas las reglas establecidas en el artículo 66 bis, los jueces y tribunales podrán asimismo imponer las penas recogidas en las letras b) a g) del apartado 7 del artículo 33.

Se trata de una previsión introducida por la Ley Orgánica 5/2010, de 22 de junio, no habiendo sufrido ninguna modificación posterior la regulación correspondiente a la responsabilidad de las personas jurídicas.

22. Delitos de incitación al odio

El art. 510 bis del Código penal señala que:

Artículo 510 bis.

Cuando de acuerdo con lo establecido en el artículo 31 bis una persona jurídica sea responsable de los delitos comprendidos en los dos artículos anteriores, se le impondrá la pena de multa de dos a cinco años. Atendidas las reglas establecidas en el artículo 66 bis, los jueces y tribunales podrán asimismo imponer las penas recogidas en las letras b) a g) del apartado 7 del artículo 33.

En este caso será igualmente aplicable lo dispuesto en el número 3 del artículo 510 del Código Penal.

La reforma operada por la Ley Orgánica 1/2015, de 30 de marzo modificó la regulación de las conductas de incitación al odio y a la violencia (arts. 510 y siguientes), y lo hizo, como se señala en la exposición de motivos, por un doble motivo: "de una parte, la sentencia del Tribunal Constitucional 235/2007, de 7 de noviembre, vino a imponer una interpretación del delito de negación del genocidio que limite su aplicación a los supuestos en los que esta conducta constituya una incitación al odio u hostilidad contra minorías, es decir la negación del genocidio sólo puede ser delictiva como forma de incitación al odio o a la hostilidad; y de otra, se trata de conductas que deben ser objeto de una nueva regulación ajustada a la decisión marco 2008/913/JAI del Consejo, de 28 de noviembre, relativa a la lucha contra el racismo y la xenofobia, que debe ser transpuesta a nuestro ordenamiento jurídico". Una de las novedades de la reforma en la materia fue precisamente la introducción de la responsabilidad penal de las personas jurídicas, prevista en la propia Decisión Marco.

Efectivamente, la Decisión Marco 2008/913/JAI establece en su art. 5 la responsabilidad penal de las personas jurídicas en los siguientes términos:

> *Artículo 5. Responsabilidad de las personas jurídicas.*
>
> *1. Cada Estado miembro adoptará las medidas necesarias para garantizar que una persona jurídica pueda ser considerada responsable de las conductas contempladas en los artículos 1 y 2 realizadas en su provecho por cualquier persona, actuando a título individual o como parte de un órgano de la persona jurídica, que ostente un cargo directivo en el seno de dicha persona jurídica, basado en:*
>
> *a) un poder de representación de dicha persona jurídica, o*
>
> *b) la autoridad para adoptar decisiones en nombre de dicha persona jurídica, o*
>
> *c) la autoridad para ejercer el control en el seno de dicha persona jurídica.*
>
> *2. Además de los casos previstos en el apartado 1 del presente artículo, cada Estado miembro adoptará las medidas necesarias para garantizar que una persona jurídica pueda ser considerada responsable cuando la falta de vigilancia o control por parte de una de las personas a que se refiere el apartado 1 del presente artículo haya hecho posible que realice alguna de las conductas contempladas en los artículos 1 y 2, en*

provecho de una persona jurídica, una persona sometida a la autoridad de esta última.

3. La responsabilidad de las personas jurídicas en virtud de los apartados 1 y 2 del presente artículo se entenderá sin perjuicio de las acciones penales entabladas contra las personas físicas que sean autores o cómplices de las conductas contempladas en los artículos 1 y 2.

4. Se entenderá por «persona jurídica» toda entidad que tenga dicha condición con arreglo al Derecho nacional aplicable, excepto los Estados u otros organismos públicos que ejerzan la autoridad estatal y las organizaciones internacionales públicas.

Las sanciones, se encuentran reflejadas en el art. 6 de la siguiente forma:

Artículo 6. Sanciones impuestas a las personas jurídicas.

1. Cada Estado miembro adoptará las medidas necesarias para garantizar que a la persona jurídica considerada responsable en virtud de lo dispuesto en el artículo 5, apartado 1, le sean impuestas sanciones efectivas, proporcionadas y disuasorias, que incluirán multas de carácter penal o no penal y podrán incluir otras sanciones, tales como:

a) exclusión del disfrute de ventajas o ayudas públicas;

b) prohibición temporal o permanente del desempeño de actividades comerciales;

c) vigilancia judicial;

d) medida judicial de disolución.

2. Cada Estado miembro adoptará las medidas necesarias para garantizar que a la persona jurídica considerada responsable en virtud de lo dispuesto en el artículo 5, apartado 2, le sean impuestas sanciones o medidas efectivas, proporcionadas y disuasorias.

23. Financiación del terrorismo

Artículo 576.5.

5. Cuando, de acuerdo con lo establecido en el artículo 31 bis, una persona jurídica sea responsable de los delitos tipificados en este artículo se le impondrán las siguientes penas:

a) Multa de dos a cinco años si el delito cometido por la persona física tiene prevista una pena de prisión de más de cinco años.

b) Multa de uno a tres años si el delito cometido por la persona física tiene prevista una pena de más de dos años de privación de libertad no incluida en la letra anterior.

Atendidas las reglas establecidas en el artículo 66 bis, los jueces y tribunales podrán asimismo imponer las penas previstas en las letras b) a g) del apartado 7 del artículo 33.

La responsabilidad de las personas jurídicas en materia de terrorismo fue introducida en nuestro Código Penal por la Ley Orgánica 5/2010, de 22 de junio, pero se estableció exclusivamente para el delito de financiación del terrorismo, en el art. 576 bis. Tras la Ley Orgánica 2/2015, de 30 de marzo, este delito pasó a regularse en el art. 576, continuando dicha responsabilidad vinculada en exclusiva a tal conducta, y no siendo, por lo tanto, aplicable al resto de delitos ligados al terrorismo[58].

Conviene destacar, que ya la Decisión Marco del Consejo de 13 de junio de 2002 sobre la lucha contra el terrorismo indicaba en su art. 7:

Responsabilidad de las personas jurídicas.

1. Todos los Estados miembros adoptarán las medidas necesarias para que las personas jurídicas puedan ser consideradas responsables de los delitos mencionados en los artículos 1 a 4, cuando dichos delitos sean cometidos por cuenta de éstas por cualquier persona, actuando a título particular o como parte de un órgano de la persona jurídica, que ostente un cargo directivo en el seno de dicha persona jurídica basado en:

a) un poder de representación de dicha persona jurídica;

b) una autoridad para tomar decisiones en nombre de dicha persona jurídica;

c) una autoridad para ejercer un control en el seno de dicha persona jurídica.

2. Sin perjuicio de los casos previstos en el apartado 1, todos los Estados miembros adoptarán las medidas necesarias para que las personas jurídicas puedan ser consideradas responsables cuando la falta de

58 Sobre el particular, v. Agudo Fernández, E., Jaén Vallejo, M., Perrino Pérez, A.L., *Terrorismo en el Siglo XXI (La respuesta penal en el escenario mundial)*, Madrid, 2016.

vigilancia o control por parte de una de las personas a que se refiere el apartado 1 haya hecho posible que una persona sometida a su autoridad cometa uno de los delitos mencionados en los artículos 1 a 4 por cuenta de una persona jurídica.

3. La responsabilidad de las personas jurídicas en virtud de los apartados 1 y 2 se entenderá sin perjuicio de la incoación de acciones penales contra las personas físicas que sean autores, incitadores o cómplices de alguno de los delitos a los que se refieren los artículos 1 a 4.

Regulando en el art. 8 las sanciones de la siguiente manera:

Todos los Estados miembros adoptarán las medidas necesarias para que toda persona jurídica a la que se haya declarado responsable con arreglo al artículo 7 sea sancionada con penas efectivas, proporcionadas y disuasorias, que incluirán multas de carácter penal o administrativo y, en su caso, otras sanciones, en particular:

a) medidas de exclusión del disfrute de ventajas o ayudas públicas;

b) medidas de prohibición temporal o permanente del desempeño de actividades comerciales;

c) sometimiento a vigilancia judicial;

d) medida judicial de liquidación;

e) cierre temporal o permanente del establecimiento que se haya utilizado para cometer el delito.

Parece inevitable pues, que dicha materia sea objeto de modificación en nuestro Código Penal, teniendo en cuenta además que el texto inicial de la propuesta de Directiva sobre terrorismo del Parlamento Europeo y del Consejo de fecha 2 de diciembre de 2015, en fase de negociación, prevé del mismo modo la responsabilidad de las personas jurídicas en su art. 19 de una manera más ambiciosa, en coherencia con la regulación ya vista de la Decisión Marco de 2002.

CAPÍTULO III
EL MINISTERIO FISCAL ANTE EL NUEVO DERECHO PENAL DE LAS PERSONAS JURÍDICAS

1. INTRODUCCIÓN

Como consecuencia de la necesidad de afrontar todos los aspectos tanto legislativos como dogmáticos de la que probablemente sea la mayor novedad en el derecho penal español de los últimos tiempos, y con la finalidad de ofrecer algunas primeras pautas exegéticas y aplicativas del nuevo sistema, en un intento de anticipar los problemas y facilitar soluciones uniformes que garanticen además el principio de unidad de actuación del Ministerio Público, la Fiscalía General del Estado ha elaborado dos Circulares sobre la responsabilidad penal de las personas jurídicas, que responden a las previas modificaciones del Código Penal sobre la materia: la Circular 1/2011, publicada tras la Ley Orgánica 5/2010, de 22 de junio y la Circular 1/2016, publicada tras la Ley Orgánica 1/2015, de 30 de marzo.

2. Circular 1/2011 de la Fiscalía General del Estado relativa a la responsabilidad penal de las personas jurídicas conforme a la reforma del Código Penal efectuada por la Ley Orgánica 5/2010

2.1. Consideraciones iniciales

La Circular 1/2011 comienza ensalzando la enorme relevancia y entidad de la innovadora regulación introducida por el legislador en el año 2010, cuya justificación se asocia principalmente a la previsión de los distintos instrumentos internacionales tales como la Recomendación 18/88 de 20 de octubre del Comité de Ministros de los Estados Miembros del Consejo de Europa, la Convención de Bruselas de 26 de mayo de 1997 sobre la lucha contra la corrupción en el ámbito de la función pública de la Unión Europea, la Convención de Nueva York de 9 de diciembre de 1999 sobre terrorismo, la Decisión Marco 2002/629/JAI del Consejo, actualmente sustituida por la Directiva 2011/36/UE del Parlamento Europeo y del Consejo de 5 abril de 2011 relativa a la prevención y lucha contra la trata de seres humanos y a la protección de las víctimas, la Directiva 2008/99/CE del Parlamento Europeo y del Consejo de 19 de noviembre de 2008 relativa a la protección del medio ambiente mediante el Derecho penal y las Decisiones Marco de la Unión Europea 2005/222 sobre ataques a los sistemas informáticos, la 2004/757 sobre punición del tráfico de drogas y la Decisión Marco 2004/68 sobre explotación sexual y pornografía infantil, entre otras, además de la Convención y los Protocolos de Naciones Unidas contra el crimen organizado transnacional, así como a la circunstancia acreditada de que muchos de los delitos que con mayor frecuencia se producen, y que se pueden encuadrar en la categoría de "derecho penal económico", son cometidos a través de las empresas.

Con la introducción en nuestro Código Penal de la responsabilidad penal de las personas jurídicas, pues, "se completa el círculo de la respuesta punitiva del Estado frente al potencial criminógeno, la capacidad de amplificación del daño y el aseguramiento de la impunidad que pueden derivarse del mal uso de las formas colectivas dotadas de personalidad jurídica".

Se critica por el contrario, que la reforma no fuera acompañada de una correlativa previsión procesal, que ofreciera respuesta a algunos de los problemas que pueden generarse en la práctica en relación con el estatuto jurídico de la persona jurídica como sujeto pasivo del proceso penal, exigiendo de esta manera la nueva regulación que los operadores jurídicos estuvieran obligados a reinterpretar e integrar la normativa procesal existente sin menoscabo de las garantías propias del derecho penal, respetando el principio de legalidad procesal previsto en el art. 1 de la Ley de Enjuiciamiento Criminal.

Se desarrolla esta idea reflejando que en los países de nuestro entorno cuyos ordenamientos han incorporado un régimen de responsabilidad de las personas jurídicas, sea estrictamente penal o de otra naturaleza, "han abordado coetáneas reformas de naturaleza procedimental", y se mencionan y analizan de manera más o menos exhaustiva cuestiones como la postulación y el derecho a la justicia gratuita, el derecho al intérprete, las diligencias con origen en procedimientos o actuaciones previas de carácter administrativo, el principio acusatorio, la legitimación activa, las diligencias de investigación del Ministerio Fiscal, la iniciación del proceso e interrupción de la prescripción, la pretensión civil, la competencia objetiva y funcional, la incoación de piezas separadas, las diligencias restrictivas de derechos fundamentales, el régimen de recursos, la cosa juzgada, y la ejecución de las penas impuestas a la persona jurídica.

Como ya se dijo, estas lagunas de índole procesal penal se intentaron subsanar posteriormente a través de la Ley 37/2011, de 10 de octubre, de medidas de agilización procesal, que introdujo las necesarias modificaciones en la Ley de Enjuiciamiento Criminal relativas a las implicaciones procesales del régimen de responsabilidad penal de las personas jurídicas. Como indica la propia exposición de motivos de esta Ley, "en el orden penal, se introducen ciertas modificaciones inexcusables, exigidas por la nueva situación derivada de la reforma operada en el Código Penal por la Ley Orgánica 5/2010, de 22 de junio, y relativas a las implicaciones procesales del régimen de responsabilidad penal de las personas jurídicas. En particular, se regulan cuestiones relativas al régimen de la competencia de los tribunales, derecho de defensa de las personas jurídicas, intervención en el juicio oral y conformidad, así como su rebeldía".

Por lo que se refiere a los nuevos preceptos, destaca la Circular, que la Ley Orgánica 5/2010, de 22 de junio, modifica el anterior apartado 2 del art. 31, y ofrece una nueva redacción al art. 129, estimando que tras dichos "ensayos" previos, sobre los que hubo numerosas disquisiciones doctrinales pero que contaban con una escasa utilidad práctica, se da el paso finalmente a la atribución de una verdadera responsabilidad penal a la persona jurídica, que se incorpora al proceso penal como sujeto pasivo del mismo, siendo además potencial destinataria de una pena.

2.2. El modelo escogido por el legislador

La Circular 1/2011 sostiene que sin ningún género de dudas el novedoso art. 31 bis introducido por la Ley Orgánica 5/2010, no permite imputar directamente los hechos delictivos a la persona jurídica sino que teniendo como punto de partida un comportamiento delictivo de la persona física, se establece un "vínculo normativo" en virtud del cual las personas jurídicas serán penalmente responsables de dichas infracciones.

La Fiscalía General del Estado interpreta por lo tanto, que el legislador de 2010 optó por un sistema vicarial o de transferencia, según el cual "algunas personas físicas, no en todo caso, pero sí en determinadas circunstancias, encarnan o constituyen el alter ego o el cerebro de la persona jurídica, de modo que se entiende que sus comportamientos son los de aquella, y desde esa perspectiva, la corporación debe responder por ellos".

La consecuencia más inmediata de esta formulación es que con independencia de la concepción dogmática que se sostenga en relación con la teoría del delito, todos sus elementos deben concurrir en relación a la persona física, respondiendo la persona jurídica exclusivamente si la infracción se produjo en las específicas circunstancias y por quienes establece el precepto, evitándose así una responsabilidad puramente objetiva.

Llegado este punto, la Fiscalía General del Estado afronta las que considera objeciones clásicas al sistema vicarial, como es el hecho de que al afectar la sanción de la persona jurídica a los socios se puede llegar a vulnerar el principio de culpabilidad en su acepción de personalidad, aclarando que además de no ser un problema exclusivo del modelo vicarial, el art. 31 bis establece la responsabilidad penal de las personas jurídicas por todos los delitos cometidos en provecho de la sociedad y por tanto, en provecho de los propios socios.

Por lo que respecta a una eventual vulneración del principio *non bis in ídem,* aclara que en el modelo vicarial se produce la identidad del hecho, pero dicha identidad "no tiene lugar respecto del fundamento de la sanción, ni tampoco respecto del sujeto, dado que toda representación implica dos sujetos realmente distintos".

Finalmente, y por lo que respecta a la proporcionalidad, la previsión del artículo 31 bis, apartado 2 indicando que *«cuando como consecuencia de los mismos hechos se impusiere a ambas (persona física y persona jurídica) la pena de multa, los jueces y tribunales modularán las respectivas cuantías, de modo que la suma resultante no sea desproporcionada en relación con la gravedad de los hechos»,* establece un mecanismo de adecuación de la sanción impuesta a la gravedad del ilícito.

Por todo ello concluye la Circular que "el modelo vicarial diseñado por el legislador español parece difícilmente objetable desde el punto de vista constitucional".

2.3. Sanciones

El análisis de la respuesta punitiva por la responsabilidad penal de las personas jurídicas en la Circular es interesante, toda vez que la previsión introducida en el art. 33.7 por la Ley Orgánica 5/2010, de 22 de junio no fue modificada por la Ley Orgánica 1/2015, de 30 de marzo.

En primer lugar se destaca que la única pena susceptible de ser impuesta "en todo caso" a la hora de sancionar a la persona jurídica es la de multa. Por ello se considera que en los escritos de acusación debe ser la opción prioritaria para los Fiscales, salvo que "la gravedad, difusión de los perjuicios y/o especiales circunstancias de la conducta de la que se responsabilice a la corporación, aconsejen otra cosa", poniendo el acento en que la pena de multa puede ser la más útil para compensar el desequilibrio económico derivado del beneficio y/o ahorro económicos que la corporación infractora obtiene con el delito.

Hay que recordar en este punto que la Ley 5/2010, de 22 de junio introdujo la multa proporcional de las personas físicas en el art. 52.4, calculándose en atención "al daño causado, al valor del objeto del delito o al beneficio reportado por el mismo" y que a diferencia de lo que ocurre con la multa impuesta a las personas físicas, se prevé expresamente la posibilidad de fraccionar el pago en el art. 53.5 del Código penal.

Por lo que respecta a la disolución de la persona jurídica, la Fiscalía advierte que la solicitud de esta "pena capital" debe reservarse para los supuestos más excepcionales "como los delitos de especial gravedad y repercusión social o que revistan los caracteres del denominado delito masa (con gran número de perjudicados), siempre y cuando la sanción no resulte contraproducente en el caso concreto atendiendo a los criterios a que se refiere el artículo 66 bis y cuidando particularmente de velar por el efectivo resarcimiento de las víctimas y/o la protección de los derechos de trabajadores y acreedores de la corporación".

En relación con la pena de suspensión de las actividades de la persona jurídica, se considera que teniendo en cuenta que una suspensión de todas las actividades sería equivalente a la disolución, se debe optar por esta pena en los supuestos más graves, o, lo que parece más razonable, "concretar el sector o ámbito concreto de la actividad que deba suspenderse, que lógicamente habrá de ser el que esté más directamente vinculado con la actividad delictiva atribuida a la corporación". Ese mismo argumento se utiliza en relación con la clausura de los locales y establecimientos, en el sentido de que se debe valorar la posibilidad de la clausura de algunos o todos, según su vinculación con el delito.

En lo concerniente a la prohibición de realizar las actividades en cuyo ejercicio se cometió, favoreció o encubrió el delito, la Circular indica que se podrá prohibir realizar cualquier tipo de actividad relativa a un determinado sector o "especificar una concreta y específica actividad".

Las inhabilitaciones administrativas previstas en el art. 33.7.f. (inhabilitación para contratar con el sector público e inhabilitación para obtener subvenciones y ayudas públicas) están vinculadas según la Fiscalía no tanto al efecto de provocar una aflicción a la persona jurídica mediante la sanción económica, sino a la prevención especial, "de modo que la persona jurídica comprobadamente entregada a una actividad delictiva, resulte privada de determinadas ayudas y/o alejada de la actividad y los intereses estatales".

Finalmente, se considera que el presupuesto de la pena de intervención judicial está en la salvaguarda de los derechos de los trabajadores o de los acreedores, "así, pues, si lo que resulta prioritario es poner fin a la continuidad delictiva estando estos intereses sociales en riesgo, se deberá optar en primer término por la intervención y no por la disolución o la suspensión de actividades".

2.4. Conclusiones principales de la Circular 1/2011

Según la Circular, la Ley Orgánica 5/2010 de reforma del Código Penal introduce un régimen de responsabilidad penal de las personas jurídicas cuyos fundamentos esenciales se contienen en el artículo 31 bis del Código Penal, en el que se establece "un mecanismo normativo de atribución de la responsabilidad por transferencia o de tipo vicarial, de modo que las personas jurídicas pueden resultar penalmente responsables de los hechos cometidos por determinadas personas físicas siempre que concurran las específicas condiciones a las que se refiere el precepto aludido".

Para la Fiscalía General del Estado, "el objeto del proceso penal en caso de imputación de una persona jurídica no lo constituye la idoneidad objetiva o hipotética del programa de cumplimiento adoptado por la corporación, en su caso, sino que deberá centrarse en acreditar, a través de los medios de prueba con que se cuente en cada caso, que las personas físicas a las que se refieren los dos párrafos del apartado 1 del artículo 31 bis del Código Penal –representantes, gestores de hecho o de derecho y subordinados en la jerarquía empresarial–, cometieron el delito en las concretas circunstancias a las que la Ley se refiere".

En otro orden de cosas, los programas de autorregulación corporativa, pueden servir de instrumento para valorar el contenido real del mandato de que es titular el gestor o representante, y aquello que, junto con las normas que regulan la actividad de que se trate, integra el "control debido" de la actividad empresarial, "pero no constituyen ni el fundamento de la imputación de la persona jurídica ni el sustrato de una pretendida *culpabilidad de empresa* a la que no se refiere el artículo 31 bis del Código Penal y que constituye una categoría de todo punto ajena a nuestra dogmática penal".

En materia de penas, y para el caso en el que proceda dirigir la acusación tanto a las persona físicas como a las jurídicas, "se atenderá a la regla del apartado 2 del artículo 31 bis del Código Penal para la modulación de las cuantías de las respectivas sanciones pecuniarias cuya imposición se solicite", a fin de garantizar "el principio de proporcionalidad de las penas".

Finalmente, a efectos de cubrir el déficit de regulación procesal que existía sobre la materia tras la Ley Orgánica 5/2010, de 22 de junio, la Circular establecía que debían aplicarse los preceptos de la Ley de Enjuiciamiento Criminal y supletoriamente, los de la Ley de Enjuiciamiento Civil.

3. Circular 1/2016 de la Fiscalía General del Estado sobre la responsabilidad penal de las personas jurídicas conforme a la reforma del Código Penal efectuada por la Ley Orgánica 1/2015

3.1. Consideraciones iniciales

Dentro del análisis de los títulos de imputación de las personas jurídicas, la Circular 1/2016 comienza abordando y analizando los dos principales modelos que permiten sustentar la responsabilidad penal de la persona jurídica.

Efectivamente, en primer lugar, como ya se dijo, se puede considerar que la atribución de la responsabilidad penal a la persona jurídica se manifiesta a través de la actuación de una persona física que la compromete con su previa actuación delictiva, siempre que se evidencie un hecho de conexión, pues de otro modo la responsabilidad de la persona jurídica devendría inconstitucionalmente objetiva. Es la denominada responsabilidad por transferencia, indirecta, derivada, vicarial o por representación. Su principal dificultad radica en determinar qué personas físicas pueden comprometer al ente colectivo con su actuación.

Como indica Javier Cigüela[59], tras la novedosa introducción en nuestro ordenamiento jurídico de la responsabilidad de las personas jurídicas en el año 2010, parte de la doctrina y la Fiscalía entendió que nos encontrábamos ante un "sistema de heterorresponsabilidad" en virtud del cual se imputa a la persona jurídica el hecho de la persona física, esto es, su acción, su tipicidad objetiva/subjetiva y su culpabilidad, estando avalada esa conclusión por una interpretación literal del art. 31 bis, resultando por lo tanto, que la empresa no delinque directamente, o dicho en otros términos no realiza un tipo, sino que responde del delito cometido por la persona física, que esté conectado con la actividad colectiva.

Por el contrario, tal y como describe la Circular, existe otro modelo, "más ambicioso pero de más difícil encaje en un Derecho Penal antropocéntrico", que construye un sistema de imputación propio de la persona jurídica, con nuevos conceptos de acción, culpabilidad, circunstancias modificativas de la responsabilidad, punibilidad, etc., de tal modo que es propiamente el ente colectivo el que comete el delito. Se trata de la responsabilidad directa o autónoma de la persona jurídica. Su principal escollo estriba en fundamentar la culpabilidad de la persona jurídica, destacando las teorías que elaboran la responsabilidad del ente colectivo a partir de lo que se denomina "culpabilidad por defecto de organización". En este segundo caso, la persona jurídica es culpable cuando omite la adopción de las medidas de precaución que le son exigibles para garantizar un desarrollo ordenado y no delictivo de la actividad empresarial.

Por lo que respecta a este modelo, Cigüela explica que otro importante sector doctrinal sostiene la existencia de una culpabilidad de la persona jurídica por su hecho propio en base a varios argumentos. En primer lugar, el propio art. 5 señala que no hay pena sin dolo o imprudencia, por lo que la pena prevista por el legislador debe presuponer la culpabilidad de la persona jurídica. Por otro lado, se relativiza la importancia del "hecho de conexión" considerando que no

---

[59] *La culpabilidad colectiva en el derecho penal, crítica y propuesta de una responsabilidad estructural de la empresa,* Madrid, 2015, p. 329.

es el fundamento de la responsabilidad de la persona jurídica sino simplemente un "presupuesto objetivo de punibilidad".

En relación con esta cuestión, concluye la Fiscalía que "la vigente regulación del apartado primero del art. 31 bis continúa estableciendo en sus letras a) y b) los dos presupuestos que permiten transferir la responsabilidad de las personas físicas a la persona jurídica. El primer hecho de conexión lo generan las personas con mayores responsabilidades en la entidad y el segundo las personas indebidamente controladas por aquellas. En ambos casos, se establece un sistema de responsabilidad por transferencia o vicarial de la persona jurídica".

Por ello, se considera que el concepto de "responsabilidad penal" es utilizado en sentido amplio, atribuyendo la misma a la persona jurídica "en virtud de un hecho de conexión consistente en el previo delito cometido por la persona física en su nombre o por cuenta de ella", por lo que es en ese estadio donde deberá acreditarse la comisión de la infracción penal, individualizando una acción típica y antijurídica de la persona física para verificar después que se cumplen los criterios de transferencia de la responsabilidad a la persona jurídica, concluyendo en este punto que la reforma operada por la Ley Orgánica 1/2015 ha venido incluso a desterrar una posible interpretación en apoyo del modelo de responsabilidad autónoma de la empresa.

En este sentido, Antonio del Moral[60] señala que con la reforma de 2015 no se ha logrado abandonar ese modelo de heterorresponsabilidad "aunque proporcione argumentos a los partidarios de elaborar un concepto autónomo de culpabilidad de la persona jurídica al dotar de fuerza excluyente de la responsabilidad penal a la implantación de un sistema adecuado de organización empresarial regido por la cultura de cumplimiento de la legalidad".

3.2. El incumplimiento grave de los deberes de supervisión, vigilancia y control

Como se dijo, la Ley Orgánica 1/2015 sustituye la condición de que el autor del delito haya podido cometerlo por no haberse ejercido sobre él "el debido control" por el menos exigente requisito de

[60] Del Moral García, A., "Responsabilidad penal de las personas jurídicas: notas con ocasión de la reforma de 2015". Revista del Ministerio Fiscal, nº 0/2015.

"haberse incumplido gravemente los deberes de supervisión, vigilancia y control".

De nuevo, la Fiscalía General del Estado considera que partiendo de que estos deberes son exigibles a las personas a que se refiere la letra a) y no directamente a la persona jurídica, se reafirma en la idea de que se trata de un incumplimiento de las personas físicas, por dolo o imprudencia grave, y no una culpabilidad por "defecto de organización" de la persona jurídica.

Destaca en este punto la Circular que la dificultad de identificar los concretos deberes de control que personalmente son exigibles a las personas físicas constituía otro reproche al modelo, partiendo de la dinámica y naturaleza de la propia actividad empresarial, en las que destacan principios de especialidad, de división del trabajo y de complementariedad en la persecución de objetivos comunes; de ahí la importancia de unos buenos modelos de organización y gestión, que vendrían a corregir esta limitación, mediante una exhaustiva y rigurosa identificación de las obligaciones de vigilancia y control que atañen a cada individuo.

Por otro lado, el adverbio "gravemente" permite dejar fuera del ámbito penal aquellos incumplimientos de escasa entidad, de acuerdo con una razonable aplicación del principio de intervención mínima. Tales incumplimientos deberían ser objeto de corrección por la correspondiente normativa administrativa y mercantil.

3.3. Exención de responsabilidad de las personas jurídicas: los modelos de organización y gestión

Ciertamente, el aspecto más novedoso de la reforma operada por la Ley Orgánica 1/2015 sobre la materia, es la regulación de los programas de cumplimiento normativo o *compliance guides*, denominados modelos de organización y gestión, ya que en la redacción original del precepto, solo se hacía referencia a la atenuante no muy precisa de la letra d) del art. 31 bis. 4:

> *"haber establecido, antes del comienzo del juicio oral, medidas eficaces para prevenir y descubrir los delitos que en el futuro pudieran cometerse con los medios o bajo la cobertura de la persona jurídica".*

Con la regulación de esta eximente, se matiza el modelo de responsabilidad vicarial diseñado, del que se destierra así cualquier atisbo de responsabilidad objetiva. No en vano, la propia exposición de motivos de la Ley señala que "La reforma lleva a cabo una mejora técnica en la regulación de la responsabilidad penal de las personas jurídicas, introducida en nuestro ordenamiento jurídico por la Ley Orgánica 5/2010, de 22 de junio, con la finalidad de delimitar adecuadamente el contenido del «debido control», cuyo quebrantamiento permite fundamentar su responsabilidad penal.

Con ello se pone fin a las dudas interpretativas que había planteado la anterior regulación, que desde algunos sectores había sido interpretada como un régimen de responsabilidad vicarial, y se asumen ciertas recomendaciones que en ese sentido habían sido realizadas por algunas organizaciones internacionales. En todo caso, el alcance de las obligaciones que conlleva ese deber de control se condiciona, de modo general, a las dimensiones de la persona jurídica".

Se critica no obstante en la Circular, que sea el Legislador penal quien haya asumido una tarea más propia del ámbito administrativo efectuando una regulación de requisitos que han de cumplir los programas normativos, que en todo caso son calificados como insuficientes, debido a que "los programas comportan exigencias de naturaleza societaria, propia estructura orgánica corporativa, requieren un alto grado de desarrollo y tienen una evidente finalidad preventiva, razones que deberían haber llevado esta regulación a la correspondiente legislación mercantil, a la que el juez pudiera acudir para valorar la existencia en la empresa de una organización adecuada para prevenir delitos, de modo similar a como ocurre con la normativa de prevención del blanqueo de capitales y de la financiación del terrorismo (Ley 10/2010 y Real Decreto 304/2014)", considerando además que la esencia de estos programas debería ser no tanto evitar la sanción penal de la persona jurídica como promover una auténtica cultura ética empresarial, en la que "la comisión de un delito constituya un acontecimiento accidental y la exención de pena, una consecuencia natural de dicha cultura", de otro modo, asegura la Circular "se corre el riesgo de que en el seno de la entidad los programas se perciban como una suerte de seguro frente a la acción penal".

3.4. El régimen de exención de los dos títulos de imputación de la persona jurídica

El punto de partida es que para la Fiscalía, la nueva regulación contenida en el art. 31 bis, ha extendido la eximente como consecuencia de los modelos de organización y control a los dos títulos de imputación de la responsabilidad penal de la persona jurídica, es decir tanto a los administradores y dirigentes (letra a), como a los subordinados de aquellos (letra b), considerando eso sí, que el marco de exoneración de la persona jurídica es algo más amplio para éstos últimos.

La descripción legal aborda con un mayor grado de detalle las medidas preventivas que debe adoptar la persona jurídica cuando se trata de delitos cometidos por los administradores o dirigentes que cuando se trata de sus subordinados. En este punto, la Circular indica que "ni desde un punto de vista semántico, ni lógico ni teleológico existen razones para distinguir entre los modelos de organización y gestión exigibles a ambas categorías que, en todo caso, deberán ser "idóneos" o "adecuados" y cumplir los requisitos numerados en el apartado 5, expresamente declarados aplicables a los dos títulos de imputación".

Por lo que respecta a las cuatro condiciones y requisitos de los modelos de organización y gestión, reguladas en el apartado 2 del art. 31 bis, la primera y la cuarta son aplicables a los dos títulos de imputación y la tercera solo a los delitos cometidos por las personas indicadas en la letra a), del apartado 1.

De entrada y como criterio interpretativo, apunta la Circular que resulta útil acudir a la normativa sectorial de las entidades para las que sí está específicamente prevista una determinada organización y gestión del riesgo, y así relaciona "las Circulares de la CNMV nº 6/2009, de 9 de diciembre, sobre control interno de las sociedades gestoras de instituciones de inversión colectiva y sociedades de inversión y nº 1/2014, de 26 de febrero, sobre los requisitos de organización interna y de las funciones de control de las entidades que prestan servicios de inversión, el Código de Buen Gobierno de las Sociedades Cotizadas, publicado por la CNMV el 24 de febrero de 2015 o el propio Real Decreto 304/2014, de 5 de mayo, por el que se aprueba el Reglamento de la Ley 10/2010, de 28 de abril, de prevención del blanqueo de capitales y de la financiación del terrorismo".

La primera condición a la que hace referencia el art. 31 bis 2 es que "el órgano de administración ha adoptado y ejecutado con eficacia, antes de la comisión del delito, modelos de organización y gestión que incluyen las medidas de vigilancia y control idóneas para prevenir delitos de la misma naturaleza o para reducir de forma significativa el riesgo de su comisión". Se destaca en este aspecto por parte de la Circular, que en todo caso "los programas deben ser claros, precisos y eficaces", con la explicación de que el programa está adaptado a una empresa concreta con unos riesgos determinados.

En relación con "la supervisión del funcionamiento y del cumplimiento del modelo de prevención implantado ha sido confiada a un órgano de la persona jurídica con poderes autónomos de iniciativa y de control o que tenga encomendada legalmente la función de supervisar la eficacia de los controles internos de la persona jurídica" (2ª condición), aclara la Fiscalía que se está refiriendo al denominado oficial de cumplimiento o *compliance officer*, que no necesariamente tiene que tratarse de una sola persona, atendiendo naturalmente al tamaño de la empresa. Se apunta que el precepto no establece el contenido de sus funciones, por ello se explica que "deberá participar en la elaboración de los modelos de organización y gestión de riesgos y asegurar su buen funcionamiento, estableciendo sistemas apropiados de auditoría, vigilancia y control para verificar, al menos, la observancia de los requisitos que establece el apartado 5 del artículo pues un ejercicio insuficiente de sus funciones impedirá apreciar la exención, como establece la cuarta y última condición del apartado 2. Para ello, deberá contar con personal con los conocimientos y experiencia profesional suficientes, disponer de los medios técnicos adecuados y tener acceso a los procesos internos, información necesaria y actividades de las entidades para garantizar una amplia cobertura de la función que se le encomienda". Y desde luego, no hay ningún problema por el hecho de que una compañía pueda acudir a la contratación externa de las distintas actividades que la función de cumplimiento normativo implica, ya que lo deseable es que el oficial de cumplimiento sea lo más independiente posible.

Finalmente hay que recordar que si el oficial de cumplimiento omite sus obligaciones de control, la persona jurídica en ningún caso quedará exenta de responsabilidad penal (condición 4ª del art. 31 bis 2).

3.5. Naturaleza de la exención y carga de la prueba

Entiende la Fiscalía General del Estado, que resulta complicado conceptuar de manera adecuada la naturaleza jurídica de la exclusión de responsabilidad penal de la persona jurídica prevista en el apartado 2 del art. 31 bis ya que "los últimos dos siglos, el Derecho Penal ha venido construyendo las referencias dogmáticas a la antijuridicidad, la culpabilidad o la punibilidad sobre la base de comportamientos individuales, no colectivos".

Partiendo de que como se ha dicho, se considera que nos encontramos ante un sistema de tipo vicarial, en el que el fundamento de la responsabilidad de la persona no descansa por un hecho propio sino en un hecho de la persona física, se concluye que "con el delito de la persona física nace también el delito de la persona jurídica la cual, no obstante, quedará exenta de pena si resulta acreditado que poseía un adecuado modelo de organización y gestión", por lo tanto "los modelos de organización que cumplen los presupuestos legales operarán a modo de excusa absolutoria, como una causa de exclusión *personal* de la punibilidad y no de supresión de la punibilidad, reservadas estas últimas causas para comportamientos post delictivos o de rectificación positiva, como los contemplados en las circunstancias atenuantes del art. 31 quáter".

Con este razonamiento, la Circular apuesta por el hecho de que corresponde a la persona jurídica acreditar que los modelos de organización y gestión cumplen las condiciones y requisitos legales, mientras que "corresponderá a las acusaciones probar que se ha cometido el delito en las circunstancias que establece el art. 31 bis 1°". Se considera que es la persona jurídica la que tiene los recursos y la posibilidad de acreditar que, pese a la comisión del delito, su programa era eficaz y cumplía los estándares exigidos legalmente, al encontrarse en las mejores condiciones de proporcionar de manera única e insustituible los datos que atañen a su organización, "especialmente los relacionados con algunos requisitos de muy difícil apreciación para el Fiscal o el Juez como la disposición de los protocolos o procedimientos de formación de la voluntad o de adopción y ejecución de decisiones de la persona jurídica (segundo requisito del apartado 4) o de los modelos de gestión de los recursos financieros adecuados para impedir la comisión de los delitos (tercer requisito)".

CAPÍTULO IV
LA RESPONSABILIDAD PENAL DE LAS PERSONAS JURÍDICAS EN LA JURISPRUDENCIA

1. Introducción

Como ya hemos tenido ocasión de exponer anteriormente, la reciente reforma operada por la Ley Orgánica 1/2015, de 30 de marzo, llevó a cabo una mejora técnica en la regulación de la responsabilidad penal de las personas jurídicas, para poner fin según se indica en el Preámbulo de la Ley a "las dudas interpretativas que había planteado la anterior regulación, que desde algunos sectores había sido interpretada como un régimen de responsabilidad vicarial", haciendo además extensivo el régimen de responsabilidad penal a las sociedades mercantiles estatales que ejecuten políticas públicas o presten servicios de interés económico general, a las que se podrán imponer las sanciones actualmente previstas en las letras a) y g) del apartado 7 del art. 33 del Código Penal.

Con posterioridad a la entrada en vigor de esta última reforma hemos conocido algunas referencias de especial interés para la adecuada comprensión de la materia que ahora nos ocupa, a la que la propia Sala Segunda del alto Tribunal no ha dudado en asignar con razón los calificativos de "novedosa y compleja".

Entre estas referencias, y sin que ello suponga relegar en modo alguno a la doctrina de los autores, merece una especial atención la Circular de la Fiscalía General del Estado 1/2016 sobre responsabilidad penal de las personas jurídicas conforme a la reforma del Código penal efectuada por la Ley Orgánica 1/2015, a la que ya nos hemos referido anteriormente. Y por supuesto la doctrina emanada del Tribunal Supremo y contenida en las recientes Sentencias 514/2015, de 2 de septiembre, 154/2016, de 29 de febrero, y 221/2016, de 16 de marzo, que si bien resuelven sobre supuestos de hecho anteriores a la entrada en vigor de la Ley Orgánica 1/2015, contienen argumentos de enorme interés para la mejor comprensión del vigente régimen legal de responsabilidad penal de las personas jurídicas.

2. La Sentencia núm. 514/2015, de 2 de septiembre, de la Sala de lo Penal del Tribunal Supremo

El Excmo. Sr. D. Manuel Marchena, presidente de la Sala, es quien firma como ponente esta primera sentencia, dictada con fecha 2 de septiembre de 2015 por nuestro Tribunal Supremo. Se puede decir que es una resolución pionera, en el sentido de que en ella reconoce la Sala Segunda que "todavía no ha tenido ocasión de pronunciarse acerca del fundamento de la responsabilidad de los entes colectivos, declarable al amparo del art. 31 bis del Código Penal", afirmando a continuación que "ya se opte por un modelo de responsabilidad por el hecho propio, ya por una fórmula de heterorresponsabilidad, parece evidente que cualquier pronunciamiento condenatorio de las personas jurídicas habrá de estar basado en los principios irrenunciables que informan el Derecho penal".

Aunque nada se dice en la sentencia sobre el fundamento de la reacción penal, ni expresamente se decanta la Sala sobre si la Ley configura un modelo de responsabilidad por el hecho propio (de la persona jurídica) o de transferencia de responsabilidad por el hecho de otro (de la persona física), sí se pronuncia el Tribunal Supremo sobre algo que bien pudiera parecer obvio, como es la necesaria vigencia de los principios esenciales del Derecho penal en la configuración del régimen legal de responsabilidad penal de las personas jurídicas.

Especial interés presenta la circunstancia de que en esta primera resolución y con el expreso reconocimiento que hace la Sala, parece descartarse de un modo implícito el modelo de la heterorresponsabilidad. Ello es así porque entre el principio de responsabilidad por el hecho propio y el reconocimiento de una responsabilidad penal que pudiera derivarse del hecho de otro, se aprecia una tensión lógica tan fuerte que ha llevado a algunos autores a afirmar con buenas razones la incompatibilidad entre los términos "transferencia" y "culpabilidad"[61]. Y si esto último es correcto, como creemos, entonces el reconocimiento de la vigencia del principio de responsabilidad por el hecho excluiría cualquier interpretación de la norma incompatible con dicho principio y con ello la defensa de los modelos de responsabilidad por transferencia, entendidos éstos como aquéllos en los que se atribuye la responsabilidad penal a la persona jurídica cuando "ésta se manifiesta a través de la actuación de una persona física que la compromete con su previa actuación delictiva, siempre que se evidencie un *hecho de conexión* pues, de otro modo, la responsabilidad de la persona jurídica devendría inconstitucionalmente objetiva"[62].

---

[61] Vid. sobre esto Cigüela Sola, J., *La culpabilidad colectiva en el Derecho penal. Crítica y propuesta de una responsabilidad estructural de la empresa*, Madrid, 2015, quien con referencia al rechazo de Jakobs hacia el reconocimiento de una acción y de una culpabilidad empresarial, señala que el rechazo del autor alemán se produce en la medida en la que éste considera que la organización actúa necesariamente a través de un órgano que la representa, y que a su vez es imputable (p. 174); así las cosas, transferencia y culpabilidad son dos términos incompatibles, de modo que o es culpable el órgano y, por tanto, sus personas naturales, o es culpable la persona jurídica, si ello fuera posible; cualquier otra posibilidad –culpabilidades compartidas, duplicadas, transferidas o mediatas– supondría desnaturalizar el concepto de culpabilidad y aligerar los presupuestos de la imputación (p. 175). En definitiva, el modelo de la transferencia fricciona con los principios de responsabilidad por el hecho propio y, en el caso de que se quisiera imputar a ambos sujetos, con el *non bis in ídem* (p. 175). También cita Cigüela a Silva Sánchez, quien parece reconocer un *bis in ídem* en los casos de doble sanción.

[62] En palabras de la *Circular de la Fiscalía General del Estado 1/2016, sobre la responsabilidad penal de las personas jurídicas conforme a la reforma del Código penal efectuada por Ley Orgánica 1/2015*, p. 5, este es el modelo de "responsabilidad por transferencia, indirecta, derivada, vicarial o por representación"; radicando su principal dificultad en la determinación de "qué personas físicas pueden comprometer al ente colectivo con su actuación".

Frente a las fórmulas de la heterorresponsabilidad se sitúan los modelos que construyen "un sistema de imputación propio de la persona jurídica, con nuevos conceptos de acción, culpabilidad, circunstancias modificativas de la responsabilidad, punibilidad, etc., de tal modo que es propiamente el ente colectivo el que comete el delito". Se trata, en palabras de la Fiscalía General del Estado, de fórmulas que postulan una responsabilidad directa o autónoma de la persona jurídica[63].

En opinión de Bajo Fernández, "se puede decir que es dominante en la doctrina el reconocimiento de que la nueva regulación de la responsabilidad penal de las personas jurídicas se fundamenta en la responsabilidad por atribución, es decir, en el *hecho de conexión*[64] conforme a la cual la persona jurídica responde por el hecho delictivo cometido por la persona física", negándose por tanto "la existencia de un hecho y una culpabilidad propios de las personas jurídicas[65]".

Y así por ejemplo en relación con la culpabilidad de las personas jurídicas, nos dice Cigüela Sola que la atribución de culpabilidad a los colectivos constituye un error lógico categorial, pues se subsume en la misma categoría –la culpabilidad– realidades tan distintas

---

63 Ibíd., p. 5: "Su principal escollo estriba en fundamentar la culpabilidad de la persona jurídica, destacando las teorías que elaboran la responsabilidad del ente colectivo a partir de lo que se denomina *culpabilidad por defecto de organización*. Conforme a este modelo, la persona jurídica es culpable cuando omite la adopción de las medidas de precaución que le son exigibles para garantizar un desarrollo ordenado y no delictivo de la actividad empresarial".

64 Como más abajo se verá, la Sentencia 221/2016 identifica el denominado *hecho de conexión* con el delito cometido por la persona física: "La Sala no puede identificarse -insistimos, con independencia del criterio que en el plano dogmático se suscriba respecto del carácter vicarial o de responsabilidad por el hecho propio de la persona jurídica- con la tesis de que, una vez acreditado el hecho de conexión, esto es, el particular delito cometido por la persona física, existiría una presunción *iuris tantum* de que ha existido un defecto organizativo" (Sentencia 221/2016, F.J. 5º); sobre el *hecho de conexión* véase también Zugaldía Espinar, J.M., "La responsabilidad penal de las personas jurídicas en el derecho penal español (análisis de la cuestión tras la reforma operada por la Leu Orgánica 1/2015, de 30 de marzo)", en la obra colectiva *La responsabilidad criminal de las personas jurídicas en Latinoamérica y España*, Aranzadi, 2015, pp. 224 ss.

65 Cfr. Bajo Fernández, M., Feijoo Sánchez, B.J. y Gómez-Jara Diez, C., *Tratado de responsabilidad penal de las personas jurídicas*, 2ª ed. adaptada a la Ley 1/2015, de 30 de marzo, por la que se modifica el Código Penal, Madrid, 2016, p. 35.

"como los individuos que componen un grupo y el grupo en sí mismo considerado[66]".

Sin embargo, Bajo Fernández se distancia de la doctrina que señala como dominante y defiende una dogmática garantista que no ignore la exigencia constitucional de que "la responsabilidad penal nunca puede derivarse del hecho cometido por otro ni de una culpabilidad ajena", lo que supone partir de la base de que la responsabilidad penal de las personas jurídicas "depende de la comisión de una acción propia (principio del hecho) y la imputación de una culpabilidad también propia (principio de culpabilidad)[67]".

En esta misma línea y entre otros autores se inscribe Zugaldía, quien define los sistemas de responsabilidad criminal directa como aquéllos en los que "la persona jurídica responde por su propia acción y por su propia culpabilidad, respetándose así los principios de personalidad de las penas y de culpabilidad. Ni se responde por el hecho de otro, ni la responsabilidad es objetiva[68]".

---

[66] Cfr. Cigüela Sola, J., *La culpabilidad colectiva,* cit., p. 72. El autor considera preferible emplear el concepto de *responsabilidad* en lugar del de *culpabilidad* para fundamentar un sistema de imputación colectiva (p. 75).

[67] Cfr. Bajo Fernández, M., Feijoo Sánchez, B.J. y Gómez-Jara Diez, C., *Tratado,* cit., p. 33, expresando así el autor primeramente citado la posición de los demás autores de la obra.

[68] Cfr. Zugaldía Espinar, J.M., "Aproximación teórica y práctica al sistema de responsabilidad criminal de las personas jurídicas en el Derecho penal español", texto de la ponencia de este autor, publicada en internet, pp. 12 y 16, haciendo referencia el autor al régimen de responsabilidad penal de las personas jurídicas instaurado tras la reforma operada por la Ley Orgánica 5/2010. En relación con el tema de la culpabilidad de la persona jurídica, véase Zugaldía Espinar, J.M., "La responsabilidad penal de las personas jurídicas en el Derecho penal español (análisis de la cuestión tras la reforma operada por la Ley Orgánica 1/2015, de 30 de marzo)", cit., pp. 227 ss., quien después de reconocer que son muy numerosas las concepciones de la culpabilidad que se han sostenido en la doctrina y en la jurisprudencia anglosajona (responsabilidad objetiva, vicarial, teoría de la cultura corporativa o teoría del defecto de organización, entre muchas otras), se adhiere a la teoría de la *culpabilidad por defecto de organización* que considera cuenta con un mayor número de seguidores y encaja con el modelo español. Según esta teoría "respecto de la culpabilidad de la persona jurídica se requiere que la realización del hecho ilícito ocurra como consecuencia de haberse omitido –de forma contraria al deber– la adopción de alguna de las medidas de precaución y control que eran exigibles para garantizar el desarrollo legal (y no delictivo) de la actividad de la empresa (defecto de organización) (Tiedemann). Así entendida, la cuestión de la culpabilidad de la persona jurídica estará vinculada a los

Como veremos más abajo, esta pudiera ser la dirección en la que camina la jurisprudencia del Tribunal Supremo.

3. La Sentencia núm. 154/2016, de 29 de febrero, del Pleno de la Sala de lo Penal del Tribunal Supremo

3.1. Introducción

En el mes de enero de 2016 -sólo unos pocos meses después de conocerse la Sentencia 514/2015- la Fiscalía General del Estado hizo pública su Circular 1/2016, con la que pretendía interpretar el alcance de la normativa vigente y calibrar la vigencia de su anterior Circular sobre la materia (Circular 1/2011), sosteniendo -como ya se anticipó- que la regulación contenida en el apartado primero del art. 31 bis del Código Penal continúa estableciendo en sus letras a) y b) los dos presupuestos que permiten transferir la responsabilidad de las personas físicas a la persona jurídica, configurando en ambos casos un sistema de responsabilidad por transferencia o vicarial. No obstante, la propia Fiscalía matiza lo anterior señalando que la reforma supone un avance en el reconocimiento de la responsabilidad autónoma de la persona jurídica por medio de la regulación de los programas de organización y gestión, a los que atribuye valor eximente bajo determinadas condiciones.

La evolución de los acontecimientos está siendo tan rápida en esta materia que poco más de un mes después de conocer el contenido de la Circular 1/2016, y con ella la interpretación de la nueva regulación por parte de la Fiscalía General del Estado, y no mucho tiempo después de aquélla inicial y genérica proclamación de principios contenida en la Sentencia 514/2015, el pleno de la Sala Segunda del Tribunal Supremo dictó su Sentencia 154/2016, de 29 de febrero, mereciendo especial mención la circunstancia de que por vez primera en la historia se acomete –entre otras cuestiones de interés– el

Programas de Cumplimiento Normativo (o de cumplimiento efectivo de la legalidad) (*Compliance*)".

análisis del fundamento de la responsabilidad penal de las personas jurídicas.

En esta sentencia del Pleno de la Sala, que nos atrevemos a calificar de histórica y que firma como ponente el Excmo. Sr. D. Manuel Maza Martín, los Magistrados llaman primeramente la atención sobre la novedad y complejidad de la materia, lo que podría considerarse razón suficiente para justificar tanto el sometimiento de las cuestiones tratadas a un Pleno Jurisdiccional de la Sala, como la discrepancia de los siete Magistrados firmantes del voto particular concurrente con algunos de los razonamientos que se contienen en la sentencia, quienes igualmente reconocen que nos encontramos ante un tema de considerable complejidad.

3.2. El recurso de Transpinelo

Entrando ya en el análisis de la Sentencia 154/2016, conviene advertir que nos centraremos en el estudio del recurso de casación interpuesto por las tres personas jurídicas (Transpinelo, S.L., Geormadrid Machinery, S.L. e Investissment Trans Spain África, S.A.) que fueron condenadas en la instancia por la Audiencia Nacional (Sala de lo Penal, Sección 1ª), por su "participación como instrumento jurídico" respecto del delito contra la salud pública por el que también fueron condenadas cuatro personas físicas. Y ello es así porque entendemos que los recursos de las personas físicas son irrelevantes desde la perspectiva que ahora nos interesa, centrada en el régimen de responsabilidad penal de las personas jurídicas.

En consecuencia, nuestro análisis comienza con el recurso de Transpinelo, S.L. (fundamentos de Derecho 8º, 9º y 10º), que fue declarada responsable por haber sido considerada instrumento para la comisión de un delito contra la salud pública y condenada por ello a las penas de disolución y multa de 775.633.440 euros.

— *Motivos de casación relacionados con derechos fundamentales*

En su recurso, la entidad formula ocho diferentes motivos de los cuales los cuatro primeros y el octavo hacen referencia a otras tantas vulneraciones de derechos fundamentales: a la presunción de inocencia (motivo 1°); a un proceso con todas las garantías (motivo 2°); a la tutela judicial efectiva y al Juez legalmente predeterminado (motivo 3°); a los derechos a la intimidad domiciliaria, al secreto de las comunicaciones y a la presunción de inocencia (motivo 4°); y al derecho de defensa (motivo 8ª).

Todos estos motivos se desestiman en el fundamento de Derecho octavo, considerando oportuno el Tribunal -por las razones que se exponen en la propia sentencia-[69], hacer una serie de precisiones que se analizan a continuación.

— *Otra vez sobre los principios esenciales*

La primera precisión que hace la sentencia tiene que ver con el necesario respeto de los principios esenciales que informan el Derecho penal también cuando se trata de declarar la responsabilidad penal de las personas jurídicas, citando expresamente lo ya dicho en la Sentencia núm. 514/2015, de 2 de septiembre. Sobre esta cuestión no existe una verdadera polémica en la doctrina, ni parece ser por tanto objeto de controversia la necesaria vigencia con carácter general de los principios esenciales del Derecho penal respecto de las personas jurídicas cuando se trata de declarar una responsabilidad de esta naturaleza. Cosa distinta es que puedan plantearse tensiones con determinados principios (principio de culpabilidad –con exclusión de la responsabilidad objetiva–; de responsabilidad por el hecho –o de no responsabilidad por el hecho ajeno–; y principio *ne bis in ídem* entre otros). No tanto por la vigencia de estos principios, sino por la

[69] Vid. Sentencia 154/2016, F.J. 8°, en el que se indica que estas precisiones se hacen "no sólo para completar el análisis de la necesaria acreditación de los diferentes requisitos exigidos para sustentar debidamente una conclusión condenatoria para la persona jurídica, respetuosa con el derecho de ésta a la presunción de inocencia, sino también a fin de cumplir con las funciones nomofiláctica y de unificación doctrinal que esta Sala tiene encomendadas como Tribunal casacional, tratándose de materia tan novedosa como compleja, y por tanto precisada en el momento presente de una dotación, dirigida a los órganos de instrucción y de enjuiciamiento, de criterios validos en la interpretación del régimen de responsabilidad penal de las personas jurídicas acordes con el sentido, naturaleza y finalidad del mismo".

forma en la que haya de interpretarse la Ley penal precisamente para no desconocerlos.

Algunos ejemplos de esta tensión los encontramos ya en la sentencia y en el voto particular concurrente, aunque las precisiones más relevantes que se hacen en la sentencia y que veremos a continuación no fueron objeto de debate casacional (lo que es criticado en el voto particular)[70].

— *Las dos primeras premisas del razonamiento*

Después de proclamar la vigencia de los principios esenciales del Derecho penal y antes de continuar con un segundo bloque de precisiones, el Tribunal nos advierte de que en la sentencia tratarán de eludirse en lo posible categorías doctrinales que puedan provocar confusión[71], formulándose a continuación –a partir del texto del art. 31 bis del Código Penal, especialmente tras la reforma de la Ley Orgánica 1/2015– dos premisas iniciales:

---

[70] Sobre esto se dice en el voto particular (FJ 1°), que "el recurso planteado nos ha permitido resolver relevantes cuestiones de índole procesal que se han planteado de forma efectiva en los motivos de casación formulados; motivos que han podido ser razonadamente impugnados por el Ministerio Público. Pero la especifica naturaleza del caso (un supuesto en el que las personas jurídicas condenadas han sido utilizadas como instrumento del tráfico internacional de drogas), ha excluido del debate casacional alguna cuestión problemática, como por ejemplo la consideración de la ausencia de una cultura de control en la empresa como elemento del tipo objetivo que debe ser probado en cada caso por la acusación. Una cuestión muy relevante desde el punto de vista jurisdiccional, sobre la cual el Ministerio Público no ha podido argumentar expresamente su posición porque, como se reconoce expresamente en la sentencia (fundamento jurídico octavo, apartado b), *no ha sido materia de debate en este procedimiento*, y sobre la que, sin embargo, la sentencia se pronuncia de forma expresa y cuestionable".

[71] Aunque la sentencia no lo precisa, parece que las categorías doctrinales a las que hace referencia tienen que ver con la acción, la tipicidad, la antijuricidad, la culpabilidad y la punibilidad. Hoy está abierta la discusión relacionada con la capacidad de acción de la persona jurídica y con su capacidad de culpabilidad; tampoco es pacifica la cuestión relacionada con la tipicidad de la conducta de la persona jurídica (como se pone de manifiesto en la propia sentencia y en el voto particular); y pueden plantearse –entre otras muchas cuestiones– problemas relacionados con la punibilidad tal y como se verá más abajo al tratar sobre la naturaleza de la eximente prevista en los núms. 2 y 4 del art. 31 bis del Código Penal.

a) que la declaración de responsabilidad penal de la persona jurídica exige como presupuesto la previa comprobación de la comisión de un delito por parte de una persona física integrante de la organización[72].
b) que el sistema de responsabilidad penal de la persona jurídica se basa en la exigencia del establecimiento y correcta aplicación de medidas de control eficaces que prevengan e intenten evitar, en lo posible, la comisión de infracciones delictivas por quienes integran la organización.

En relación con la primera premisa, entendemos correcto afirmar que el Código Penal exige como presupuesto o condición necesaria para declarar la responsabilidad penal de las personas jurídicas, la previa constatación de la comisión de un delito de los señalados en la parte especial por parte de las personas físicas descritas en la norma de referencia (art. 31bis)[73].

En cuanto a la segunda, se estima igualmente acertado afirmar que el sistema diseñado por el Código Penal para establecer la responsabilidad penal de las personas jurídicas gira en torno a los deberes de vigilancia y control de la actividad (de la persona jurídica), cuya observancia incumbe a la propia persona jurídica. Esto último parece además ser compartido por los firmantes del voto particular, quienes dicen no cuestionar "que el fundamento último de la responsabilidad penal de las personas jurídicas se encuentre en la ausencia de medidas eficaces de prevención y control de su funcionamiento interno, como el fundamento último de la sanción penal del homicidio se encuentra en el respeto a la vida"[74].

---

[72] Vid. sobre esto Cigüela Sola, J., *La culpabilidad colectiva*, cit., p. 72, quien señala que un grupo importante de autores, entre los que cabe citar a Heine y a Gómez-Jara "indican que el delito individual es simplemente una condición objetiva de punibilidad".

[73] Y así lo considera, entre otros autores, Gómez-Jara en Bajo Fernández, M., Feijoo Sánchez, B.J. y Gómez-Jara Diez, C., *Tratado*, cit., p. 121: "Ya se ha constatado que constituye un presupuesto para imponer una pena a una persona jurídica que una persona física haya cometido un delito. Pero si se quiere respetar el principio de responsabilidad por el hecho propio (...) ese delito cometido por la persona física no puede constituir el injusto de la persona jurídica. La persona jurídica debe responder por un hecho que le es propio, y, como veremos más adelante, son varias las posibilidades que se plantean para determinar en qué consiste ese injusto propio".

[74] Cfr. Voto particular concurrente con la Sentencia 154/2016, F.J. 2º.

— *Capacidad de acción de la persona jurídica*

Tras enunciar estas dos primeras proposiciones, el Tribunal señala de forma coherente con lo anterior que "la determinación del actuar de la persona jurídica, relevante a efectos de la afirmación de su responsabilidad penal (...), ha de establecerse a partir del análisis acerca de si el delito cometido por la persona física en el seno de aquella ha sido posible, o facilitado, por la ausencia de una cultura de respeto al Derecho, como fuente de inspiración de la actuación de su estructura organizativa e independiente de la de cada una de las personas físicas que la integran, que habría de manifestarse en alguna clase de formas concretas de vigilancia y control del comportamiento de sus directivos y subordinados jerárquicos, tendentes a la evitación de la comisión por éstos de los delitos enumerados en el Libro II del Código Penal como posibles antecedentes de esa responsabilidad de la persona jurídica".

Llama primeramente la atención el empleo del verbo "actuar", pues sabido es que no es ni mucho menos pacífico en la doctrina el reconocimiento de la capacidad de acción de las personas jurídicas. Y así, Bacigalupo Sagesse apuntaba en su día que "tanto la doctrina mayoritaria como la jurisprudencia en nuestro país, entiende que las personas jurídicas no son capaces de acción[75]"; situación que entendemos podría mantenerse hoy en la doctrina, aunque la sentencia que ahora se analiza podría suponer el inicio de un cambio de tendencia en la jurisprudencia.

Sobre este problema se han planteado en nuestra doctrina distintas soluciones. Y así por ejemplo, ya en el año 1998 Bacigalupo Sagesse se mostraba partidaria de seguir en este punto la argumentación de Günther Jakobs para explicar la acción de la persona jurídica, señalando la autora citada que el penalista alemán no toma como punto de partida las acciones en sentido natural sino los sujetos de responsabilidad, "es decir *sistemas* cuyo *input* puede estar determinado bien por psique y cuerpo o por Estatuto y órganos (...)" teniendo

---

[75] Cfr. Bacigalupo Sagesse, S., *La responsabilidad penal de las personas jurídicas*, Bosch, 1998, p. 148, quien añade que la razón de esta afirmación es inevitable, pues siempre que se "tome como punto de partida un concepto de acción psicológico, no será posible llegar a ninguna otra respuesta de la cuestión".

ambos tipos de sistema capacidad para causar resultados (*outputs*), es decir, para "transmitir comunicaciones falsas al sistema jurídico"[76].

Más recientemente Gómez-Jara defiende la posibilidad de reconocer determinados *equivalentes funcionales* llamados a cumplir en la teoría del delito de la persona jurídica la función que tradicionalmente han desempeñado en la teoría del delito de la persona física. Y así, frente al tradicional concepto de acción propio de esta última teoría, propone el empleo del concepto de *organización*, de lo que resultaría que en el primer nivel de análisis de la teoría del delito lo relevante sería la *capacidad de organización* de la persona jurídica, funcionalmente equivalente en la teoría del delito a la *capacidad de acción* de la persona física. Lógicamente, el autor citado parte de la "necesidad de aplicar a la persona jurídica la teoría del delito", para lo cual propone "conformar las diversas categorías (...) estableciendo equivalentes funcionales entre la teoría general del delito de las personas físicas y la teoría general del delito de las personas jurídicas"[77].

Por su parte, Cigüela Sola considera a la empresa tan incapaz de originar una acción como de evitarla, pues "ni puede ejercer el control ni puede evitar lo que acuerda su consejo de administración, por lo que es, para el Derecho penal, un ente heterodirigido[78]". Desde este punto de vista, "la empresa interacciona con su entorno, o produce efectos sociales, de un modo totalmente diverso

---

[76] Cfr. Bacigalupo Sagesse, S., *La responsabilidad,* cit., pp. 151 ss. Desde esta perspectiva, "en la determinación del concepto de acción no sólo se trata de imputar una acción a un sujeto, sino que el concepto de acción define a su vez al sujeto"; "la acción no se comprueba, ni siquiera en la persona física, de forma meramente natural. Más bien se trata de una determinación valorativa del sujeto de imputación, es decir, de qué sistema compuesto de psique y cuerpo es valorado por sus efectos externos. Pero desde un punto de vista normativo, no es necesario que el sujeto de imputación tenga que estar siempre compuesto por un sistema de psique y cuerpo, es decir de los mismos elementos de los que se compone una persona física. El sistema de un sujeto de imputación también puede estar determinado por otros elementos como: el Estatuto y los órganos de una persona jurídica". En definitiva, "el Estatuto y los órganos de una persona jurídica se pueden definir como un sistema, en el que –al igual que en la persona física– los elementos internos no son relevantes, por lo que "las acciones de un órgano de una persona jurídica realizadas de acuerdo al Estatuto de la misma son acciones propias de la persona jurídica".

[77] Cfr. Gómez-Jara en Bajo Fernández, M., Feijoo Sánchez, B.J. y Gómez-Jara Diez, C., *Tratado,* cit., pp. 102 y 103.

[78] Cfr. Cigüela Sola, J., *La culpabilidad colectiva,* cit., p. 180.

al individuo[79]". Incluso "desde el *paradigma de la organización*, que pretende desprenderse del contenido naturalista del concepto de acción, es difícil resolver el problema", pues –y cita en este punto el autor a Schünemann– la empresa "tampoco se puede organizar como tal; es decir, ella siempre depende de personas naturales que actúan por ella[80]".

A pesar de que la sentencia analizada parece hacer referencia a una *actuación* propia de la estructura organizativa e independiente de la actuación de las personas físicas, lo cierto es que no contiene referencia alguna a cómo deba entenderse este concepto de acción, por lo que en ese punto habremos de esperar a posteriores resoluciones[81].

En cualquier caso, a tenor de lo dicho en la sentencia, la acción de la persona jurídica será penalmente relevante cuando posibilite o facilite la comisión del delito por parte de la persona física, y ello suceda porque falte una "cultura de respeto al Derecho" que inspire la "actuación" de la estructura organizativa y que externamente se manifieste mediante el establecimiento de medidas de vigilancia y control de la conducta de las personas físicas; medidas estas últimas orientadas finalmente a evitar la comisión de delitos.

— *La cultura de respeto al Derecho*

El Tribunal Supremo emplea una expresión ciertamente novedosa en la jurisprudencia, como es la referida a la "cultura de respeto al Derecho", que se materializa según dice la sentencia en las medidas de vigilancia y control efectivo que debe adoptar la persona jurídica,

---

[79] Ibíd., p. 181.

[80] Ibíd., p. 181. Y concluye el autor que todo ello implica, "como ha expresado acertadamente Silva Sánchez, *que los intentos de configurar un modelo de responsabilidad por el hecho propio, acabarían en la imputación de un hecho ajeno*" (p. 183). En definitiva, considera Cigüela Sola que "si la empresa no origina actos, imputarle las consecuencias es transferirle el hecho de otro" (p. 183).

[81] No es previsible que el Tribunal Supremo, si se pronuncia al respecto en el futuro próximo -como creemos que hará- conciba la acción de la persona jurídica –o su equivalente funcional en la teoría del delito– a partir de una base natural o psicológica sino más bien normativa.

y cuya orientación final es precisamente evitar la comisión de delitos por parte de las personas físicas que integran la organización[82].

No es sin embargo un concepto nuevo en la doctrina penal, y así lo indica Gómez-Jara cuando vinculándolo con la categoría de la culpabilidad dice que "en la primera década del s. XX se desarrolló el denominado *concepto constructivista* de culpabilidad de la persona jurídica basado en el establecimiento de una cultura empresarial de incumplimiento de la legalidad"[83]. Desde esta perspectiva, "el rol que garantiza el Derecho penal (de la persona jurídica) es el del ciudadano (corporativo) fiel al Derecho y, en consecuencia, la no institucionalización de esa cultura empresarial de fidelidad al Derecho constituye el quebrantamiento del rol del ciudadano (corporativo) fiel al Derecho; es decir, la manifestación de la culpabilidad jurídico-penal empresarial[84]".

— *La eximente*

La sentencia señala que la eventual existencia de modelos de organización y gestión que cumplan las exigencias en el actual art. 31 bis 2 y 5, podría dar lugar a la concurrencia de la eximente prevista en el propio precepto, manifestándose el Tribunal en contra de vincular la misma con la exclusión de la culpabilidad o con la exclusión de la antijuricidad, y optando por establecer una relación de la eximente con el tipo objetivo, pues "la exoneración se basa en la prueba de la

[82] Sobre esto, dice la Sentencia 154/2016 en su F.J. 8º que: "No en vano se advierte cómo la recientísima Circular de la Fiscalía General del Estado 1/2016, de 22 de Enero, al margen de otras consideraciones cuestionables, hace repetida y expresa mención a la *cultura ética empresarial* o *cultura corporativa de respeto a la Ley* (pág. 39), *cultura de cumplimiento* (pág. 63), etc., informadoras de los mecanismos de prevención de la comisión de delitos en su seno, como dato determinante a la hora de establecer la responsabilidad penal de la persona jurídica, independientemente incluso del cumplimiento estricto de los requisitos previstos en el Código Penal de cara a la existencia de la causa de exención de la responsabilidad a la que alude el apartado 2 del actual artículo 31 bis del Código Penal".

[83] Cfr. Gómez-Jara en Bajo Fernández, M., Feijoo Sánchez, B.J. y Gómez-Jara Diez, C., *Tratado*, cit., pp. 164 y 165.

[84] Ibíd., p. 166. Una interesante crítica a la fundamentación constructivista de la culpabilidad colectiva es la que hace Cigüela Sola, J., *La culpabilidad colectiva*, cit., pp. 96 ss.

existencia de herramientas de control idóneas y eficaces cuya ausencia integraría, por el contrario, el núcleo típico de la responsabilidad penal de la persona jurídica, complementario de la comisión del ilícito por la persona física[85]".

De este modo la existencia/inexistencia de herramientas de control (idóneas y eficaces) para evitar la comisión de delitos se revela como un elemento a considerar en el nivel de la tipicidad objetiva (no en el de la culpabilidad), quedando exenta de responsabilidad (por falta de tipicidad se entiende) la persona jurídica que acredite la existencia de tales medidas. El *núcleo típico* de la responsabilidad de la persona jurídica estaría por tanto constituido por la ausencia de medidas y por la previa comprobación de la comisión de un delito por parte de una persona física integrante de la organización.

En relación con lo que se acaba de exponer, cabe señalar dos puntos de interés: i) que en la Circular 1/2016 de la Fiscalía General del Estado la naturaleza de la eximente se vinculaba con la categoría de la punibilidad; y, ii) que al igual que sucede con el concepto de acción, no es pacífico en la doctrina[86] que las personas jurídicas sean capaces de culpabilidad (sobre esto último se pronuncia además el voto particular[87]).

---

[85] Cfr. Sentencia 154/2016, F.J. 8º: "Y ello más allá de la eventual existencia de modelos de organización y gestión que, cumpliendo las exigencias concretamente enumeradas en el actual art. 31 bis 2 y 5, podrían dar lugar, en efecto, a la concurrencia de la eximente en ese precepto expresamente prevista, de naturaleza discutible en cuanto relacionada con la exclusión de la culpabilidad, lo que parece incorrecto, con la concurrencia de una causa de justificación o, más bien, con el tipo objetivo, lo que sería quizá lo más adecuado puesto que la exoneración se basa en la prueba de la existencia de herramientas de control idóneas y eficaces cuya ausencia integraría, por el contrario, el *núcleo típico* de la responsabilidad penal de la persona jurídica, complementario de la comisión del ilícito por la persona física".

[86] Vid. sobre esto Bacigalupo Sagesse, S., *La responsabilidad*, cit., pp. 156 y 157, quien expone la situación diciendo que: "Según gran parte de la doctrina existe una negación absoluta para poder trasladar la categoría de la culpabilidad (por lo general basada en un concepto normativo de culpabilidad) a las personas jurídicas. Las exigencias de la culpabilidad, concebida como un reproche ético-social por no haber actuado conforme a Derecho a pesar de tener la capacidad para hacerlo, son incompatibles con la naturaleza misma de las personas jurídicas".

[87] Cfr. Voto particular concurrente con la Sentencia 154/2016, F.J. 2º: "La persona jurídica es responsable penalmente de los delitos cometidos por sus representantes o dependientes en el contexto empresarial, societario o asociativo (art 31 bis

Más en concreto, la Fiscalía General del Estado llama la atención en su Circular 1/2016, sobre la dificultad que entraña determinar adecuadamente la naturaleza jurídica de la exclusión de responsabilidad penal de la persona jurídica[88]. No obstante, considera la Fiscalía que si el fundamento de la imputación de la persona jurídica reside en su defectuosa organización, "la presencia de un plan de cumplimiento normativo diligentemente implementado acreditaría una correcta organización, con lo cual desaparecería un elemento del tipo, bien la parte subjetiva bien la parte objetiva[89]". No se trataría "de una circunstancia eximente, que remitiría a una conducta antijurídica o que no le fuera personalmente imputable, sino de que, adoptadas con anterioridad a la comisión del delito las oportunas medidas de prevención, no concurriría un elemento básico del hecho típico (tipo objetivo) o, en todo caso, faltaría un elemento del tipo subjetivo, el dolo o la culpa, es decir, la tipicidad subjetiva[90]".

Ahora bien, como ya hemos visto, la Fiscalía General del Estado parte de que el art. 31 bis establece un sistema de responsabilidad indirecta o vicarial conforme al cual el fundamento de la responsabilidad penal de la persona jurídica descansa en un hecho ajeno, y no en un hecho propio. Así las cosas, la comisión del delito por las personas físicas en las condiciones que exige la norma determinará una transferencia de responsabilidad hacia la persona jurídica. De este modo, con el delito de la persona física nace también el delito de la persona jurídica, si bien esta última quedará exenta de pena si se acredita que poseía un adecuado modelo de organización y gestión. En consecuencia, concluye la Fiscalía General del Estado que "la construcción [de la eximente] remite inequívocamente a la punibilidad y a sus causas de exclusión", correspondiendo a la persona jurídica "acreditar que los modelos de organización y gestión cumplen las condiciones y

1º del Código Penal), porque es culpable (en la escasa medida en que este concepto puede ser aplicado a una persona jurídica, que no deja de constituir una ficción)".

88 Cfr. *Circular de la Fiscalía General del Estado 1/2016*, cit., p. 55, pues "en los últimos dos siglos, el Derecho Penal ha venido construyendo las referencias dogmáticas a la antijuridicidad, la culpabilidad o la punibilidad sobre la base de comportamientos individuales, no colectivos".

89 Ibíd., pp. 55 y 56.

90 Ibíd., p. 56.

requisitos legales" y a la acusación "probar que se ha cometido el delito en las circunstancias que establece el art. 31 bis 1º"[91].

La Sentencia 154/2016 cita expresamente la Circular 1/2016 de la Fiscalía General del Estado, que partiendo de un planteamiento diferente al sostenido en la sentencia acerca de la tipicidad, sitúa –como ya hemos visto- la eximente en las proximidades de una "excusa absolutoria" vinculada a la punibilidad, lo que la Sala Segunda considera cuanto menos discutible "si tenemos en cuenta que una excusa absolutoria ha de partir, por su propia esencia, de la previa afirmación de la existencia de la responsabilidad, cuya punición se excluye", mientras que "la presencia de adecuados mecanismos de control lo que supone es la inexistencia misma de la infracción[92]".

Siguiendo con el razonamiento judicial, la finalidad de la eximente es "posibilitar la pronta exoneración de esa responsabilidad de la persona jurídica, en evitación de mayores daños reputacionales para la entidad", pero en modo alguno debe confundirse lo anterior "con el *núcleo básico* de la responsabilidad de la persona jurídica, cuya acreditación por ello habrá de corresponder a la acusación, en caso de no tomar la iniciativa la propia persona jurídica de la búsqueda inmediata de la exención corriendo con la carga de su acreditación como tal eximente[93]".

Aunque la sentencia analizada reconoce que en la práctica será la propia persona jurídica la que apoye su defensa en la prueba de la real existencia de modelos de prevención adecuados -reveladores de una *cultura de cumplimiento*–, los Magistrados se niegan a admitir que esta actuación constituya una carga para la persona jurídica sometida

---

[91] Ibíd., p. 56: "Concurrentes en el momento en el que la persona física comete el delito y transfiere la responsabilidad a la persona jurídica, los modelos de organización que cumplen los presupuestos legales operarán a modo de excusa absolutoria, como una causa de exclusión personal de la punibilidad y no de supresión de la punibilidad, reservadas estas últimas causas para comportamientos post delictivos o de rectificación positiva, como los contemplados en las circunstancias atenuantes del art. 31 quater. De este modo, atañe a la persona jurídica acreditar que los modelos de organización y gestión cumplen las condiciones y requisitos legales y corresponderá a la acusación probar que se ha cometido el delito en las circunstancias que establece el art. 31 bis 1º".

[92] Más arriba se expuso lo que dice la Fiscalía General del Estado al respecto en su Circular 1/2016 (p. 56).

[93] Cfr. Sentencia 154/2016, F.J. 8º.

al proceso penal[94]. Como ejemplo de la corrección de su razonamiento, emplea la Sala el símil de la imprudencia señalando que no se concebiría "si de la responsabilidad de la persona física estuviéramos hablando", que ésta "estuviera obligada a acreditar la inexistencia de los elementos de los que se deriva su responsabilidad", en el caso de las conductas imprudentes "la ausencia del exigible deber de cuidado[95]".

Para complicar si cabe un poco más el panorama, en el voto particular se relaciona la eximente con la culpabilidad -que quedaría excluida-, señalando los Magistrados discrepantes que la exención es coherente "con el fundamento último de la responsabilidad penal de las personas jurídicas, al que nos hemos referido, excluyendo su culpabilidad, en el sentido *figurado* al que también hemos hecho referencia[96]".

Volviendo a la sentencia, no parecía necesario –ni lo hace el Tribunal– razonar especialmente la falta de vinculación de la eximente con la categoría de la antijuricidad, pues no conocemos posiciones que defiendan tal cosa.

---

94 Cfr. Sentencia 154/2016, F.J. 8º: "Y si bien es cierto que, en la práctica, será la propia persona jurídica la que apoye su defensa en la acreditación de la real existencia de modelos de prevención adecuados, reveladores de la referida "cultura de cumplimiento" que la norma penal persigue, lo que no puede sostenerse es que esa actuación pese, como obligación ineludible, sobre la sometida al procedimiento penal, ya que ello equivaldría a que, en el caso de la persona jurídica no rijan los principios básicos de nuestro sistema de enjuiciamiento penal, tales como el de la exclusión de una responsabilidad objetiva o automática o el de la no responsabilidad por el hecho ajeno, que pondrían en claro peligro planteamientos propios de una hetero responsabilidad o responsabilidad por transferencia de tipo vicarial, a los que expresamente se refiere el mismo Legislador, en el Preámbulo de la Ley 1/2015 para rechazarlos, fijando como uno de los principales objetivos de la reforma la aclaración de este extremo". Recordemos que en el Preámbulo de la Ley Orgánica 1/2015, el legislador nos advierte que con la reforma "se pone fin a las dudas interpretativas que había planteado la anterior regulación, que desde algunos sectores había sido interpretada como un régimen de responsabilidad vicarial, (...)".

95 Cfr. Sentencia 154/2016, F.J. 8º: "Lo que no concebiríamos en modo alguno si de la responsabilidad de la persona física estuviéramos hablando, es decir, el hecho de que estuviera obligada a acreditar la inexistencia de los elementos de los que se deriva su responsabilidad, la ausencia del exigible deber de cuidado en el caso de las conductas imprudentes, por ejemplo, no puede lógicamente predicarse de la responsabilidad de la persona jurídica, una vez que nuestro Legislador ha optado por atribuir a ésta una responsabilidad de tal carácter".

96 Cfr. Voto particular concurrente con la Sentencia 154/2016, F.J. 3º.

— *Capacidad de culpabilidad de la persona jurídica*

En todo caso, cuando la sentencia se refiere a la culpabilidad (para negar su vinculación con la eximente), entendemos que lo hace a una culpabilidad propia de la persona jurídica y distinta de la culpabilidad que se predica de las personas físicas, lo que supone decantarse por las tesis que reconocen ese planteamiento sin duda novedoso, pues hasta ahora –que sepamos– en ninguna sentencia se había reconocido la posibilidad de una culpabilidad distinta de la que tiene que ver con las personas naturales (en sentido biológico). Además, el reconocimiento de una culpabilidad propia de la persona jurídica resultaría coherente con el reconocimiento en la misma persona jurídica de una capacidad de acción penalmente relevante.

Sobre la culpabilidad, la Fiscalía General del Estado deja claro en su Circular 1/2016 que no propone "un sistema de responsabilidad automática de la persona jurídica pues, independientemente de que sea la conducta de personas físicas la que transfiera a esta su responsabilidad, el defecto de organización, aun construido por el Legislador como causa de exención de la pena, indudablemente opera como presupuesto y refuerzo de la culpabilidad, desterrando cualquier atisbo de responsabilidad penal objetiva de la empresa, que vulneraria el art. 5 del Código Penal[97]".

Por su parte, el voto particular concurrente contiene algunas afirmaciones que podrían avalar la tesis del reconocimiento de una culpabilidad propia de las personas jurídicas. Y así, en su fundamento de Derecho segundo se dice que:

> *"La persona jurídica es responsable penalmente de los delitos cometidos por sus representantes o dependientes en el contexto empresarial, societario o asociativo (art 31 bis 1º CP), porque es culpable (en la escasa medida en que este concepto puede ser aplicado a una persona jurídica, que no deja de constituir una ficción). Pero esta culpabilidad la infiere el Legislador, en el apartado a) del art 31 bis CP que es el aquí aplicado, del hecho de permitir que sus representantes cometan un acto delictivo, en nombre y por cuenta de la sociedad y en su beneficio. Y se fundamenta en los principios generales de la culpa in eligendo y la culpa in vigilando, o incluso, si se quiere profundizar más, de la* culpa in constituendo *y la* culpa in instruendo*".*

[97] Cfr. *Circular de la Fiscalía General del Estado 1/2016*, cit., p. 10.

Y continúan los firmantes del voto particular diciendo en el fundamento de Derecho tercero, que:

> *"Estas exenciones son coherentes con el fundamento último de la responsabilidad penal de las personas jurídicas, al que nos hemos referido, excluyendo su culpabilidad, en el sentido figurado al que también hemos hecho referencia. Si la atribución de responsabilidad penal a la persona jurídica por los delitos cometidos por sus representantes, o dependientes, con determinados presupuestos, se fundamenta en el plano culpabilístico en permitir o favorecer su comisión al haber eludido la adopción de las medidas de prevención adecuadas, la acreditación de la adopción de estas medidas debe producir como consecuencia la exclusión de su responsabilidad penal".*

Sobre estas últimas afirmaciones contenidas en el voto particular, entendemos que en materia de culpabilidad penal no hay un *tertium genus* y que en este ámbito entre el ser y el no ser no hay nada, razón por la cual podría ser criticable hablar de culpabilidad "en escasa medida", pues si debe reconocerse la existencia de una culpabilidad propia de la persona jurídica ello ha de hacerse con todas las consecuencias, de un modo pleno.

Otra cuestión sobre la que debe llamarse la atención es la relativa a si la culpabilidad ha de examinarse en el caso concreto con arreglo a las circunstancias concurrentes o puede "inferirse" por el legislador a partir de un hecho, como es que la persona jurídica permita "que sus representantes cometan un acto delictivo, en nombre y por cuenta de la sociedad y en su beneficio", lo que entendemos incorrecto.

Finalmente, las referencias que se hacen en el voto particular a los principios generales de la *culpa in eligendo, in vigilando*, etc. como fundamento de la culpabilidad de la persona jurídica, podrían entenderse como expresiones de un concepto más amplio vinculado con la *organización* de la persona jurídica, y en este sentido con el concepto de culpabilidad por defecto de organización, según el cual "las infracciones se cometen a causa de una deficiencia organizativa que, de no haberse producido, podrían haberse evitado"[98].

---

[98] Cfr. Gómez-Jara en Bajo Fernández, M., Feijoo Sánchez, B.J. y Gómez-Jara Diez, C., *Tratado*, cit., p.161, exponiendo la concepción de Tiedemann sobre el fundamento de la *culpabilidad por defecto de organización*. En relación con esta concepción,

— *Tipo penal*

La sentencia hace uso de la expresión *núcleo típico* -en referencia al tipo objetivo- identificándolo con la ausencia de "herramientas de control idóneas y eficaces", siendo ello coherente con la naturaleza que la Sala asigna a la eximente[99]. El *núcleo típico* así concebido, se habría de complementar con la comisión del ilícito por la persona física[100]. En este punto merece la pena detenernos un instante para recordar que Bajo Fernández considera que la existencia de programas o códigos de conducta "determinan la exclusión de la acción o son causa de atipicidad de la conducta de la persona jurídica[101]". Por su parte, Gómez-Jara señala que "constituye un presupuesto para imponer una pena a una persona jurídica que una persona física haya cometido un delito[102]", y defiende que "cuando una persona jurídica tiene establecidos controles respecto de un riesgo penal específico

considera Gómez-Jara que "en cuanto se toma como parte del fundamento de la responsabilidad la existencia de unos hechos de conexión, un determinado hecho de la persona física se conecta con la persona jurídica, inmediatamente se plantea la problemática de la responsabilidad por el hecho ajeno"; y ello porque –citando el autor a Tiedemann– "los hechos individuales (hechos de conexión) se consideran delitos de la persona jurídica porque y en tanto que la persona jurídica –a través de sus órganos o representantes– ha omitido tomar las medidas de seguridad necesarias para asegurar un funcionamiento empresarial no delictivo".

[99] Cfr. Sentencia 154/2016, cit., F.J. 8°: "Núcleo de la responsabilidad de la persona jurídica que, como venimos diciendo, no es otro que el de la ausencia de las medidas de control adecuadas para la evitación de la comisión de delitos, que evidencien una voluntad seria de reforzar la virtualidad de la norma, independientemente de aquellos requisitos, más concretados legalmente en forma de las denominadas *compliances* o *modelos de cumplimiento*, exigidos para la aplicación de la eximente que, además, ciertas personas jurídicas, por su pequeño tamaño o menor capacidad económica, no pudieran cumplidamente implementar". Sobre el tipo objetivo véase Zugaldía Espinar, J.M., *La responsabilidad penal de las personas jurídicas en el derecho penal español (análisis de la cuestión tras la reforma operada por la Ley Orgánica 1/2015, de 30 de marzo)*, cit. p. 224 ss.

[100] De forma coherente, la sentencia señala que "como ya se dijo y centrándonos en el caso presente, la acreditada ausencia absoluta de instrumentos para la prevención de delitos en Transpinelo hace que, como consecuencia de la infracción contra la salud pública cometida por sus representantes, surja la responsabilidad penal para esta persona jurídica" (F.J. 8°).

[101] Cfr. Gómez-Jara en Bajo Fernández, M., Feijoo Sánchez, B.J. y Gómez-Jara Diez, C., *Tratado*, cit., p.43.

[102] Ibíd. p. 121.

que resultan idóneos para conjurar el mismo (...) existirá una atipicidad de la conducta de la persona jurídica[103]".

Sin embargo, la visión del tipo objetivo que contiene la sentencia mayoritaria no es compartida por los firmantes del voto particular, quienes en el fundamento de Derecho primero ya nos advierten que "(...) la especifica naturaleza del caso (un supuesto en el que las personas jurídicas condenadas han sido utilizadas como instrumento del tráfico internacional de drogas), ha excluido del debate casacional alguna cuestión problemática, como por ejemplo la consideración de la ausencia de una cultura de control en la empresa como elemento del tipo objetivo que debe ser probado en cada caso por la acusación"; señalando además que en las Circulares 1/2011 y 1/2016 de la Fiscalía General del Estado "se mantiene, entre otras materias, una posición diferente de la sostenida en la sentencia sobre la calificación de la ausencia de una cultura de control en la empresa como elemento del tipo objetivo que deba ser probado necesariamente caso a caso por la acusación, en relación con la eventual concurrencia de la eximente prevenida en los párrafos 2º y 4º del art 31 bis del Código Penal de 2015".

En este punto debemos hacer una llamada de atención para apuntar que la sentencia mayoritaria no dice expresamente que la ausencia de una cultura de respeto al Derecho sea un elemento del tipo objetivo, pues más bien identifica dicho elemento con la ausencia de medidas de control idóneas y eficaces. Lo que sí hace la sentencia es señalar la relevancia de la ausencia de una cultura de respeto al Derecho para afirmar la responsabilidad penal de las personas jurídicas, cultura de respecto que habría de manifestarse "en alguna clase de formas concretas de vigilancia y control del comportamiento de sus directivos y subordinados jerárquicos" tendentes a evitar la comisión por éstos de los delitos enumerados en la Parte especial del Código Penal.

El matiz tiene interés, pues algunos autores como Gómez-Jara consideran preferible situar el defecto de organización en el ámbito del injusto y dejar "al ámbito de la culpabilidad el lado más personal

---

[103] Cfr. Gómez-Jara en Bajo Fernández, M., Feijoo Sánchez, B.J. y Gómez-Jara Diez, C., *Tratado*, cit., p.133.

de la responsabilidad[104]". El análisis del defecto de organización se hace por tanto en sede de imputación objetiva, verificando en primer lugar si la organización de la persona jurídica ha generado un riesgo no permitido, y después si ese es el riesgo que se ha realizado en el resultado de lesión[105]. Este autor complementa lo anterior postulando un *concepto constructivista de culpabilidad* vinculado con la cultura de cumplimiento (*compliance*)[106]. Así las cosas, la relevancia de la cultura de cumplimiento se manifestaría en el nivel de la culpabilidad y no en el nivel del injusto (tipicidad).

Sobre esta cuestión en particular, nos dice Cigüela Sola que "esa cultura empresarial constituiría, para Gómez-Jara, el fundamento de la culpabilidad de la empresa –el injusto lo constituiría, por su parte, el defecto de organización–, siempre que los valores que promueva sean capaces de cuestionar la vigencia del ordenamiento jurídico. Así, cuando una cultura empresarial fomente delitos por parte de sus integrantes, estará manifestando una falta de fidelidad a la norma penal y, en este sentido, se le podrá atribuir una culpabilidad[107]".

En cuanto al tipo subjetivo la sentencia nada dice, si bien algún autor como Gómez-Jara, después de constatar la dificultad conceptual de afirmar la existencia de dolo/imprudencia en la propia persona jurídica, y de señalar la clara tentación de referir estos conceptos a la actuación de la persona física evitando así el problema de tratar con ellos en el seno de la persona jurídica, apuestan porque ambas dimensiones típicas, la objetiva y la subjetiva se prediquen del hecho propio de la persona jurídica, lo que en el caso del tipo subjetivo exigiría constatar conforme a lo dispuesto en el art. 5 del Código Penal, un dolo o imprudencia propio de la persona jurídica[108].

---

[104] Ibíd., p. 127.

[105] Ibíd., p. 127.

[106] Ibíd., pp. 164 ss.

[107] Cfr. Cigüela Sola, J., *La culpabilidad colectiva*, cit., p. 208. Una crítica del autor hacia el modelo de culpabilidad empresarial defendido por Gómez-Jara y hacia la "normativización del hecho empresarial" en la misma obra pp. 211 ss.

[108] Otra concepción del tipo subjetivo es la que defiende Zugaldía Espinar, J.M., *La responsabilidad penal de las personas jurídicas en el derecho penal español (análisis de la cuestión tras la reforma operada por la LO 1/2015, de 30 de marzo)*, cit., p. 226, quien sostiene citando a Bacigalupo Zapater que el dolo es ontológicamente incompatible con las personas jurídicas; por lo que "la regla debe ser (...), que la persona jurídica responderá dolosamente o imprudentemente según el conocimiento (dolo) o descono-

Esto puede hacerse según Gómez-Jara empleando equivalentes funcionales. Y así, respecto al dolo, propone considerar dos circunstancias: i) que el dolo viene referido al conocimiento que se tiene de un determinado riesgo; y, ii) que el dolo se atribuye o imputa en función de determinados indicios. Respeto del conocimiento del riesgo, propone establecer una equivalencia funcional entre el conocimiento individual (relevante en las personas físicas) y el *conocimiento organizativo* (relevante en el caso de las personas jurídicas), siendo el dolo de la persona jurídica el "conocimiento organizativo del riesgo". En cuanto a los indicios que se deben considerar para la atribución del dolo, otorga un papel esencial a que determinadas personas físicas posean un conocimiento individual de ese riesgo, de modo tal que si los miembros del consejo de administración conocen el riesgo puede inferirse lógicamente que la persona jurídica también tenía un *conocimiento organizativo* del mismo. Y esto último de acuerdo con la "teoría del conocimiento colectivo", que permite imputar a la organización empresarial la suma de los conocimientos de sus miembros[109].

— *El problema de la carga de la prueba*

Ya tuvimos ocasión se señalar más arriba que en la sentencia se considera que la finalidad de la eximente es posibilitar a la persona jurídica la pronta exoneración de su responsabilidad, lo que no debe confundirse con el *núcleo básico* de la responsabilidad de la persona jurídica, cuya acreditación corresponde a la acusación en caso de no tomar la iniciativa la propia persona jurídica para beneficiarse de la exención, pues en este último caso será la persona jurídica quien corra con la carga de su acreditación como tal eximente[110].

De forma coherente con lo anterior, la Sala considera que "el análisis de la responsabilidad propia de la persona jurídica, manifestada en la existencia de instrumentos adecuados y eficaces de preven-

cimiento evitable (imprudencia) de quien realiza el hecho de conexión (art. 14.1 del Código Penal)". También trata el autor el tema de la antijuricidad en pp. 226 y 227.

[109] Lo anterior es una síntesis de la exposición que hace sobre el problema del tipo subjetivo Gómez-Jara en Bajo Fernández, M., Feijoo Sánchez, B.J. y Gómez-Jara Diez, C., *Tratado*, cit., pp. 134 a 141.

[110] Cfr. Sentencia 154/2016, F.J. 8°.

ción del delito, es esencial para concluir en su condena y, por ende, si la acusación se ha de ver lógicamente obligada, para sentar los requisitos facticos necesarios en orden a calificar a la persona jurídica como responsable, a afirmar la inexistencia de tales controles, no tendría sentido dispensarla de la acreditación de semejante extremo esencial para la prosperidad de su pretensión"[111].

Por su parte, los Magistrados firmantes del voto particular no ponen en duda "que el fundamento último de la responsabilidad penal de las personas jurídicas se encuentre en la ausencia de medidas eficaces de prevención y control de su funcionamiento interno", a pesar de lo cual no comparten con quienes suscriben la sentencia mayoritaria que la ausencia de una cultura de respeto al Derecho pueda calificarse como el *núcleo de la tipicidad* o como un elemento autónomo del tipo objetivo que corresponda probar a la acusación en cada caso concreto[112].

Sobre esto, la Fiscalía General del Estado, como ya se indicó, dice en su Circular 1/2016 que "atañe a la persona jurídica acreditar que los modelos de organización y gestión cumplen las condiciones y requisitos legales y corresponderá a la acusación probar que se ha cometido el delito en las circunstancias que establece el art. 31 bis 1°[113]", y que "el objeto de los modelos de organización y gestión no es solo evitar la sanción penal de la empresa sino promover una verdadera *cultura ética corporativa*, de tal modo que

---

[111] Ibíd.

[112] Cfr. Voto particular concurrente con la Sentencia 154/2016, F.J. 2°: "Los presupuestos específicos de la responsabilidad penal de las personas jurídicas o elementos del tipo objetivo a que se refiere la sentencia mayoritaria, vienen expresamente definidos por el Legislador en los párrafos a) y b) del párrafo 1° del art 31 bis del Código Penal, y estos son los que deben ser probados por la acusación, y expresamente reflejados en el relato factico de la sentencia, para permitir la subsunción jurídica adecuada". Se niegan por tanto los Magistrados discrepantes a admitir "un elemento adicional del tipo objetivo que exija a la acusación acreditar en cada supuesto enjuiciado un presupuesto de tipicidad tan evanescente y negativo como es demostrar que el delito ha sido facilitado por la ausencia de una cultura de respeto al Derecho en el seno de la persona jurídica afectada, *como fuente de inspiración de la actuación de su estructura organizativa e independiente de la de cada una de las personas físicas que la integran*, que es lo que, con cierta confusión, constituye el elemento típico que exige acreditar en cada caso la sentencia mayoritaria (fundamento jurídico octavo)".

[113] Cfr. *Circular de la Fiscalía General del Estado 1/2016*, cit., p. 56.

su verdadera eficacia reside en la importancia que tales modelos tienen en la toma de decisiones de los dirigentes y empleados y en qué medida constituyen una verdadera expresión de su cultura de cumplimiento[114]".

Debe recordarse una vez más que la Fiscalía General del Estado considera que el sistema español está configurado como un modelo de heterorresponsabilidad atenuado que permite "hablar de responsabilidad autónoma de la persona jurídica en el sentido de que su sanción no depende de la previa declaración de responsabilidad penal de la persona física", si bien este modelo no llega a constituirse como un "sistema de imputación propio o de autorresponsabilidad de la persona jurídica en sentido estricto", pues para ello se exigiría "un dolo o culpa de la propia persona jurídica, algo que la regulación española sigue sin contemplar", pues el modelo sigue "encadenado al incumplimiento de los deberes de control de las personas físicas[115]".

En opinión de la Fiscalía General del Estado la cuestión tiene un indudable alcance práctico, pues si el fundamento de la imputación es la defectuosa organización societaria y esta se configura como elemento del tipo o define su culpabilidad, "la acusación deberá probar, además de la comisión del delito por las personas físicas de las letras a) y b) del apartado primero, que tal infracción se ha cometido a consecuencia del ineficiente control de la persona jurídica[116]". Si por el contrario, "el fundamento de la imputación de la persona jurídica reside en la conducta delictiva de sus dirigentes o en el incumplimiento de sus obligaciones de control sobre los subordinados, esto será lo único que deba probar la acusación", pero en definitiva será "la persona jurídica la que deberá acreditar que tales programas eran eficaces para prevenir el delito[117]".

---

[114] Ibíd., p. 63: "Los Sres. Fiscales analizarán si los programas de prevención establecidos expresan un compromiso corporativo que realmente disuada de conductas criminales".

[115] Ibíd., pp. 9 y 10.

[116] Ibíd., p. 10: "Otro entendimiento -que la persona jurídica estuviera obligada a probar su adecuado sistema de organización- representaría una inversión de la carga de la prueba constitucionalmente inadmisible".

[117] Ibíd. p. 10.

Sirva lo anterior únicamente para apuntar la existencia de una problemática real en relación con la carga de la prueba de los hechos relevantes para declarar la responsabilidad penal de las personas jurídicas; problema que será objeto de más detallada consideración más abajo.

— *Rechazo al modelo de la responsabilidad por transferencia*

Como puede fácilmente deducirse a partir de todo lo expuesto hasta ahora, la sentencia rechaza expresamente el modelo de la responsabilidad por transferencia o vicarial, citando al efecto el Preámbulo de la Ley Orgánica 1/2015 y llamando específicamente la atención sobre las dificultades que en el enjuiciamiento de esta clase de responsabilidades nos encontraríamos –si se optara por un sistema de responsabilidad por transferencia– "en aquellos supuestos, contemplados en la propia norma con una clara vocación de atribuir a la entidad la responsabilidad por el hecho propio, en los que puede declararse su responsabilidad con independencia de que *la concreta persona física responsable no haya sido individualizada o no haya sido posible dirigir el procedimiento contra ella* (art. 31 ter 1 del Código Penal)".

Asimismo, para justificar este rechazo, los Magistrados hacen referencia en la sentencia al hecho de que la responsabilidad de las personas jurídicas se determine con absoluta independencia de la existencia de circunstancias "que afecten a la culpabilidad o agraven la responsabilidad de la persona física, que no excluirán ni modificarán en ningún caso la responsabilidad penal de la organización (art. 31 ter 2 del Código Penal) [118]".

Y aunque parece que no sería necesario por evidente, la sentencia declara expresamente su oposición al reconocimiento en esta materia de un régimen de responsabilidad objetiva[119].

---

[118] Cfr. Sentencia 154/2016, F.J. 8º.

[119] Cfr. Sentencia 154/2016, F.J. 8º: "El hecho de que la mera acreditación de la existencia de un hecho descrito como delito, sin poder constatar su autoría o, en el caso de la concurrencia de una eximente psíquica, sin que tan siquiera pudiera calificarse propiamente como delito, por falta de culpabilidad, pudiera conducir directamente a la declaración de responsabilidad de la persona jurídica, nos abocaría a un régimen penal de responsabilidad objetiva que, en nuestro sistema, no tiene cabida".

— *Sobre el derecho de defensa*

La parte final del fundamento de Derecho octavo se dedica a resolver sobre la presunta vulneración del derecho de defensa de la mercantil Transpinelo, S.L., que en su octavo motivo de casación denunciaba que no se había respetado su derecho a la última palabra -art. 739 LECrim.-, pues tan sólo se dio audiencia en el correspondiente momento procesal a la persona física representante legal de la recurrente, también acusada, que habría hecho uso de ese trámite en su exclusivo interés y no en el de su representada.

También en este caso se desestima el motivo, aprovechando la Sala para hacer una serie de precisiones de interés sobre la representación y defensa de la persona jurídica en el proceso penal, que no son controvertidas en el voto particular, y que comienzan poniendo de manifiesto que en esta materia nos enfrentamos a un importante problema *"que la Ley Orgánica 37/2011, de 10 de octubre, sobre medidas de agilización procesal, que introdujo las reformas en la Ley de Enjuiciamiento Criminal consideradas pertinentes para adaptar la regulación adjetiva a la presencia de la persona jurídica como eventual autora de delitos, no resolvió en su día"*.

Recordemos que la referida Ley Orgánica 37/2011 modificó la Ley de Enjuiciamiento Criminal, quedando el art. 119 redactado en los siguientes términos:

Artículo 119.

Cuando de acuerdo con lo dispuesto en el artículo 118 de esta Ley, haya de procederse a la imputación de una persona jurídica, se practicará con ésta la comparecencia prevista en el artículo 775, con las siguientes particularidades:

a) La citación se hará en el domicilio social de la persona jurídica, requiriendo a la entidad que proceda a la designación de un represen-

---

También los firmantes del voto particular muestran su rechazo hacia el régimen de responsabilidad objetiva, afirmando en el F.J. 2º que: "No pretendemos (...), otorgar a la responsabilidad penal de las personas jurídicas una naturaleza objetiva. La persona jurídica es responsable penalmente de los delitos cometidos por sus representantes o dependientes en el contexto empresarial, societario o asociativo (...), porque es culpable (en la escasa medida en que este concepto puede ser aplicado a una persona jurídica, que no deja de constituir una ficción)". Y el mismo rechazo hacia la responsabilidad penal objetiva muestra la Fiscalía General del Estado en su Circular 1/2016 (p.5), considerándola inconstitucional.

tante, así como Abogado y Procurador para ese procedimiento, con la advertencia de que, en caso de no hacerlo, se procederá a la designación de oficio de estos dos últimos. La falta de designación del representante no impedirá la sustanciación del procedimiento con el Abogado y Procurador designado.

b) La comparecencia se practicará con el representante especialmente designado de la persona jurídica imputada acompañada del Abogado de la misma. La inasistencia al acto de dicho representante determinará la práctica del mismo con el Abogado de la entidad.

c) El Juez informará al representante de la persona jurídica imputada o, en su caso, al Abogado, de los hechos que se imputan a ésta. Esta información se facilitará por escrito o mediante entrega de una copia de la denuncia o querella presentada.

d) La designación del Procurador sustituirá a la indicación del domicilio a efectos de notificaciones, practicándose con el Procurador designado todos los actos de comunicación posteriores, incluidos aquellos a los que esta Ley asigna carácter personal. Si el Procurador ha sido nombrado de oficio se comunicará su identidad a la persona jurídica imputada.

El problema tiene que ver con el régimen para designar a la persona física que deba actuar en representación de la persona jurídica en el proceso penal, no sólo para el ejercicio de la estricta función representativa sino también para dirigir y adoptar las decisiones oportunas en orden a la estrategia de defensa a seguir para los intereses propios de la representada. Problema que se manifiesta especialmente en los casos en los que pudiera existir un conflicto de intereses procesales entre los de quienes, en principio, estarían legalmente llamados a llevar a cabo tales funciones representativas (representantes y administradores) y los propios e independientes de la persona jurídica[120].

[120] Cfr. Sentencia 154/2016, F.J. 8º: "Más en concreto aún, cuando aquel a quien se encomiende tal tarea fuere, a su vez, posible responsable de la infracción que da origen a la condena de la representada, teniendo en cuenta, como se ha dicho, que su actuación se extiende también a las decisiones relativas a la estrategia de defensa a seguir, que incluirán la posibilidad de optar por un camino de colaboración con las autoridades encargadas de la persecución y castigo del delito cometido por la persona física en el seno de la colectiva, aportando datos y pruebas sobre la identidad de su autor y los hechos por él cometidos, con el fin de obtener para la persona jurídica los

En estos casos, los Magistrados consideran que dejar en manos de quien se sabe autor del delito originario la posibilidad de llevar a cabo actuaciones tales como buscar una rápida conformidad de la persona jurídica, indemnizar con cargo a ésta a los eventuales perjudicados y negarse a colaborar con las autoridades para el esclarecimiento de los hechos, "supondría una intolerable limitación del ejercicio de su derecho de defensa para su representada, con el único objetivo de ocultar la propia responsabilidad del representante o, cuando menos, de desincentivar el interés en proseguir las complejas diligencias dirigidas a averiguar la identidad del autor físico de la infracción inicial, incluso para los propios perjudicados por el delito una vez que han visto ya satisfecho su derecho a la reparación[121]".

Para la solución de este problema la sentencia apunta diferentes alternativas traídas del Derecho comparado: como por ejemplo la designación de un *defensor judicial* o la asignación de tales responsabilidades a un órgano colegiado compuesto por personas independientes junto con otras en representación de los intereses de terceros afectados por las posibles consecuencias sancionadoras derivadas del ilícito de la persona jurídica. Asimismo, se cita expresamente la solución contenida en el Borrador de Código Procesal Penal de 2013 (art. 51.1), que atribuía las funciones de dirección de la defensa penal al que hoy se conoce como "oficial de cumplimiento"[122].

---

beneficios punitivos derivados de esa opción como consecuencia de la aplicación de la correspondiente atenuante (vid. art. 31 quáter b) del Código Penal)".

[121] Cfr. Sentencia 154/2016, F.J. 8°, máxime cuando "de acuerdo con lo previsto en el art. 31 ter del Código (anterior art. 31 bis. 2), la persona jurídica responderá *aun cuando la concreta persona física responsable no haya sido individualizada o no haya sido posible dirigir el procedimiento contra ella* y, según apartado 3 del mismo precepto, incluso ante el *hecho de que dichas personas hayan fallecido o se hubieren sustraído a la acción de la justicia*".

[122] Cfr. Sentencia 154/2016, F.J. 8°: "Semejante cuestión, de tanta trascendencia procesal como puede advertirse y que es resuelta en otros ordenamientos con distintas fórmulas, como la designación a estos efectos por el órgano jurisdiccional correspondiente de una especie de *defensor judicial* de la persona jurídica, la asignación de tales responsabilidades a un órgano colegiado compuesto por personas independientes junto con otras en representación de los intereses de terceros afectados por las posibles consecuencias sancionadoras derivadas del ilícito de la persona jurídica, etc. o como lo era también en nuestro propio país en el Borrador de Código Procesal Penal de 2013 (art. 51.1) mediante la atribución de esas funciones de defensa, con carácter prioritario, al *director del sistema de control interno de la entidad* (el denominado también

A partir de lo anterior, y aunque en este caso desestima el motivo y con ello la denunciada vulneración del derecho de defensa de la mercantil Transpinelo, S.L. (por no apreciar en el caso concreto efectiva indefensión), considera la Sala que bien podría estimarse en el futuro un motivo de casación que tuviera que ver con el derecho a la defensa del que es titular la persona jurídica, cuando se constate la efectiva conculcación de este derecho, lo que podrá suceder cuando la persona jurídica haya sido representada en juicio y a lo largo de todo el procedimiento, por una persona física sujeto ella misma de acusación y con intereses distintos y contrapuestos a los de la persona jurídica[123].

La sentencia termina con el tratamiento de esta cuestión aprovechando para llamar la atención de Jueces y Tribunales sobre este problema procesal, así como para advertir al Legislador para que remedie normativamente la posibilidad de que se produzcan situaciones indeseables de esta clase mediante una regulación adecuada de la materia[124].

---

como *oficial de cumplimiento*), evidentemente no puede ser resuelta, con carácter general, por esta Sala".

[123] Cfr. Sentencia 154/2016, F.J. 8º: "Sin embargo nada impediría, sino todo lo contrario, el que, en un caso en el cual efectivamente se apreciase en concreto la posible conculcación efectiva del derecho de defensa de la persona jurídica al haber sido representada en juicio, y a lo largo de todo el procedimiento, por una persona física objeto ella misma de acusación y con intereses distintos y contrapuestos a los de aquella, se pudiera proceder a la estimación de un motivo en la línea del presente, disponiendo la repetición, cuando menos, del Juicio oral, en lo que al enjuiciamiento de la persona jurídica se refiere, a fin de que la misma fuera representada, con las amplias funciones ya descritas, por alguien ajeno a cualquier posible conflicto de intereses procesales con los de la entidad, que debería en este caso ser designado, si ello fuera posible, por los órganos de representación, sin intervención en tal decisión de quienes fueran a ser juzgados en las mismas actuaciones. Y todo ello incluso siempre que, a esas alturas, resultase ya ineficaz la decisión óptima de retrotraer las actuaciones no al acto del Juicio oral sino a su momento inicial, a fin de que la presencia plena del derecho de defensa de la persona jurídica a lo largo de todo el procedimiento se cumpliera, en aras a seguir la estrategia más favorable para ella en todas sus posibilidades, incluida la de la importante colaboración con las autoridades desde su inicio, para el completo esclarecimiento de los hechos o la reparación de los perjuicios ocasionados por el delito (vid. atenuantes del art. 31 quáter, antes 31 bis.4), finalidad determinante, dentro de criterios de política criminal, para la existencia del régimen de responsabilidad penal de la persona jurídica".

[124] Cfr. Sentencia 154/2016, F.J. 8º: "No obstante, tras dejar constancia para ulteriores ocasiones de tales exigencias, a las que tanto Jueces Instructores como

Entendemos que en este punto asiste la razón al Tribunal Supremo cuando hace el diagnóstico del problema y propone la búsqueda de una solución en el nivel legislativo (con modificación de la Ley procesal penal). Solución que bien podría tomar como referente el anteproyecto de Código Procesal Penal de 2013, que en lo que ahora interesa disponía lo siguiente:

> *Artículo 51. Comparecencia en el proceso de las personas jurídicas encausadas.*
>
> *1. Por la persona jurídica que pueda resultar penalmente responsable comparecerá, en su representación, la persona física especialmente designada por su máximo órgano de gobierno o administración como director del sistema del control interno de la entidad, quien habrá de estar directa e inmediatamente bajo la autoridad de dicho órgano y ostentar poder especial al efecto. No será necesario para la asunción de la representación que dicha persona física ocupara el cargo en el momento de la comisión del hecho punible.*
>
> *En defecto del anterior, si ninguna persona física ocupare el cargo de director del sistema de control interno y la persona jurídica, previa advertencia de las consecuencias de la falta de designación, no nombrare otra que acepte la representación otorgada mediante poder especial, deberá comparecer como representante la persona que ostente el*

Juzgadores habrán de prestar en futuros casos la oportuna atención, en el presente supuesto un pronunciamiento de nulidad semejante no procede, toda vez que no se concreta el perjuicio para la recurrente, constitutivo de verdadera indefensión, que hubiera podido sufrir, resultando además excesivamente complejo, inadecuado y, sobre todo, de escasa utilidad práctica, incluso por las razones que acaban de exponerse en el párrafo anterior, de modo que lo que ha de concluirse, a la postre, es en la desestimación del motivo, a causa de esa inutilidad práctica y ausencia de lesión efectiva de su derecho, sin perjuicio de que, como queda dicho y para futuras ocasiones, se haya de prestar atención a las anteriores consideraciones dirigidas a Jueces y Tribunales para que, en la medida de sus posibilidades, intenten evitar, en el supuesto concreto que se aborde, que los referidos riesgos para el derecho de defensa de la persona jurídica sometida a un procedimiento penal lleguen a producirse, tratando de impedir el que su representante en las actuaciones seguidas contra ella sea, a su vez, una de las personas físicas también acusadas como posibles responsables del delito generador de la responsabilidad penal de la persona jurídica. Por otro lado, unas admoniciones semejantes así mismo deberían de servir de advertencia al Legislador para que remedie normativamente la posibilidad de que se produzcan situaciones indeseables de esta clase, con una regulación adecuada de la materia".

máximo poder real de decisión en órgano de gobierno o administración o como administrador de hecho de la entidad, a instancia del Ministerio Fiscal y a juicio del Tribunal.

2. En todas las ocasiones para las que la Ley prevé la comparecencia o intervención personal del encausado en las actuaciones procesales, la persona jurídica encausada comparecerá representada de la forma establecida en el apartado anterior.

3. En caso de incomparecencia injustificada podrá acordarse contra quien haya de representar a la persona jurídica orden de detención para su comparecencia forzosa.

De lo contrario, el sistema podría quedar expuesto a posibles denuncias por vulneración del derecho fundamental a la defensa, con la consecuente posible estimación de motivos de casación y/o amparo. La opción de dejar en manos de los Tribunales la solución al problema cuando no se cuenta con criterios legislativos claros para detectar el posible conflicto y para ofrecer soluciones procesales válidas parece en consecuencia poco aconsejable.

En todo caso, conviene subrayar que en este punto no hay discrepancia con los Magistrados firmantes del voto particular y que se trata además de un problema que ya había sido observado por una parte de la doctrina[125].

— *Otros motivos de casación no relacionados con derechos fundamentales*

En el fundamento de Derecho noveno, la sentencia analiza el motivo 7° del recurso de la entidad Transpinelo, S.L., en el que ésta planteaba la existencia de un error de hecho en el que habría incurrido la Audiencia a la hora de valorar la prueba documental obrante en las actuaciones, motivo éste que se desestima sin especial motivación.

Y otro tanto sucede en el fundamento de Derecho décimo, en el que se resuelven en sentido desestimatorio los restantes motivos de casación (5° y 6°) formalizados en el recurso de Transpinelo, S.L., que hacen referencia a sendas infracciones de Ley: por indebida

---

[125] Y así, por todos Bajo Fernández, M., Feijoo Sánchez, B.J. y Gómez-Jara Diez, C., *Tratado*, cit., pp. 321 y 322.

aplicación de los arts. 369 bis, 370, 570 bis, 570 ter y 570 quáter del Código Penal, que describen los delitos objeto de condena (motivo 5°); y por indebida inaplicación del art. 16 Código Penal referente a la tentativa (motivo 6°).

Aprovecha de nuevo la Sala para hacer algunas puntualizaciones de interés sobre lo ya dicho en el fundamento de Derecho octavo, recordándonos una vez más que la "tipicidad de la intervención de la persona jurídica[126]" no estriba exclusivamente en la comisión del delito contra la salud pública atribuido a sus administradores, sino en la existencia de la infracción cometida por la persona física unida a la ausencia del debido control que le es propia a la jurídica en los términos que describe el art. 31 bis del Código Penal[127].

Y vuelven los Magistrados de la Sala Segunda a insistir –una vez más– en que el "núcleo del enjuiciamiento[128]" acerca de la responsabilidad propia de la entidad, vinculada a la comisión del delito por la persona física, no es otro que la determinación acerca de la existencia de las medidas preventivas oportunas tendentes a la evitación de la comisión de ilícitos por parte de quienes la integran; empleando eso sí por vez primera el término "autora" (de la infracción) respecto de la propia persona jurídica[129].

---

[126] Con esta expresión parece que se quiere rodear la más clásica referencia a la "tipicidad de la conducta" en un intento quizá de eludir el término "conducta" tan vinculado con el par "acción/omisión".

[127] Cfr. Sentencia 154/2016, F.J. 10°: "En ambos motivos el Recurso incurre en una clara confusión acerca de la tipicidad de la intervención de la persona jurídica recurrente, que no estriba exclusivamente en la comisión del delito contra la salud pública atribuida a sus administradores, de hecho y de derecho, infracción que opera como requisito precedente necesario para el ulterior pronunciamiento acerca de la responsabilidad penal propia de la entidad medida en términos de incumplimiento de su obligación de poner los medios para la evitación de delitos en su seno, sino en esa existencia de la infracción cometida por la persona física unida a la ausencia del debido control que le es propia a la jurídica, en los términos que describe el art. 31 bis (en su redacción coetánea a los hechos enjuiciados), como se corresponde con los criterios antes expuestos".

[128] Entendemos que la expresión "núcleo del enjuiciamiento" puede en este contexto identificarse con la expresión "núcleo de la responsabilidad"; aunque ciertamente podría pensarse otra cosa, pues no cabe duda de que enjuiciamiento y responsabilidad son cosas bien distintas.

[129] Cfr. Sentencia 154/2016, F.J. 10°: "En tal sentido, desestimados los Recursos de esas personas físicas y, en definitiva, declaradas aquellas autoras de la infracción

Aunque en el recurso de la mercantil Transpinelo, S.L. no se alude expresamente a la incorrecta aplicación de las reglas de determinación de las penas, en concreto la de disolución de la condenada, la sentencia (sin controversia con el voto particular) entiende que no procede imponer la pena de disolución (impuesta sin motivación por la Audiencia), por lo que estima parcialmente el recurso y dicta nueva sentencia con exclusión de la pena de disolución[130].

3.3. El recurso de Geormadrid Machinery

El fundamento de Derecho undécimo se dedica al recurso de Geormadrid Machinery, S.L., que también fue declarada responsable como instrumento para la comisión de un delito contra la salud públi-

---

y, por otro lado, ausentes por completo cualesquiera medidas de control preventivo respecto de la comisión de tal ilícito, la responsabilidad de la recurrente es en este caso obvia, toda vez que si, como ya se dijo, el núcleo del enjuiciamiento acerca de la responsabilidad propia de la entidad, vinculada a la comisión del delito por la persona física, no es otro que el de la determinación acerca de la existencia de las medidas preventivas oportunas tendentes a la evitación de la comisión de ilícitos por parte de quienes la integran, en supuestos como éste en el que la inexistencia de cualquier clase de tales herramientas de control, vigente ya el régimen de responsabilidad penal de la persona jurídica, es total, la aplicación a la entidad recurrente del artículo 31 bis como autora de infracción, en relación con el artículo 368 y siguientes del Código Penal, resulta del todo acertada".

[130] Cfr. Sentencia 154/2016, F.J. 10º: "De lo que cabe concluir que el hecho de que la estructura y cometido lícito de la persona jurídica fueren utilizados por la persona física integrante de la misma para cometer la infracción de la que es autora no significa obligadamente, así como tampoco la carencia absoluta de medidas de prevención del delito, que la misma deba de disolverse en los términos del art. 33.7 b) CP, sino que se requerirá, cuando menos, motivar adecuadamente el criterio de ponderación entre la relevancia diferente de su actividad legal y el delito cometido en su seno, en busca de una respuesta proporcionada tanto a la gravedad de su actuar culpable como a los intereses de terceros afectados y ajenos a cualquier clase de responsabilidad. Motivación de la que carece el criterio de la Audiencia en orden a la procedencia de esta sanción, a la vista del contenido del Fundamento Jurídico Sexto ("De la individualización de las penas"), párrafo quince, folio 84 de la recurrida, en el que no se hace alusión alguna a este aspecto. Por lo que debe procederse a la exclusión de dicha pena de disolución de la persona jurídica, dejando subsistente tan sólo la pena de multa correctamente impuesta en el mínimo legalmente posible (...). Debiendo, por consiguiente, concluir en la estimación parcial del Recurso, con el posterior dictado de la correspondiente Segunda Sentencia en la que tengan cabida las consecuencias punitivas derivadas de dicha parcial estimación".

ca y condenada a las penas de disolución y multa de 775.633.440 euros. El recurso tiene dos únicos motivos de casación, ambos referidos a la infracción de derechos fundamentales.

El primer motivo relativo al derecho de defensa se desestima, reproduciendo la Sala los mismos argumentos expuestos en el fundamento de Derecho octavo al analizar la misma cuestión respecto de Transpinelo, S.L., si bien aprovechan los Magistrados para llamar la atención sobre la circunstancia de que en este caso nos encontramos ante una sociedad "pantalla" o "instrumental", lo que permite hacer en la sentencia una serie de consideraciones que no son contradichas por el voto particular.

Y así, se afirma que las sociedades pantalla o instrumentales, creadas para la comisión de delitos, no deben incluirse en el régimen de responsabilidad penal de las personas jurídicas previsto en el art. 31 bis del Código penal, mostrándose la Sala favorable a la reconsideración de la aplicación en el futuro y para estos casos del art. 66 bis (para acordar la disolución), siendo preferible acordar directamente la disolución por la vía del art. 129 o la mera declaración judicial de inexistencia con la ulterior comunicación al registro correspondiente para la anulación (o cancelación) de la inscripción.

Y ello por resultar insólito pretender realizar valoraciones de responsabilidad respecto de este tipo de entidades, "dada la imposibilidad congénita de ponderar la existencia de mecanismos internos de control y, por ende, de cultura de respeto o desafección hacia la norma, respecto de quien nace exclusivamente con una finalidad delictiva que agota la propia razón de su existencia[131]".

En este punto la Sala Segunda se adhiere (citándola expresamente) a las tesis de la Fiscalía General del Estado, expresadas en su Circular 1/2016, que a su vez cita un auto de 19 de mayo de 2014, de la Sala de lo Penal de la Audiencia Nacional, distinguiendo "desde el punto de vista de su responsabilidad organizativa" tres categorías de personas jurídicas[132]:

— Aquellas que operan con normalidad en el mercado, mejor o peor organizadas, son penalmente imputables.

---

[131] Cfr. Sentencia 154/2016, F.J. 11°.

[132] Sobre este particular véase la *Circular de la Fiscalía General del Estado 1/2016*, cit., pp. 26 a 30.

— Las sociedades que desarrollan una cierta actividad, en su mayor parte ilegal (el límite a partir del cual se considera que la persona jurídica es una entidad totalmente independiente, no mero instrumento de la persona física, es un límite normativo que probablemente variará a lo largo del tiempo). Se identifican con las descritas en la regla 2ª del art. 66 bis del Código penal como las utilizadas "instrumentalmente para la comisión de ilícitos penales"; quedan dentro del círculo de responsabilidad de las personas jurídicas y, en la medida en que tienen un mínimo desarrollo organizativo y cierta actividad legal son también imputables.
— Finalmente serán personas jurídicas inimputables las sociedades que sean totalmente instrumentales, sin actividad legal o con una actividad legal residual y aparente para fines delictivos.

Nosotros entendemos igualmente que es correcto afirmar que del régimen previsto en el art. 31 bis del Código Penal deben excluirse las sociedades creadas para la comisión de delitos, pues su propia existencia es conceptualmente incompatible con el establecimiento de medidas de control tendentes a la evitación del delito y en consecuencia con una cultura de respeto al Derecho.

Especial atención merece la circunstancia de que se esté empleando el adjetivo *imputable* para expresar una cualidad de la persona jurídica, pues a nuestro juicio esto sólo tendría sentido si se reconociera una culpabilidad propia de la persona jurídica y distinta de la culpabilidad de las personas físicas. Y ello es así, porque en la teoría del delito (de las personas físicas) se admite con carácter general la vinculación existente entre los conceptos de imputabilidad y culpabilidad, existiendo además un cierto consenso en admitir que la primera es un presupuesto de la segunda.

Asimismo, podría apreciarse que el concepto de *imputabilidad* de la persona jurídica que se maneja en la sentencia (coincidente en este punto con la Fiscalía General del Estado) se encuentra vinculado con el concepto de *organización* de la propia persona jurídica (más bien con su capacidad de organización: inexistente en las sociedades sin actividad), lo que de nuevo podría apuntar hacia la posibilidad de que nuestra jurisprudencia esté dando los primeros pasos para reconocer una culpabilidad propia de la persona jurídica sobre las bases del concepto de *organización*[133].

Para terminar con esta cuestión, debe recordarse que en nuestro sistema la reacción penal frente a la inimputabilidad se orienta más hacia el terreno de las medidas de seguridad que hacia el de las penas; habiendo optado nuestro legislador por calificar las consecuencias previstas en el art. 129 como *consecuencias accesorias* a la pena.

En todo caso el segundo motivo de casación formalizado por la mercantil Geormadrid Machinery, S.L. sobre presunción de inocencia también se desestima, sin plantearse cuestión alguna de interés en relación con el tema que ahora nos ocupa.

3.4. El recurso de Investissment Trans Spain África

Finalmente, al recurso interpuesto por la entidad Investissment Trans Spain África, S.A. se dedican los fundamentos de Derecho duodécimo y decimotercero. Esta sociedad fue condenada en la instancia a las penas de prohibición de realizar actividades comerciales en España por cinco años y multa de 775.633.440 euros, de nuevo por su *participación como instrumento* para la comisión de un delito contra la salud pública.

La mercantil plantea tres motivos de casación, denunciando en los dos primeros vulneración de sus derechos fundamentales a la defensa (motivo 1°) y a la presunción de inocencia (motivo 2°), siendo ambos desestimados y remitiéndose la Sala a lo ya argumentado al resolver el recurso de Transpinelo, S.L.

El motivo tercero y último se refiere a la infracción de Ley, consistente en la indebida aplicación de los arts. 368, 369 bis, 370 y 31 bis del Código Penal, que sirven de fundamento para su condena. También este motivo se desestima, señalándose en el fundamento de Derecho decimotercero que de nuevo nos encontramos ante una sociedad pantalla o meramente instrumental, lo que justificaría su

[133] Sobre esto véase Gómez-Jara, en Bajo Fernández, M., Feijoo Sánchez, B.J. y Gómez-Jara Diez, C., *Tratado,* cit. p. 172: "Qué duda cabe, resulta imposible sostener fundadamente la culpabilidad de la persona jurídica si no se le reconoce a ésta una capacidad de autoorganización y autodeterminación".

tratamiento como *inimputable* y en consecuencia ajena al régimen de responsabilidad de las personas jurídicas.

No obstante, la Sala aprovecha la ocasión para hacer algunas precisiones en torno a los conceptos de "provecho" o "beneficio directo o indirecto" (empleados estos últimos en el art. 31 bis 1° del Código Penal). En particular se identifica el concepto de "beneficio" con cualquier clase de ventaja, incluso de simple expectativa o referida a aspectos tales como la mejora de posición respecto de otros competidores, etc., provechosa para el lucro o para la mera subsistencia de la persona jurídica en cuyo seno el delito de su representante, administrador o subordinado jerárquico, se comete.

La sentencia mayoritaria (sin contradicción en el voto particular), se adhiere en este punto –interpretación de la expresión "beneficio directo o indirecto"–, a las tesis de la Fiscalía General del Estado contenidas en la Circular 1/2016, rechazando la identificación del concepto con un elemento subjetivo del injusto, y afirmando que se trata de una objetiva tendencia de la acción a conseguir el provecho, valorando ésta como provechosa desde una perspectiva objetiva e hipotéticamente razonable.

En todo caso, se afirma que este elemento o característica objetiva de la acción deberá contemplarse caso por caso, tratando de huir de posiciones maximalistas que sostengan que siempre existirá un provecho para la persona jurídica aunque sólo sea por el ahorro que supone la inexistencia de mecanismos de control, y minimalistas que pueden llegar a negar estos beneficios por el perjuicio que supone para el prestigio y el patrimonio de la persona jurídica –caso de imposición de pena de multa o de otra naturaleza– la comisión de delitos por parte de las personas físicas que integran la organización.

Estas conclusiones, que entendemos correctas, no son discutidas por el voto particular y coinciden de nuevo con las tesis al respecto de la Fiscalía General del Estado, cuya Circular 1/2016 vuelve a citarse literalmente en la sentencia[134].

[134] Cfr. Sentencia 154/2016, F.J. 13°: "Pues reiterándonos, una vez más, en el contenido de la Circular 1/2016 (pág. 17): *El art. 31 bis original exigía que la conducta de la persona física, en los dos títulos de imputación, se hubiera realizado en nombre o por cuenta de la persona jurídica y "en su provecho". Esta última expresión suscitaba la duda de si tal provecho constituía propiamente un elemento subjetivo del injusto o un elemento objetivo. La Circular 1/2011 estudiaba esta cuestión y optaba por interpretar la expresión legal conforme a parámetros*

3.5. El fallo y la segunda sentencia

La sentencia sólo estima parcialmente el recurso de casación interpuesto por Transpinelo, S.L., siendo esto lo que justifica el dictado de la segunda sentencia, que como ya hemos anticipado tan sólo revoca la condena de Transpinelo, S.L. a la disolución por los motivos que ya fueron expuestos más arriba al analizar el fundamento de Derecho décimo (falta de motivación).

3.6. El voto particular

La sentencia del Pleno de la Sala que ha sido analizada cuenta con un voto particular concurrente formulado por el Excmo. Sr. D. Cándido Conde-Pumpido Tourón, al que se adhieren otros seis Magistrados, y en el que se expresa respetuosa discrepancia con alguna de las doctrinas que se sostienen en la sentencia, sin afectar al fallo de la resolución que todos los Magistrados comparten. El voto particular se estructura en cinco apartados, en los que se tratan otras tantas cuestiones polémicas que exponemos a continuación.

— *Sobre el principio de contradicción*

El voto particular comienza con una crítica hacia la sentencia mayoritaria que tiene que ver con la circunstancia de haberse incluido en ésta pronunciamientos sobre cuestiones ajenas al debate casacional (porque no fueron planteadas en los recursos), privando

---

objetivos, sin exigir la efectiva constatación del beneficio, como una objetiva tendencia de la acción a conseguir el provecho, valorando esta como provechosa desde una perspectiva objetiva e hipotéticamente razonable, con independencia de factores externos que pudieran determinar que finalmente la utilidad no llegara a producirse. Y más adelante: *La nueva expresión legal "en beneficio directo o indirecto" mantiene la naturaleza objetiva que ya tenía la suprimida "en provecho", como acción tendente a conseguir un beneficio, sin necesidad de que este se produzca, resultando suficiente que la actuación de la persona física se dirija de manera directa o indirecta a beneficiar a la entidad. Incluso cuando la persona física haya actuado en su propio beneficio o interés o en el de terceros ajenos a la persona jurídica también se cumplirá la exigencia típica, siempre que el beneficio pueda alcanzar a ésta, debiendo valorarse la idoneidad de la conducta para que la persona jurídica obtenga alguna clase de ventaja asociada a aquella".*

así al Ministerio Fiscal de la posibilidad de formular alegaciones al respecto.

Se llama especialmente la atención sobre la exclusión del debate casacional de la cuestión sobre la que se pronuncia la sentencia mayoritaria relativa a la ausencia de una cultura de control en la empresa como elemento del tipo objetivo que debe ser probado en cada caso por la acusación.

Crítica ésta que podría estar justificada, pues en los recursos interpuestos por las personas jurídicas y resueltos por la sentencia no se plantea ningún motivo de casación que precisara para su resolución un específico pronunciamiento sobre los elementos que integran el tipo objetivo del delito que comete la persona jurídica, ni sobre la carga de acreditar dichos elementos (especialmente el identificado con la ausencia de una cultura de respeto al Derecho o de control), máxime cuando se ponen en duda las tesis sobre la materia que la propia Fiscalía General del Estado defiende en su Circular 1/2016.

Anticipando su posterior crítica por el vicio de incongruencia en el que podría incurrir la sentencia mayoritaria -al que haremos específica mención más abajo-, el voto particular califica el pronunciamiento relativo a la falta de una cultura de control como elemento del tipo objetivo de *obiter dicta*, lo que de nuevo podría considerarse una crítica justificada toda vez que a tenor de lo ya visto parece evidente que los pronunciamientos contenidos en la sentencia relativos al tipo objetivo no constituyen la *ratio decidendi* del fallo. Quizá por eso, también podría considerarse justificada la denuncia de incongruencia que se hace en el voto particular.

Para terminar con esta misma cuestión, insiste el voto particular en que antes de realizar los pronunciamientos contenidos en la sentencia sobre el tipo objetivo y la carga de la prueba, debería haberse escuchado al Ministerio Fiscal, especialmente cuando la sentencia mayoritaria contradice las tesis de la Fiscalía General del Estado[135].

---

[135] Cfr. Voto particular concurrente con la Sentencia 154/2016, F.J. 1º: "No hay que olvidar que el Ministerio Público se ha pronunciado de forma expresa sobre esta cuestión en la Circular 1/2011, referida a la Ley Orgánica 5/2010, de 22 de junio, y en la reciente Circular 1/2016, publicada tras la aprobación de la reforma operada en el régimen de responsabilidad penal de las personas jurídicas por la Ley Orgánica 1/2015, de 30 de marzo. En estas Circulares de la Fiscalía General del Estado se mantiene, entre otras materias, una posición diferente de la sostenida en la sentencia

— *La ausencia de control como elemento del tipo objetivo*

Después de estas primeras críticas, los firmantes del voto particular reconocen al igual que hace la sentencia mayoritaria que el fundamento último de la responsabilidad penal de las personas jurídicas se encuentra en la ausencia de medidas eficaces de prevención y control de su funcionamiento interno. Sin embargo, se niegan a admitir que esta ausencia se pueda calificar como "el núcleo de la tipicidad" o como un elemento autónomo del tipo objetivo definido en el art 31 bis 1º del Código Penal.

Según se dice en el voto particular, los elementos del tipo objetivo (se entiende que del delito que comete la persona jurídica), son los definidos por el Legislador en los párrafos a) y b) del apartado 1º del art 31 bis del Código penal, siendo estos los que deben ser probados por la acusación. Lo cual en modo alguno debe entenderse como que nos encontremos ante un sistema de responsabilidad objetiva, pues en el propio voto particular se afirma que si la persona jurídica es responsable es porque es culpable.

Como ya se dijo más arriba, los firmantes del voto particular consideran que la culpabilidad de la persona jurídica la infiere el legislador -en la hipótesis del art. 31 bis a)-, del hecho de permitir que sus representantes cometan un acto delictivo, en nombre y por cuenta de la sociedad y en su beneficio, debiendo buscarse su fundamento en la "culpa in eligendo" y la "culpa in vigilando", o incluso, si se quiere profundizar más, en la culpa "in constituendo" y la culpa "in instruendo".

Se oponen por tanto radicalmente a admitir la existencia de un elemento adicional del tipo objetivo que exija a la acusación acreditar un presupuesto de tipicidad "tan evanescente y negativo" como

sobre la calificación de la ausencia de una cultura de control en la empresa como elemento del tipo objetivo que deba ser probado necesariamente caso a caso por la acusación, en relación con la eventual concurrencia de la eximente prevenida en los párrafos 2º y 4º del art 31 bis del Código penal de 2015. Criterio autorizado y razonado que, a nuestro entender, hubiese sido procedente escuchar, en su aplicación al caso concreto y en relación con las consecuencias prácticas de asumir uno u otro modelo probatorio, con anterioridad a adoptar una decisión sobre el tema. Para lo cual habría sido preferible, en nuestra opinión, esperar a un recurso en el que esta cuestión hubiese sido expresamente planteada y debatida".

es que el delito haya sido facilitado por la ausencia de una cultura de respeto al Derecho.

En nuestra opinión lo verdaderamente relevante del debate abierto sobre este punto en el voto particular, es que por primera vez estamos hablando sobre los elementos que integran un tipo objetivo que no parece ser el tipo objetivo del delito cometido por la persona física (en este caso un delito contra la salud pública).

Esto, unido al reconocimiento de una culpabilidad propia de la persona jurídica, que tanto la sentencia mayoritaria como el voto particular parecen asumir –con matices en este último–, permitiría afirmar que la persona jurídica comete un delito propio y distinto del cometido por las personas físicas (contradiciendo así la tesis de la Fiscalía General del Estado sobre la responsabilidad vicarial o por transferencia). E igualmente permitiría afirmar que la persona jurídica es "autora" de su propio delito, término éste empleado en la propia sentencia para referirse a la persona jurídica. Y yendo un poco más lejos, si ambos delitos –el de la persona física y el de la persona jurídica– son distintos y difieren en su estructura típica, podría pensarse que la estructura del delito cometido por la persona jurídica será siempre la misma con absoluta independencia de la concreta estructura del delito de la parte especial cometido por la persona física.

En relación con la estructura típica del delito cometido por la persona jurídica, la sentencia y el voto particular abren un interesante debate sobre el lugar que hayan de ocupar –si han de ocupar alguno– la denominada cultura de respeto al Derecho y las medidas de vigilancia y control, estando en consecuencia abierta la discusión sobre su vinculación –en su caso– con las categorías del injusto o de la culpabilidad.

En todo caso, debemos reiterar que en nuestra opinión lo relevante es el reconocimiento que parece se hace en la sentencia y en el voto particular de la existencia de un tipo objetivo propio para el delito de la persona jurídica, y de una culpabilidad también propia de la persona jurídica, además de reconocerse en la sentencia una acción propia de la persona jurídica. Esto no sólo permite pensar en el futuro desarrollo jurisprudencial de estas categorías, cuyo contenido habrá de determinarse sobre la base de este nuevo sujeto del Derecho penal que es la persona jurídica, sino que además apunta al destierro del modelo de la responsabilidad por transferencia, cuya compatibilidad con el principio de culpabilidad por el hecho propio –o como dice la sentencia de no responsabilidad por el hecho ajeno– es ciertamente muy dudosa.

La forma en la que haya de entenderse la acción de la persona jurídica o su culpabilidad está todavía abierta, al igual que los concretos elementos que integran la estructura típica del delito corporativo (tipo objetivo/subjetivo), siendo estas cuestiones sobre las que el Tribunal Supremo habrá de pronunciarse en el futuro pues ni en la sentencia analizada ni en el voto particular quedan resueltas.

De este modo, el futuro desarrollo jurisprudencial sobre la categoría de la tipicidad podría gravitar en torno a cualquiera de las propuestas doctrinales hasta ahora conocidas, como por ejemplo aquéllas que toman como referencia la estructura de los delitos de omisión impropia (siendo la persona jurídica garante de la evitación del resultado que sería precisamente la comisión de un delito por la persona física), o cualquier otra.

Y lo mismo sucede con la culpabilidad, que bien podría concebirse sobre la base de una deficiente organización, sobre el concepto de cultura de respeto al Derecho o sobre cualquier otra propuesta doctrinal. Aunque quizá en este punto la sentencia analizada permita considerar que la Sala Segunda está más próxima a las tesis que vincula la culpabilidad de la persona jurídica con el quebrantamiento del rol de ciudadano corporativo fiel al Derecho[136], que a las posiciones que la fundamentan en un defecto de organización (déficit que se manifiesta en la conducta de los órganos o representantes que omiten adoptar medidas de vigilancia y control). Y si esto es así, la valoración del defecto de organización se situaría quizá en el ámbito del injusto y en particular en sede de imputación objetiva; se trataría de valorar si ese déficit (ausencia de medidas de control) ha creado un riesgo jurídicamente desaprobado que se ha materializado en un resultado lesivo (la comisión del delito por la persona física).

En cuanto a cómo haya de entenderse la capacidad de acción de la persona jurídica y su acción en sí, de nuevo todas las opciones están

[136] Tesis esta última sostenida por Gómez-Jara, en Bajo Fernández, M., Feijoo Sánchez, B.J. y Gómez-Jara Diez, C., *Tratado*, cit. p. 166.

abiertas, siendo posible configurarla a partir de los conceptos de "comunicación", "organización" u otro propuesto por los autores.

En palabras de Zugaldía, las personas jurídicas son incapaces de acción sólo si esta se define como comportamiento humano; son incapaces de culpabilidad sólo si esta se entiende en clave biopsicológica; y son incapaces de pena sólo si la concebimos como retribución por el mal uso de la libertad humana. Pero al margen de estos conceptos de acción y de culpabilidad propios de la persona física, existen otros exclusivos de la persona jurídica sobre los que es posible construir su responsabilidad criminal, por lo que no es éste "un problema ontológico, sino un simple problema de definición (Bricola)"[137].

— *La eximente y su prueba*

El voto particular insiste en vincular las exenciones (art. 31 bis 2 y 4) con la culpabilidad –que excluyen–, si bien precisan los Magistrados que se trata de una culpabilidad en sentido figurado. Desde la perspectiva de la culpabilidad, el fundamento de la responsabilidad es a juicio de los firmantes del voto particular, el favorecimiento por la persona jurídica de la comisión de delitos por las personas físicas que integran la organización, al no haber adoptado la persona jurídica medidas de control. Ello supone que si se han adoptado estas medidas por parte de la persona jurídica deba excluirse su responsabilidad penal por concurrir la exención prevista por el legislador[138].

A tenor de lo visto hasta ahora no es pacífica la relación de la eximente con la culpabilidad de las personas jurídicas, pues la sentencia

---

[137] Zugaldía Espinar, J.M., *La responsabilidad penal de las personas jurídicas en el derecho penal español (análisis de la cuestión tras la reforma operada por la LO 1/2015, de 30 de marzo)*, cit., p. 221.

[138] Cfr. Voto particular concurrente con la Sentencia 154/2016, F.J. 3º: "Estas exenciones son coherentes con el fundamento último de la responsabilidad penal de las personas jurídicas, al que nos hemos referido, excluyendo su culpabilidad, en el sentido *figurado* al que también hemos hecho referencia. Si la atribución de responsabilidad penal a la persona jurídica por los delitos cometidos por sus representantes, o dependientes, con determinados presupuestos, se fundamenta en el plano culpabilístico en permitir o favorecer su comisión al haber eludido la adopción de las medidas de prevención adecuadas, la acreditación de la adopción de estas medidas debe producir como consecuencia la exclusión de su responsabilidad penal".

mayoritaria la relaciona con el tipo objetivo y la Fiscalía General del Estado con la punibilidad.

A favor de considerar la vinculación de la eximente con la culpabilidad estaría el hecho de que la culpabilidad es susceptible de graduación y con ella la medida de la pena, en el sentido de que una conducta puede ser más culpable que otra; esto permitiría ajustar la reacción penal atendiendo al caso concreto (falta absoluta de control, control insuficiente, etc.). Por el contrario, si la ausencia de medidas de control se concibe como un elemento del tipo objetivo, quizá puedan plantearse problemas de subsunción cuando nos encontremos ante casos intermedios (en los que no hay una total ausencia de medidas).

En todo caso, lo que no parece correcto es –como se dijo más arriba– hablar de una culpabilidad figurada, pues si se trata del fundamento de una responsabilidad penal real es evidente que la culpabilidad penal debe ser igualmente real.

En el voto particular no se aprecian razones para alterar las reglas probatorias aplicables con carácter general para la estimación de circunstancias eximentes, imponiendo a la acusación la acreditación del hecho negativo de su no concurrencia. Se niegan por tanto los firmantes del voto a admitir en el caso de las personas jurídicas un modelo privilegiado de excepción en materia probatoria, imponiendo a la acusación la acreditación de hechos negativos, en este caso la ausencia de instrumentos adecuados y eficaces de prevención del delito.

En consecuencia, consideran los Magistrados discrepantes que corresponde a la persona jurídica alegar la concurrencia de estos instrumentos y aportar una base racional para que pueda ser constatada su existencia[139], y manifiestan su preocupación –en la medida en que puede determinar la impunidad de las personas jurídicas– por la propuesta de inversión del sistema ordinario de prueba que a su parecer puede constatarse en la sentencia mayoritaria, que establece la doctrina de que es la acusación la que debe acreditar la inexistencia de instrumentos adecuados y eficaces de prevención del delito en el seno de la persona jurídica, en lugar de considerar que el objeto de la prueba no es la inexistencia, sino la disposición de estos instrumentos.

---

[139] Ibíd.

— *Incongruencia de la resolución*

Los Magistrados firmantes del voto particular entienden que incorporar al núcleo del tipo un elemento tan evanescente como la "ausencia de una cultura de respeto al Derecho" no cumple con el principio de certeza, ínsito en el de tipicidad.

Crítica que podría estar justificada, pues el principio de legalidad *nullum crimen, nulla poena sine praevia lege penale certa, scripta et stricta* contiene como es sabido la garantía de *lex certa,* que tiene que ver con la necesidad de absoluta determinación del supuesto de hecho previsto por la norma penal que define el delito; garantía que podría no respetarse si se admitiera como elemento del tipo objetivo la ausencia de una cultura de respeto al Derecho.

Sin embargo, debe señalarse que no es evidente que la sentencia mayoritaria considere la ausencia de una cultura de respeto al Derecho como un elemento del tipo penal del delito corporativo. Y ello es así, porque lo que la sentencia dice es que la relevancia penal de la conducta (*el actuar* en palabras de la sentencia) de la persona jurídica ha de establecerse a partir del análisis acerca de si el delito cometido por la persona física en el seno de aquella ha sido posible, o facilitado, por la ausencia de una cultura de respeto al Derecho (como fuente de inspiración de la actuación de su estructura organizativa), que habría de manifestarse en alguna clase de formas concretas de vigilancia y control del comportamiento de sus directivos y subordinados jerárquicos, tendentes a la evitación de la comisión de los delitos específicamente señalados en el Libro II del Código Penal.

De ello resulta que la ausencia de una cultura de respeto al Derecho se manifestaría en la ausencia de instrumentos de control, lo que permite distinguir conceptualmente ambas cosas, pues la una no es más que la forma en la que desde la perspectiva jurídico penal se exterioriza la otra.

Posteriormente, la sentencia identifica la ausencia de herramientas de control idóneas y eficaces con el *núcleo típico* de la responsabilidad penal de la persona jurídica, complementario de la comisión del ilícito por la persona física, no así la ausencia de una cultura de respeto al Derecho.

Si esto es así, entonces quizá podría entenderse que la sentencia se aproxima a las tesis defendidas por Gómez-Jara, situando la ausencia de instrumentos de control en el plano del injusto, cerca del concepto del riesgo permitido y en consecuencia del análisis en que consiste la imputación objetiva. Al respecto, dice este autor que "la correcta ubicación del concepto de defecto de organización se sitúa en el ámbito del injusto –cuya determinación es normalmente objetiva- dejando al ámbito de la culpabilidad el lado más personal de la responsabilidad", y que "las medidas de control respecto del tipo delictivo concreto que ha institucionalizado una persona jurídica constituyen la base de análisis del injusto típico de la persona jurídica". Dicho en otras palabras, la ausencia de instrumentos de prevención constituye un indicio relevante de que nos encontramos ante un defecto de organización, y permitirá apreciar "la existencia de un riesgo no permitido generado por la persona jurídica y, por tanto, la concurrencia del tipo objetivo en lo que se refiere al nivel de imputación de la conducta". Por el contrario, cuando una persona jurídica tenga establecidos "controles respecto de un riesgo penal específico que resultan idóneos para conjurar el mismo (…) existirá una atipicidad de la conducta de la persona jurídica[140]".

E igualmente podría entenderse que la denominada cultura de respeto al Derecho queda fuera del injusto, asimilándose a la que Gómez-Jara identifica como "cultura de compliance" (cultura de cumplimiento) vinculándola con la culpabilidad de la persona jurídica al decir que "el planteamiento constructivista renuncia al concepto de defecto de organización en el ámbito de la culpabilidad para incidir en el aspecto relevante desde el punto de vista de la culpabilidad: la disposición jurídica del sujeto sobre el que se impone la pena. Dicha disposición jurídica se sintetiza en la cultura empresarial de cumplimiento o incumplimiento de la legalidad[141]".

---

140 Gómez-Jara, en Bajo Fernández, M., Feijoo Sánchez, B.J. y Gómez-Jara Diez, C., *Tratado,* cit. pp. 127 a 133.

141 Gómez-Jara, en Bajo Fernández, M., Feijoo Sánchez, B.J. y Gómez-Jara Diez, C., *Tratado,* cit. pp. 164 y 165: "(…) desde la perspectiva de la función de la culpabilidad – simbolizar la infracción del rol del ciudadano (corporativo en el caso de la persona jurídica) fiel al Derecho, el cuestionamiento de la vigencia de la norma- culpabilidad individual y culpabilidad de la persona jurídica son equivalentes"; y en p. 177 "lo decisivo -…- es que la organización institucionalice una cultura de *Compliance*

Volviendo al análisis del voto particular, en el mismo se pone de manifiesto que si se admite la hipótesis de la sentencia mayoritaria, esto es, que la ausencia de una cultura de respeto al Derecho es un elemento del tipo objetivo, entonces la confirmación de la condena de las personas jurídicas en el supuesto casacional resuelto por la sentencia habría exigido que en el relato de hechos probados se incluyera tal elemento como un hecho acreditado. Sin embargo, como en el relato de hechos probados de la sentencia de la Audiencia nada se dice al respecto, y como quiera que la sentencia de casación tampoco modifica dicho relato, entonces los firmantes del voto particular concluyen que se trata de proposiciones enunciadas en concepto de *obiter dicta*, sin constituir por tanto la *ratio decidendi*. Si no fuera así señalan los Magistrados discrepantes, la sentencia mayoritaria tendría que haber sido absolutoria.

De nuevo hemos de reiterar lo dicho anteriormente, pudiendo considerarse justificada la crítica si la ausencia de una cultura de respeto al Derecho se considera un elemento del tipo objetivo, pues es evidente que todos los elementos del tipo penal por el que se condena deben estar probados y es igualmente evidente que todos los hechos probados deben describirse en la sentencia. Asimismo, convenimos en que si la sentencia no considera probado un elemento esencial del tipo, la consecuencia sólo puede ser la absolución.

En este caso, la sentencia de instancia no consideró la falta de cultura de respeto al Derecho como un elemento esencial del tipo objetivo, por lo que la condena se produjo sin necesidad de dar por probado este hecho. Y como quiera que la sentencia mayoritaria ratificó –en esencia– las condenas de las personas jurídicas a pesar de que en el relato de hechos probados no se contenía mención alguna a este elemento del tipo, la única consecuencia posible sería entender que los pronunciamientos relativos a este elemento se hicieron en la sentencia mayoritaria como *obiter dicta*.

Sin embargo, debemos recordar una vez más que la tesis de la sentencia mayoritaria parece más próxima a las de los autores que

–esto es: de cumplimiento de la legalidad– puesto que ello es lo que acredita su fidelidad al Derecho. La carencia de la misma, por tanto, muestra una falta de fidelidad al Derecho o falta de disposición jurídica que amerita el reproche culpabilístico característico del Derecho penal".

sitúan la ausencia de instrumentos de control en el ámbito del injusto (imputación objetiva) y la ausencia de una cultura de cumplimiento en el ámbito de la culpabilidad, lo que nos llevaría a concluir que el voto particular desenfoca en cierta manera la cuestión.

Aunque lo anterior no nos impide apreciar como correcta la calificación de *obiter dicta* que se hace en el voto particular respecto de algunos de los pronunciamientos contenidos en la sentencia analizada; debe subrayarse que dicha naturaleza accidental –ajena pues a la *ratio decidendi* en el caso concreto– no priva a los referidos pronunciamientos de un enorme valor interpretativo en relación con el vigente régimen de responsabilidad penal de las personas jurídicas.

— *Conclusiones*

A partir de lo anterior, los Magistrados que suscriben el voto particular alcanzan las siguientes conclusiones[142]:

a) Los elementos que configuran la responsabilidad penal de las personas jurídicas y que deben ser acreditados por la acusación son los que de manera expresa se relacionan por el Legislador en el art. 31 bis 1° CP, apartados a) y b).
b) La conveniencia de que las personas jurídicas dispongan de una cultura de control y de instrumentos eficaces para prevenir la comisión de delitos en el seno de su actividad social constituye uno de los motivos relevantes que justifican la decisión del legislador de establecer su responsabilidad penal. Pero la acreditación de la ausencia de esta cultura de control no se ha incorporado expresamente en nuestro Derecho positivo como un presupuesto específico de la responsabilidad penal de las personas jurídicas o como un elemento del tipo objetivo, desempeñando una función relevante como causa de exención o atenuación de la responsabilidad penal a través de lo previsto en los párrafos 2° y 4° del art. 31 bis.
c) La aplicación de estas causas de exención o atenuación de la responsabilidad penal de las personas jurídicas debe rea-

[142] Cfr. Voto particular concurrente con la Sentencia 154/2016, F.J. 5°.

lizarse conforme a las reglas probatorias ordinarias consolidadas en nuestra doctrina jurisprudencial para la apreciación con carácter general de las circunstancias eximentes o atenuantes.

Sobre estas conclusiones nada tenemos que añadir a lo ya dicho con anterioridad, pues son suficientemente claras y sintetizan las bases de la argumentación contenida en el voto particular.

4. La Sentencia núm. 221/2016, de 16 de marzo, de la Sala de lo Penal del Tribunal Supremo

4.1. Introducción

El Excmo. Sr. D. Manuel Marchena es quien firma como ponente esta nueva sentencia de la Sala Segunda del Tribunal Supremo, que se dicta menos de un mes después de que conociéramos la del Pleno antes analizada (Sentencia 154/2016, de 29 de febrero) y sobre cuyo fundamento de Derecho quinto centraremos nuestro interés, al ser éste precisamente el dedicado al recurso de la sociedad mercantil Anjuma Gestiones Inmobiliarias, S.L.

La entidad, que fue condenada en la instancia por la Audiencia Provincial de Cáceres como autora –junto a dos personas físicas– de un delito de estafa agravada, formalizó cuatro motivos de casación, siendo los tres primeros dedicados a presuntas vulneraciones de los derechos constitucionales a la presunción de inocencia, a la tutela judicial efectiva y a un proceso con todas las garantías con proscripción de la indefensión, y el cuarto a un también presunto error de Derecho por indebida aplicación del art. 251 bis del Código Penal.

4.2. Una vez más, sobre los principios esenciales

La sentencia comienza recordándonos en su fundamento de Derecho quinto lo ya dicho en la Sentencia 514/2015 sobre la necesaria vigencia de los principios irrenunciables que informan el Derecho penal en esta materia, y hace una específica referencia a la posterior Sentencia 154/2016, así como al catálogo tan abierto de problemas que presenta el régimen legal de responsabilidad penal de las personas jurídicas, que ha generado un debate que a los Magistrados les "parece inacabable" y del que es muestra la propia existencia del voto particular al que ya hicimos referencia anteriormente[143].

4.3. Presunción de inocencia, objeto y carga de la prueba

Al igual que se hizo en la Sentencia 154/2016, la sentencia ahora analizada parte de reconocer a las personas jurídicas su derecho a la presunción de inocencia, y se detiene en analizar a la luz de este derecho, el objeto de la prueba para la acusación. Y así, nos dicen los Magistrados de la Sala Segunda que el juicio de "autoría" de la persona jurídica exigirá a la acusación probar:

a) la comisión de un hecho delictivo por alguna de las personas físicas a que se refiere el apartado primero del art. 31 bis del CP.
b) y además, que ese delito cometido por la persona física y fundamento de su responsabilidad individual, ha sido realidad por la concurrencia de un *delito corporativo*, por un defecto estructural en los mecanismos de prevención exigibles a toda persona jurídica.

De forma coherente con lo anterior, la Sala no admite las tesis que postulan que una vez acreditado el hecho de conexión, esto es,

[143] Cfr. Sentencia 221/2016, F.J. 5º: "Ese voto particular también refleja la conveniencia de aceptar la existencia de puntos controvertidos que aconsejan no interpretar algunas de las soluciones proclamadas como respuestas cerradas, ajenas a un proceso ulterior de matización. En pocas materias como la que ahora nos ocupa las soluciones dogmáticas son tan variadas. El debate parece inacabable y el hecho de que algunos de los autores que han abanderado las propuestas más audaces a la hora de explicar la responsabilidad de las personas jurídicas, hayan rectificado sus planteamientos iniciales, es indicativo de que a un catálogo tan abierto de problemas no se puede responder con un repertorio cerrado y excluyente de soluciones. El cuerpo de doctrina jurisprudencial sobre una novedad tan radical referida a los sujetos de la imputación penal, sólo podrá considerarse plenamente asentado conforme transcurra el tiempo y la realidad práctica vaya sometiendo a nuestra consideración uno u otro problema".

el particular delito cometido por la persona física, existiría una presunción *iuris tantum* de que ha existido un defecto organizativo, y tampoco está de acuerdo con "la tesis de que en el sistema español puede hablarse de una responsabilidad penal de las personas jurídicas, pero no de un delito de las personas jurídicas. No hay responsabilidad penal sin delito precedente[144]".

Además y también sobre la carga de la prueba, la sentencia cita literalmente el dictamen del Consejo de Estado al proyecto de reforma de 2015, cuyas palabras considera la Sala cobran ahora un especial valor, y en el que se dice que:

> *"(...) entiende el Consejo de Estado que esta deficiente redacción podría tener consecuencias indeseadas desde el punto de vista de la carga de la prueba que, con carácter general y dentro de los procesos penales, pesa sobre la acusación y se proyecta sobre la totalidad de los elementos de la conducta delictiva. En la redacción propuesta por el Anteproyecto, el artículo 31 bis. 2 CP podría llevar a la conclusión de que, debido a que la existencia del programa de compliance se erige en una circunstancia obstativa de la responsabilidad penal de la persona jurídica, tan solo a ella le incumbe la carga material de la prueba de dicho hecho impeditivo, cuando en realidad la acreditación de tales extremos (la inexistencia del programa de compliance o su inaplicación) debería recaer sobre las partes acusadoras".*

En definitiva, consideran los Magistrados en su sentencia que es indiferente que a las causas obstativas de la responsabilidad penal de las personas jurídicas se les asigne la naturaleza de circunstancias eximentes, excusas absolutorias, causas de exclusión de la culpabilidad o elementos negativos del tipo, pues "la controversia sobre la etiqueta dogmática no puede condicionar el estatuto procesal de las personas colectivas como sujeto singular y diferenciado de la imputación penal[145]".

Si no fuera así, dice la sentencia, "se estaría olvidando que, sea cual fuere el criterio doctrinal mediante el que pretenda explicarse la responsabilidad de los entes colectivos, ésta no puede afirmarse a partir de la simple acreditación del hecho delictivo atribuido a la persona física". Y nos recuerda que la persona jurídica no es responsable penalmente

---

144 Cfr. Sentencia 221/2016, F.J. 5°.

145 Ibíd.

de todos y cada uno de los delitos cometidos en el ejercicio de actividades sociales y en su beneficio directo o indirecto por las personas físicas a que se refiere el art. 31 bis 1 b), pues sólo responde cuando se hayan "... incumplido gravemente los deberes de supervisión, vigilancia y control de su actividad, atendidas las circunstancias del caso[146]".

Si de lo anterior se infiere –como consideran los Magistrados debe hacerse– que los incumplimientos menos graves o leves quedan extramuros de la responsabilidad penal de los entes colectivos, entonces se plantea la Sala si sería posible sostener que el Fiscal no debe soportar la carga de probar que ese incumplimiento de los deberes de supervisión es grave.

La sentencia insiste en reconocer que el defecto estructural en los modelos de gestión, vigilancia y supervisión constituye el fundamento de la responsabilidad del delito corporativo, lo que determina –si se quiere mantener la vigencia del derecho a la presunción de inocencia– que sea el Fiscal quien soporte la carga de probar la concurrencia de un incumplimiento grave de dichos deberes de supervisión.

4.4. De nuevo sobre el derecho de defensa

La sentencia vuelve sobre el tema del derecho de defensa, ya tratado en la Sentencia 154/2016, remitiéndose expresamente a lo ya dicho en esta última respecto de la importancia de que entre la persona física a la que se imputa el hecho delictivo y la persona jurídica a la que también se condena, no exista una colisión de intereses que pueda jugar en perjuicio de uno u otro de los sujetos de la imputación.

Aunque en el caso concreto no se aprecia una colisión de intereses que haya provocado una vulneración del derecho de defensa de la persona jurídica, los Magistrados aprovechan para señalar que la regla prevista en el art. 786 bis LECrim. no aborda muchos de los problemas imaginables, por lo que "será la experiencia la que vaya marcando las pautas para eludir el riesgo de colisión de intereses que se traduzca en una práctica orientada a camuflar las responsabilidades individuales de las personas físicas autoras del delito de referencia, haciéndolo bajo el paraguas protector de una estrategia de defensa al servicio de aquélla[147]".

---

[146] Ibíd.

[147] Ibíd.

Con fundamento en lo expuesto anteriormente la sentencia desestima el primero de los motivos de casación, al no entender vulnerado el derecho a la presunción de inocencia de la persona jurídica.

4.5. El delito corporativo

A continuación la Sala acomete el análisis del tercero de los motivos de casación, que tiene que ver con la vulneración del derecho a un proceso con todas las garantías con proscripción de la indefensión. Sobre esto, ya podemos anticipar que el motivo será estimado determinando la absolución de la sociedad condenada y haciendo innecesario el examen de los motivos segundo (vulneración del derecho a la tutela judicial efectiva por falta de motivación de la pena impuesta) y cuarto (error de Derecho por indebida aplicación del art. 251 bis del Código Penal).

Comienza la Sala haciendo en este punto una declaración, empleada para rebatir las tesis del Ministerio Fiscal -que en su escrito de impugnación insta la desestimación de los motivos en los que se alega la vulneración del estatuto constitucional de la persona jurídica-, en la que se deja meridianamente claro que en el modelo de responsabilidad penal de las personas jurídicas configurado por el Código Penal vigente son dos los sujetos de la imputación: "cada uno de ellos responsable de su propio injusto y cada uno de ellos llamado a defenderse con arreglo a un estatuto constitucional que no puede vaciar su contenido en perjuicio de uno u otro de los acusados", cerrando de este modo la puerta –con cita literal del preámbulo de la Ley Orgánica 1/2015 –[148] a cualquier defensa de la responsabilidad vicarial[149].

---

[148] Cfr. Preámbulo de la Ley Orgánica 1/2015, que sobre el sentido de la reforma operada en esta materia dice que se lleva a cabo "(...) una mejora técnica en la regulación de la responsabilidad penal de las personas jurídicas (...) con la finalidad de delimitar adecuadamente el contenido del *debido control*, cuyo quebrantamiento permite fundamentar su responsabilidad penal (...). Con ello se pone fin a las dudas interpretativas que había planteado la anterior regulación, que desde algunos sectores había sido interpretada como un régimen de responsabilidad vicarial (...)".

[149] Cfr. Sentencia 221/2016, F.J. 5º: "El mayor o menor grado de identificación del intérprete con el modelo de responsabilidad de las personas jurídicas introducido en la reforma de 2010 no puede condicionar el estándar de garantías exigibles

Aunque los Magistrados de la Sala Segunda son conscientes de que la voluntad del legislador expresada en el preámbulo de la Ley no es la única referencia interpretativa cuando se trata de fijar el alcance de un precepto penal, lo cierto es que lo dicho en la exposición de motivos no puede interpretarse de otro modo que "como el confesado propósito legislativo de apartar nuestro sistema de algún modelo comparado –es el caso, por ejemplo, del Derecho italiano, más próximo a la responsabilidad administrativa– en el que, no sin viva polémica, el papel de la persona jurídica sólo se justifica por la oportunidad de demostrar que, pese a la comisión del hecho de referencia a cargo de la persona física, aquélla actuó con la debida diligencia en la organización de las medidas de cumplimiento, de gestión y de control[150]".

La Sala no acepta pues la idea que impregna el discurso del Ministerio Fiscal, según la cual, siempre que se opte por un modelo de responsabilidad vicarial, la vigencia de algunos de los principios estructurales del proceso penal pasa a un segundo plano, pues la responsabilidad de las personas jurídicas -ya se suscriba un criterio vicarial, ya de autorresponsabilidad- sólo puede declararse después de un proceso con todas las garantías[151].

para la investigación y enjuiciamiento de los delitos imputados a esos entes jurídicos. Los principios del proceso penal no pueden aceptarse o rechazarse, ni siquiera atemperar su vigencia, en atención a la adhesión o censura que a cada uno sugiera la fórmula legislativa concebida por el legislador para hacer realidad la persecución del delito corporativo. Cualquier duda al respecto puede despejarse con la lectura del art. 31 ter.1 del Código Penal, en el que se proclama con claridad que *la responsabilidad penal de las personas jurídicas será exigible siempre que se constate la comisión de un delito que haya tenido que cometerse por quien ostente los cargos o funciones aludidos en el artículo anterior, aun cuando la concreta persona física responsable no haya sido individualizada o no haya sido posible dirigir el procedimiento contra ella.* Y para despejar cualquier duda, añade el apartado 2 del mismo precepto: *la concurrencia, en las personas que materialmente hayan realizado los hechos o en las que los hubiesen hecho posibles por no haber ejercido el debido control, de circunstancias que afecten a la culpabilidad del acusado o agraven su responsabilidad, o el hecho de que dichas personas hayan fallecido o se hubieren sustraído a la acción de la justicia, no excluirá ni modificará la responsabilidad penal de las personas jurídicas".*

150 Ibíd.

151 Cfr. Sentencia 221/2016, F.J. 5º: "La imposición de cualquiera de las penas -que no medidas- del catálogo previsto en el art. 33.7 del Código Penal, sólo puede ser el desenlace de una actividad jurisdiccional sometida a los principios y garantías que legitiman la actuación del *ius puniendi*. En definitiva, la opción por el modelo vicarial es

Nuestro sistema, no admite a juicio de la Sala fórmulas de responsabilidad objetiva, "en las que el hecho de uno se transfiera a la responsabilidad del otro, aunque ese otro sea un ente ficticio sometido, hasta hace bien poco, a otras formas de responsabilidad[152]". Así las cosas, la pena impuesta a la persona jurídica sólo puede fundarse "en la previa declaración como probado de un hecho delictivo propio[153]".

Es por tanto evidente que el hecho sobre el que ha de hacerse descansar la imputación no podrá prescindir del delito de referencia atribuido a la persona física, pero "habrá de centrarse en su averiguación desde una perspectiva estructural", indagando "sobre aquellos elementos organizativo-estructurales que han posibilitado un déficit de los mecanismos de control y gestión, con influencia decisiva en la relajación de los sistemas preventivos llamados a evitar la criminalidad en la empresa[154]".

Finaliza la Sala su argumentación adhiriéndose expresamente a lo dicho al respecto en la Sentencia 154/2016 –que vuelven a citar literalmente–[155] y reiterando que "la responsabilidad de la persona jurídica ha de hacerse descansar en un *delito corporativo* construido a

tan legítima como cualquier otra, pero no autoriza a degradar a la condición de formalismos la vigencia de los principios llamados a limitar la capacidad punitiva del Estado".

[152] Ibíd.

[153] Ibíd.

[154] Ibíd.

[155] Ibíd.: "En palabras de la Sentencia 154/2016, 29 de marzo, *(...) el sistema de responsabilidad penal de la persona jurídica se basa, sobre la previa constatación de la comisión del delito por parte de la persona física integrante de la organización como presupuesto inicial de la referida responsabilidad, en la exigencia del establecimiento y correcta aplicación de medidas de control eficaces que prevengan e intenten evitar, en lo posible, la comisión de infracciones delictivas por quienes integran la organización. [...] Así, la determinación del actuar de la persona jurídica, relevante a efectos de la afirmación de su responsabilidad penal (incluido el supuesto del anterior art. 31 bis.1 párr. 1º del Código Penal, y hoy de forma definitiva a tenor del nuevo art. 31 bis. 1ª) y 2 del Código Penal, tras la reforma operada por la Ley Orgánica 1/2015), ha de establecerse a partir del análisis acerca de si el delito cometido por la persona física en el seno de aquella ha sido posible, o facilitado, por la ausencia de una cultura de respeto al Derecho, como fuente de inspiración de la actuación de su estructura organizativa e independiente de la de cada una de las personas físicas que la integran, que habría de manifestarse en alguna clase de formas concretas de vigilancia y control del comportamiento de sus directivos y subordinados jerárquicos, tendentes a la evitación de la comisión por éstos de los delitos enumerados en el Libro II del Código Penal como posibles antecedentes de esa responsabilidad de la persona jurídica*".

partir de la comisión de un previo delito por la persona física, pero que exige algo más: la proclamación de un hecho propio con arreglo a criterios de imputación diferenciados y adaptados a la especificidad de la persona colectiva[156]".

4.6. Estimación del recurso

Como ya se ha anticipado la Sala estima el motivo tercero del recurso, en el que se alegaba la indefensión padecida por la falta de una imputación en forma dirigida a la persona jurídica que luego resultó condenada (con vulneración del derecho a un proceso con todas las garantías con proscripción de la indefensión), lo que determina la absolución de la persona jurídica haciendo además innecesario el examen de los motivos segundo (vulneración del derecho a la tutela judicial efectiva) y cuarto (error de Derecho).

5. El problema de la prueba sobre la concurrencia de los instrumentos eficaces para la prevención de delitos

5.1. Los términos del debate

Ya se dijo más arriba que en su Sentencia 154/2016, la Sala Segunda vinculaba la circunstancia eximente prevista en el art. 31 bis 2° del Código Penal con el tipo objetivo, pues a juicio del Tribunal la exoneración se basa en la prueba de la existencia de herramientas de control idóneas y eficaces cuya ausencia integraría el *núcleo típico* de la responsabilidad penal de la persona jurídica, siendo la acusación la que habrá de soportar la carga de acreditar ese *núcleo básico* de la responsabilidad. Esto significa que para obtener la condena de la persona jurídica a la

[156] Cfr. Sentencia 221/2016, F.J. 5°: "De lo que se trata, en fin, es de aceptar que sólo a partir de una indagación por el Juez instructor de la efectiva operatividad de los elementos estructurales y organizativos asociados a los modelos de prevención, podrá construirse un sistema respetuoso con el principio de culpabilidad".

acusación no le basta con afirmar la inexistencia de esos instrumentos de control, pues además ha de probar esta afirmación.

Posteriormente en su Sentencia 221/2016 la Sala Segunda reafirmó sus tesis citando literalmente el dictamen del Consejo de Estado al Proyecto de reforma de 2015, y señalando que el juicio de "autoría" de la persona jurídica exigirá a la acusación probar, además de la comisión de un delito por parte de las personas físicas referidas en la norma, que este delito se ha cometido por la concurrencia de un defecto estructural en los mecanismos de prevención exigibles a toda persona jurídica. En síntesis: el defecto estructural en los modelos de control constituye el fundamento de la responsabilidad del delito corporativo, por lo que si se quiere respetar la presunción de inocencia será la acusación la que deba probar ese defecto estructural.

Por su parte –como ya vimos anteriormente– los Magistrados firmantes del voto particular concurrente con la Sentencia 154/2016 (que vinculan la eximente con la culpabilidad –que quedaría excluida–), no dudan de que el fundamento de la responsabilidad penal de las personas jurídicas se encuentre en la ausencia de medidas eficaces de prevención y control de su funcionamiento interno, pero no comparten la visión del tipo objetivo que tiene la mayoría, negándose los Magistrados discrepantes a admitir la ausencia de una cultura de respeto al Derecho como un elemento autónomo del tipo objetivo que deba ser probado en cada caso por la acusación. Se oponen en definitiva a reconocer un elemento del tipo objetivo que exija a la acusación probar la existencia de un presupuesto de tipicidad "tan evanescente y negativo" como es que el delito haya sido facilitado por la ausencia de una cultura de respeto al Derecho, y se niegan a imponer a la acusación la prueba de un hecho negativo: la ausencia de instrumentos adecuados y eficaces de prevención del delito.

En este punto debe recordarse, una vez más, que en nuestra opinión la sentencia mayoritaria no dice expresamente que la ausencia de una cultura de respeto al Derecho sea un elemento del tipo objetivo, pues más bien identifica dicho elemento con la ausencia de medidas de control idóneas y eficaces, y queremos además resaltar la importancia de esta matización pues algunos autores –como Gómez-Jara– destacan la relevancia de la cultura de cumplimiento en el nivel de la culpabilidad y no en el nivel del injusto.

Siguiendo con el voto particular, en el mismo consideran los Magistrados discrepantes que "constituye una regla general probatoria, consolidada en nuestra doctrina jurisprudencial, que las circunstancias eximentes, y concretamente aquellas que excluyen la culpabilidad, han de estar tan acreditadas como el hecho delictivo. En cuanto pretensiones obstativas de la responsabilidad, y una vez acreditada la concurrencia de los elementos integradores del tipo delictivo objeto de acusación, corresponde a quien las alega aportar una base racional suficiente para su apreciación, y en el caso de que no se constate su concurrencia, la consecuencia no es la exención de responsabilidad penal sino la plena asunción de la misma (Sentencia 1068/2012, de 13 de noviembre, entre otras muchas) [157]". Por ello, la tesis –sostenida por la sentencia mayoritaria– de que es la acusación la que debe acreditar la inexistencia de instrumentos adecuados y eficaces de prevención del delito, en lugar de considerar que el objeto de la prueba no es la inexistencia, sino la disposición de estos instrumentos, supone una inadmisible inversión de la carga de la prueba.

En cuanto a la posición de la Fiscalía General del Estado en esta materia, ya hemos tenido ocasión de ver anteriormente que vincula la eximente con la punibilidad (excluyéndola), y que considera que es la persona jurídica quien debe soportar la carga de acreditar que los modelos de organización y gestión cumplen las condiciones y requisitos legales. En cuanto a la acusación, ésta deberá probar únicamente que se ha cometido un delito en las circunstancias que establece el art. 31 bis 1°. Asimismo, conviene recordar que la Fiscalía considera los modelos de organización y gestión como expresión de una verdadera *cultura de cumplimiento* (cultura ética corporativa) [158].

---

[157] Cfr. Voto particular concurrente con la Sentencia 154/2016, F.J. 3°.

[158] Ya vimos que la Fiscalía considera que si el fundamento de la imputación es la defectuosa organización societaria y esta se configura como elemento del tipo o define su culpabilidad, la acusación deberá probar, además de la comisión del delito por las personas físicas, que tal infracción se ha cometido a consecuencia del déficit de organización. Sin embargo, si el fundamento de la imputación de la persona jurídica reside en la conducta delictiva de sus dirigentes o en el incumplimiento de sus obligaciones de control sobre los subordinados, esto será lo único que deba probar la acusación, pero será la persona jurídica la que deberá acreditar que tales programas eran eficaces para prevenir el delito.

5.2. Relativización del problema

La cuestión de quién haya de soportar la carga de la prueba respecto de la idoneidad de las medidas de vigilancia y control es tratada por Gómez-Jara, quien nos recuerda primeramente el informe del Consejo de Estado previo a la aprobación de la Ley Orgánica 1/2015 según el cual la nueva regulación corre el riesgo de hacer pesar esta carga sobre la persona jurídica cuando en realidad la deberían soportar las acusaciones, y nos dice después que desde su punto de vista "la carga de la prueba respecto de la idoneidad *ex ante* de las medidas de vigilancia y control referidas a los delitos imputados corresponde a la acusación", siendo ello "consecuente con la tradicional asignación a la acusación de la carga de la prueba en cuestiones relativas a la tipicidad. Sin embargo, (...), los elementos que conforman los modelos de organización y gestión –sistemas de gestión de *compliance* penal– deben ser establecidos por la persona jurídica[159]".

En síntesis, según el citado autor, la acusación deberá probar la idoneidad de las medidas para conjurar el riesgo de comisión de delitos, y la persona jurídica deberá soportar la carga de acreditar todo lo relativo al funcionamiento del sistema de gestión de cumplimiento de la legalidad (*Compliance*).

Nosotros consideramos correcto afirmar que la carga de acreditar el supuesto de hecho de las eximentes que excluyen la culpabilidad pesa sobre quien afirma su concurrencia. El problema es que la sentencia mayoritaria (Sentencia 154/2016) considera que el supuesto de hecho de la eximente es coincidente con un elemento objetivo del tipo de delito cometido por la persona jurídica, y los elementos

---

[159] Cfr. Gómez-Jara, en Bajo Fernández, M., Feijoo Sánchez, B.J. y Gómez-Jara Diez, C., *Tratado*, cit. pp. 133 y 134: "Así, resulta lógico cargar a la acusación con la prueba de que las medidas de control establecidas en la persona jurídica respecto de un delito concreto no resultaban idóneas para conjurar el riesgo de comisión del mismo. Sin embargo, en lo que se refiere al funcionamiento del sistema de gestión de *Compliance* penal, resulta lógico asignar la carga de la prueba a la persona jurídica. Y ello, fundamentalmente, desde la perspectiva aquí adoptada, por dos razones: primero, porque el funcionamiento de dicho sistema se encuentra vinculado a la cultura de *Compliance* (cumplimiento de la legalidad) que se ha institucionalizado en la persona jurídica; segundo, porque las cuestiones relativas a la exención de responsabilidad vinculadas a la culpabilidad han sido tradicionalmente probadas por la defensa".

del tipo penal sí deben ser probados por la acusación. Entendemos por tanto que la sentencia mayoritaria no plantea realmente una excepción en materia de carga de la prueba, pues si la ausencia de medidas de control es un elemento del tipo, lo que dicen las reglas generales sobre la carga de la prueba es que tiene que ser probado por la acusación.

En esta materia el voto particular podría estar desenfocando la cuestión, pues no se trataría tanto de un problema de inversión de cargas probatorias, ni de regímenes excepcionales, sino más bien de configuración del *delito corporativo*. Y así, si la ausencia de medidas se vincula con el tipo penal (injusto) corresponde probarlo a la acusación, y si se vincula con la culpabilidad (con una eximente que la excluye) debe probar su existencia quien pretende beneficiarse de ella.

En todo caso, el supuesto de hecho será en ambos casos el mismo, ya sea tratado como eximente o como elemento del tipo: la ausencia de medidas de control. Supuesto de hecho que creemos puede calificarse como hecho negativo, pues se afirma que algo no existe, y la prueba de la existencia de algo que no tiene tal existencia es simplemente imposible: no se puede probar la existencia de lo que no tiene existencia real.

Evidentemente, lo que sí es posible es probar que algo existe, con lo que estaríamos acreditando además que la afirmación que niega su existencia es falsa.

Esto significa que si la acusación afirma como hecho negativo que no existen mecanismos de control, esta afirmación sólo puede demostrarse falsa mediante la prueba de un hecho positivo contrario. Aunque la acusación después de afirmar la inexistencia puede llevar formalmente la iniciativa probatoria –soportar la carga– con el fin de tratar de acreditar el hecho positivo contrario, lo cierto es que quien materialmente puede probar este hecho es siempre y en todo caso la propia persona jurídica, por lo que su inactividad o silencio al respecto será relevante.

Sobre esto cabe citar la sentencia del Tribunal Europeo de Derechos Humanos (caso Murray vs. UK), en la que se dice que:

> *"The question in each particular case is whether the evidence adduced by the prosecution is sufficiently strong to require an answer. The national court cannot conclude that the accused is guilty merely because*

he chooses to remain silent. It is only if the evidence against the accused "calls" for an explanation which the accused ought to be in a position to give that a failure to give any explanation "may as a matter of common sense allow the drawing of an inference that there is no explanation and that the accused is guilty".

Resumidamente, la tesis contenida en esta sentencia podría concretarse en que si la evidencia contra el acusado "clama" por una explicación que él mismo está en disposición de ofrecer, entonces la circunstancia de que el acusado no facilite esta explicación podría permitir como una cuestión de sentido común, inferir que no hay explicación y que el acusado es culpable.

En esta línea y en un caso con el que podría apreciarse cierta analogía, el Tribunal Supremo resolvió lo siguiente:

"Se arguye que no existe prueba suficiente de la insolvencia de la empresa, situación ésta que constituiría un elemento inexcusable del delito de alzamiento de bienes. (...) No consta la presencia de otros activos. Si los hubiese, estarían ocultos. No se trata de invertir la carga de la prueba; pero no apareciendo otros bienes, corresponderá al acusado señalar que sí existen e identificarlos. Si no lo hace, se puede inferir razonablemente que la empresa carece de otros activos, o, al menos, que no son localizables. Eso significaría la insolvencia (...) sobre la que se puede construir la tipicidad del alzamiento de bienes, prescindiendo ahora de la polémica sobre si tal requisito (...) es indispensable en el delito que examinamos. (...) No resulta lógico como pretende el recurrente que se acredite ese hecho negativo: la no solvencia. Será él quien debería desacreditar la afirmación de los querellantes mediante el fácil expediente de designar bienes o activos sociales. (...) Era muy fácil probar la solvencia. Si no se ha hecho y no concurre el más mínimo asomo de prueba de la misma, es conforme con los principios del proceso penal tener por acreditada la insolvencia (...)[160]".

Así las cosas, el esquema sería el siguiente: aun vinculando la ausencia de instrumentos de control con el tipo de injusto, la acusación podría inferir –a partir de la constatación de la comisión de un delito por parte de una persona física integrada en la organización– que la persona jurídica carece de medios de control; si solicitada una expli-

[160] Cfr. Sentencia 15/04/2014.

cación al efecto a la persona jurídica ésta guarda silencio, a pesar de ser requerida para identificar estos medios, no vulneraría la presunción de inocencia una condena penal basada en tal inferencia.

En conclusión: el problema de la prueba podría no ser tal; no hay inversión de cargas, ni excepciones al régimen general. Únicamente hay que entender que la ausencia de mecanismos de control (ya se vincule con el injusto o con la culpabilidad) es una afirmación sobre un hecho negativo, y la falsedad de este tipo de afirmaciones sólo puede ser demostrada mediante la prueba de un hecho positivo contrario, siendo evidente que quien está en mejor disposición de hacer esto último es la propia persona jurídica, cuyo silencio al respecto será relevante. Una vez acreditada la real existencia de los instrumentos de control, la idoneidad de tales instrumentos entendemos que no será tanto objeto de prueba como de valoración judicial, para lo cual lo lógico parece ser atender a las concretas circunstancias del caso.

6. Resumen de los principales criterios del Tribunal Supremo para la interpretación del régimen de responsabilidad penal de las personas jurídicas. Aspectos conflictivos

A partir de todo lo anterior, podemos concluir que la Sala Segunda del Tribunal Supremo parece reconocer con toda claridad la vigencia de los principios esenciales del Derecho penal en la configuración del vigente régimen de responsabilidad penal de las personas jurídicas. Particular relevancia tiene este reconocimiento en relación con el derecho a la presunción de inocencia y con el principio de culpabilidad.

De lo anterior, resulta una evidente resistencia hacia los modelos de responsabilidad vicarial o por transferencia, y con ello a las tesis de la Fiscalía General del Estado en esta materia. Queda por tanto fuera de consideración cualquier atisbo de responsabilidad objetiva o de responsabilidad por un hecho que no sea propio.

Especial relevancia tiene el expreso reconocimiento que hace la Sala Segunda del "delito corporativo", diferenciado en su estructura y contenido del delito que comete la persona física -siendo este último un presupuesto necesario pero no suficiente para declarar la responsabilidad de la persona jurídica-, y vinculando la responsabilidad penal de las personas jurídicas con su propio injusto y con su propia culpabilidad.

En cuanto a la concreta estructura de este *delito corporativo* –que nosotros ya dijimos podría ser idéntica sea cual sea la estructura típica del delito cometido por la persona física– la Sala Segunda se muestra dividida. Y así, todos los Magistrados convienen en que el fundamento último de la responsabilidad penal de las personas jurídicas se encuentra en la ausencia de medidas eficaces de prevención y control de su funcionamiento interno; pero mientras la mayoría sitúa el análisis de la ausencia de estas medidas de control –sin identificar plenamente la ausencia de medidas con la ausencia de una cultura de respeto al Derecho, pues la primera sería tan sólo una forma de manifestarse la segunda– en el nivel del tipo de injusto, los Magistrados firmantes del voto particular concurrente con la Sentencia 154/2016 parecen identificar la ausencia de medidas de control con la ausencia de una cultura de respeto al Derecho, y se niegan a admitir que esta ausencia pueda ser calificada como "el núcleo de la tipicidad" o como un elemento autónomo del tipo objetivo del *delito corporativo.*

De forma coherente con el reconocimiento que se hace de la autonomía del *delito corporativo*, la Sala Segunda entiende adecuado el empleo del término "autor" para referirse a la persona jurídica responsable de su propia infracción penal, e igualmente hace uso del verbo "actuar" en relación con la conducta de la persona jurídica penalmente relevante. Y esto nos lleva de nuevo a la estructura del *delito corporativo*, pues por el momento el Tribunal Supremo no ha precisado cómo haya de entenderse la "acción" de la persona jurídica, siendo esto especialmente importante si se considera que el reconocimiento de la *capacidad de acción* de las personas jurídicas es cuestión no evidente y altamente controvertida en la doctrina. Queda por tanto pendiente el desarrollo jurisprudencial de un concepto de acción propio de las personas jurídicas.

Continuando en el nivel del injusto, y aunque la mayoría de los Magistrados de la Sala Segunda sitúan en este nivel la relevancia de la ausencia de medidas de control idóneas para evitar el delito, lo cierto es que por el momento la jurisprudencia analizada no aclara si dicho análisis tiene que ver con la creación de un riesgo jurídicamente desaprobado, esto es, con el nivel de la imputación objetiva. Cuestión esta que entendemos deberá ser desarrollada en el futuro arrojando así un poco de luz sobre el debate abierto en el voto particular concurrente con la Sentencia 154/2016, cuyos firmantes se niegan a admitir la ausencia de medidas de control como un elemento autónomo del tipo objetivo.

Y para finalizar con la estructura del tipo del delito corporativo, debe señalarse que por el momento el Tribunal Supremo no ha dado pautas sobre cómo deba entenderse el dolo/imprudencia de la persona jurídica, por lo que también en esta materia quedamos a la espera de futuros pronunciamientos, pues es evidente que no puede hablarse de un tipo de *delito corporativo* que se agote sin más en la parte objetiva.

En cuanto al nivel de la culpabilidad, la mayoría de la Sala Segunda reconoce una culpabilidad propia de la persona jurídica, cosa que los firmantes del voto particular concurrente con la Sentencia 154/2016 hacen con matices. Incluso la Fiscalía General del Estado (también la Sala Segunda) considera correcta la utilización del término "inimputable" –cuya vinculación con la culpabilidad es evidente– para referirse a las sociedades "pantalla" o instrumentales. Sin embargo, también en esta materia parece que será necesario aclarar en el futuro algunas cuestiones, pues por el momento el Tribunal Supremo no nos ha dado pautas definitivas sobre cómo haya de entenderse aquélla, tratándose de nuevo de una cuestión altamente controvertida en la doctrina, pues no son pocos los autores que se niegan a reconocer la capacidad de culpabilidad de las personas jurídicas e incluso entre aquéllos que la reconocen son muy diversas las teorías sobre cómo haya de concebirse dicha culpabilidad (culpabilidad por *defecto de organización* o culpabilidad por *falta de cultura de cumplimiento*, entre otras).

En cualquier caso, la idea que principalmente queremos transmitir es que nos encontramos ante un camino todavía por hacer, que debe tomar como punto de partida la irrupción de un nuevo sujeto en el Derecho penal[161] y que muy probablemente terminará con un

---

[161] Sobre la importancia del sujeto en la elaboración de los conceptos propios de la teoría del delito véase Bacigalupo Sagesse, S., *La responsabilidad*, cit., pp. 35 y

cambio general de paradigma en el Derecho penal[162]; en un tránsito desde un modelo conceptual de sujeto vinculado con la naturaleza hacia otro que tome en cuenta la idea de sociedad. El ser y el deber ser, lo biológico y lo normativo, el Derecho, la filosofía y la sociología, podrían conjugarse en un futuro para construir una teoría del delito omnicomprensiva en la que tengan cabida tanto las personas naturales como las personas jurídicas.

36: "A Partir de la idea del sujeto será posible elaborar una teoría de la acción y de la culpabilidad que permita abarcar también a la persona jurídica como sujeto del Derecho penal. (...)Por lo tanto, la reinterpretación de la idea del sujeto conlleva la necesidad de revisar los conceptos tradicionales de acción (como comportamiento humano), de culpabilidad (como juicio bio-psicológico) y de pena (como castigo retributivo de la culpabilidad)". En definitiva: "es la idea del sujeto la que determina los conceptos jurídicos", lo que hace posible sostener la siguiente tesis: "la elección de una determinada idea de sujeto condiciona los conceptos y soluciones dogmáticas de la teoría del delito y, en especial, los de acción y culpabilidad".

[162] Vid. Zugaldía Espinar, J.M., "La responsabilidad penal de las personas jurídicas en el derecho penal español (análisis de la cuestión tras la reforma operada por la LO 1/2015, de 30 de marzo)", cit., p. 217, quien manifiesta que "está cambiando también el paradigma del sujeto del Derecho penal, que ha dejado de ser exclusivamente la persona física para ampliarse a las personas jurídicas".

CONCLUSIONES

1. No cabe duda de las consecuencias tan importantes que tendrá la existencia de responsabilidad penal de las personas jurídicas, no sólo para las empresas y empresarios, sino también para la actividad empresarial, expuesta no ya sólo a una multa, más o menos calculable, y a penas tan graves como la propia disolución de la persona jurídica, sino también, durante el proceso, a medidas cautelares de prohibición de actividades, que sin duda pueden afectar al prestigio de la misma.

Será necesario, pues, que las personas jurídicas se organicen de tal manera que puedan quedar alejadas de toda eventual responsabilidad derivada de los riesgos que el código penal protege. Y aquí tendrá una importancia extraordinaria el derecho penal de los negocios y de la empresa, un derecho penal económico considerablemente ampliado, comprensivo de delitos relacionados con el abuso de información privilegiada, la corrupción, el lavado de dinero, los delitos fiscales y fraudes de subvenciones, delitos contra el medio ambiente e infracciones contra la competencia, entre otros, delitos todos ellos que son los más frecuentemente aplicables a las personas jurídicas. Este derecho penal de las personas jurídicas, comprensivo por el momento de los delitos a los que se ha hecho referencia en el capítulo II, debe permitir prevenir los riesgos de sanciones a los que están expuestos los negocios, los empresarios y las empresas.

2. Y también tendrá mucha importancia la función del abogado de empresa, que habrá de tener una actitud de vigilancia, para no caer en acciones sancionables, llevando a cabo una labor de asesoramiento, supervisión y de advertencia, para ofrecer así a aquélla la necesaria seguridad en las estrategias empresariales que se emprendan.

Tarea en la que tendrán una extraordinaria importancia los programas de cumplimiento normativo, que están llamados a ofrecer a las empresas las necesaria seguridad jurídica, así como también la figura de los encargados de implementar adecuadamente esos programas de *Compliance*, los oficiales de cumplimiento (*Compliance Officers*), supervisores internos de la persona jurídica, que habrán de contar con la necesaria cualificación para ello, estando pendientes del adecuado funcionamiento de aquellos programas y de establecer, en su caso, las correcciones necesarias. Estos programas, consecuencia del creciente reclamo de medidas éticas en los negocios, y no sólo en éstos, y consecuencia de una buena gestión y organización corporativa, con la garantía de aquellos supervisores, que han de velar por su buen funcionamiento en el seno de la persona jurídica, están llamados a evitar los riesgos penales a los que ésta puede estar expuesta.

3. Ciertamente, las reglas y condiciones que proporciona ahora la regulación penal sobre los modelos de organización y gestión son muy prolijas, pero no debe olvidarse que nos enfrentamos a un nuevo derecho penal, necesitado de un mayor desarrollo, para una aplicación racional de las normas penales a las personas jurídicas, a lo que ha contribuido, sin duda, la reforma operada en esta materia por la Ley Orgánica 1/2015, así como tanto la Circular de la Fiscalía General del Estado 1/2016 como la jurisprudencia del Tribunal Supremo.

En adelante, la persona jurídica tendrá que organizarse de tal manera que no se cometan delitos en su seno, especialmente los derivados de su actividad, algo que ya queda explícitamente referido en la Ley de Sociedades de Capital, debiendo identificar las actividades donde se puedan cometer esos delitos que se trata de prevenir. La implementación de los mecanismos de cumplimiento normativo, que habrán de adoptarse en función de las características concretas de cada empresa, teniendo en cuenta los riesgos penales a los que la misma está expuesta en cada caso, lo que excluye, pues, falsos *Compliance* o programas estándar, puramente estéticos, habrá de culminar en una gestión responsable y, en fin, en una nueva ética empresarial.

4. Se abre, pues, un horizonte en el que cada vez irán adquiriendo mayor importancia en este nuevo derecho penal de las personas

jurídicas los diferentes modelos de organización y de gestión, a los que ya ha hecho referencia tanto el Tribunal Supremo como la Fiscalía General del Estado, marcando ciertas pautas para poder lograr su mayor eficacia posible, permitiendo detectar e incluso prevenir la comisión de delitos. Pero, aunque se ha llegado a entender lo contrario, el modelo implantado, como queda claro a partir de la Ley Orgánica 1/2015, no es el de los Estados Unidos de América[163], sino más bien el italiano, sin que el hecho de que la responsabilidad de las personas jurídicas en Italia se dé sólo en el ámbito administrativo sancionador haya sido obstáculo para ello, pues al fin y al cabo las consecuencias en uno u otro caso son, en esencia, las mismas.

El Código Penal adopta, no un modelo de heterorresponsabilidad o sistema vicarial, sino un modelo de autorresponsabilidad, en el que no se transfiere lo que ha hecho la persona física a la persona jurídica, sino que se trata siempre de una culpabilidad de ésta «por defecto de organización», que se traduce en el incumplimiento de deberes de dirección y supervisión, sobre la base de un hecho de conexión, en los términos que se mencionan en el art. 31 bis 1 del Código Penal.

5. En fin, el nuevo derecho penal de las personas jurídicas ha situado a la actividad empresarial en unos parámetros que llevarán a la empresa hacia una nueva forma de hacer negocio, a un "buen gobierno corporativo", que habrá de conducir irremediablemente hacia una nueva cultura empresarial, en la que los beneficios de la empresa no sólo serán los que se reflejen en una cuenta de resultados, sino que se valorará muy especialmente que los negocios puedan llevarse a cabo con la mayor seguridad jurídica, evitando los riesgos penales a los que puede enfrentarse la persona jurídica por una mala gestión[164].

---

[163] Sobre el modelo federal de responsabilidad penal de las personas jurídicas en los Estados Unidos, v. Villegas García, Mª A., *La responsabilidad criminal de las personas jurídicas: la experiencia de los Estados Unidos*, Madrid, 2016, y Gómez-Jara Díez, C., *La responsabilidad penal de las empresas en los EE.UU.*, Madrid, 2006.

[164] Cfr. en este sentido S. Bacigalupo, en «Los criterios de imputación de la responsabilidad penal de los entes colectivos y de sus órganos de Gobierno (arts. 31 bis y 129 CP)», *La Ley*, núm. 7541, de 5 de enero de 2011, concluyendo que «se abre un nuevo escenario legal , en el que la culpabilidad empresarial adquirirá una relevancia en la actividad empresarial que conllevará muy probablemente un efecto preventivo en el ámbito del Derecho penal de los negocios».

BIBLIOGRAFÍA

Agudo Fernández, E., Jaén Vallejo, M., Perrino Pérez, A.L., *Terrorismo en el Siglo XXI (La respuesta penal en el escenario mundial)*, Madrid, 2016.

Alcalá Pérez-Flores, R., Jaén Vallejo, M., Martínez Arrieta Márquez de Prado, C., y Perrino Pérez, A., "La reforma del Código Penal. Principales modificaciones introducidas por la Ley Orgánica 1/2015, de 30 de marzo, por la que se modifica la Ley Orgánica 10/1995, de 23-11, del Código Penal (Boletín Oficial del Estado núm. 77, de 31 de marzo)", *El Derecho*, abril 2015.

Bacigalupo, E., *Delito y punibilidad*, Madrid, 1983 (Hay una 2ª ed. ampliada de esta obra, publicada en Buenos Aires, 1999).

– "La responsabilidad penal y sancionatoria de las personas jurídicas en el Derecho Europeo", *Revista del Foro Canario*, 1994.

– *Compliance y Derecho Penal*, Buenos Aires, 2012.

Bacigalupo, E. y Silva Castaño, M.L., *Un derecho penal para Europa: Corpus Juris 2000*, Cuadernos «Luis Jiménez de Asúa», núm. 18, Madrid, 2004.

Bacigalupo, S., "Las consecuencias accesorias aplicables a las personas jurídicas en el Código penal de 1995", *Curso de Derecho Penal Económico* (varios autores; obra dirigida por Enrique Bacigalupo), Madrid, 1997.

– *La responsabilidad penal de las personas jurídicas*, Barcelona, 1998.

– "Los criterios de imputación de la responsabilidad penal de los entes colectivos y de sus órganos de gobierno (arts. 31 bis y 129 CP)", *La Ley*, núm. 7541, de 5 de enero de 2011.

– El modelo de imputación de la responsabilidad penal de los entes colectivos", en la obra colectiva (dirigida por J.M. Zugaldía y E. Blanco Marín de Espinosa) *Aspectos prácticos de la responsabilidad criminal de las personas jurídicas*, Navarra, 2013.

Bajo Fernández, M., Feijoo Sánchez, B.J. y Gómez-Jara Diez, C., *Tratado de responsabilidad penal de las personas jurídicas,* 2ª ed. adaptada a la Ley 1/2015, de 30 de marzo, por la que se modifica el Código Penal, Madrid, 2016.

Benítez Ortúzar, I., "Delitos contra el patrimonio y el orden socioeconómico", dentro de la obra colectiva *Sistema de derecho penal, parte especial,* director Morillas Cueva, L., Madrid, 2016.

Cerezo Mir, J., *Curso de Derecho Penal Español,* Parte General, II, 5ª edición, Madrid, 1997.

Cigüela, J., *La culpabilidad colectiva en el derecho penal, crítica y propuesta de una responsabilidad estructural de la empresa,* Madrid, 2015.

Gómez-Jara Díez, C., *La responsabilidad penal de las empresas en los EE.UU.,* Madrid, 2006.

- *Fundamentos modernos de la responsabilidad penal de las personas jurídicas. Bases teóricas, regulación intencional y nueva legislación española,* Buenos Aires/Montevideo, 2010.

Gracia Martín, L., "La cuestión de la responsabilidad penal de las propias personas jurídicas", *Actualidad Penal,* núm. 39 (octubre 1993).

Guinarte Cabada, G., *Comentarios al Código Penal de 1995* (dirección T.S. Vives Antón), Valencia, 1995.

Hirsch, H. J., "La cuestión de la responsabilidad penal de las asociaciones de personas", *Anuario de Derecho Penal y Ciencias Penales,* 1993.

Hurtado Pozo J., "Personas jurídicas y responsabilidad penal", *Anuario de Derecho Penal 96,* Lima (Perú), 1997.

Jaén Vallejo, M., "La responsabilidad penal de las personas jurídicas", *Revista Canaria de Ciencias Penales,* núm. 1/1998.

– *Los principios superiores del derecho penal,* núm. 5 de la Colección Cuadernos «Luis Jiménez de Asúa», Madrid, 1999.

– *La Justicia Penal ante los nuevos retos de la actualidad,* Fundación de Cultura Universitaria, Montevideo, 2001.

– *Cuestiones actuales del derecho penal económico,* Buenos Aires, 2004.

– *Estudios Penales,* Santiago de Chile, 2006.

– *Derecho penal y sociedad moderna,* Universidad Santo Tomás, Bogotá, 2006.

– "Delitos de corrupción en los negocios", Revista electrónica *El Derecho,* junio 2015.

Jaén Vallejo, M., y Perrino Pérez, A., *La recuperación de activos frente a la corrupción (La Oficina de Recuperación y Gestión de Activos),* Madrid, 2016.

Jaén Vallejo, M., y Perrino Pérez, A., *La reforma penal de 2015,* Madrid, 2015.

Jakobs, G., "¿Punibilidad de las personas jurídicas?", *La responsabilidad criminal de las personas jurídicas, órganos y representantes,* Lima 2002.

Moral García, A., "Aspectos procesales de la responsabilidad penal de personas jurídicas", en la obra colectiva *Aspectos prácticos de la responsabilidad criminal de las personas jurídicas* (J.M. Zugaldía y E. Marín de Espinosa, coordinadores), Navarra, 2013.

- "Responsabilidad penal de las personas jurídicas: notas con ocasión de la reforma de 2015". Revista del Ministerio Fiscal, nº 0/2015.

Morillas Cueva, L., "Delitos contra la administración pública", dentro de la obra colectiva *Sistema de derecho penal, parte especial,* Madrid, 2016.

Otto, H., *Die Strafbarkeit von Unternehmen und Verbänden,* Berlín, 1993.

Pérez del Valle, C., *Lecciones de Derecho penal. Parte General,* Madrid, 2016.

Rodríguez Ramos, L., "¡*Societas delinquere potest*! Nuevos aspectos dogmáticos y procesales de la cuestión", *La Ley,* núm. 4136, 3 de octubre de1996.

– "La culpabilidad en los delitos cometidos por la persona jurídica. El «delito de sospecha blindado» y la responsabilidad objetiva «impura» en la Circular 1/2010 de la Fiscalía General del Estado", *La Ley,* 14 de septiembre de 2011.

– "La culpabilidad en los delitos cometidos por la persona jurídica", *La Ley,* núm. 7694/2011.

Schünemann, B., "La punibilidad de las personas jurídicas desde la perspectiva europea", *Hacia un Derecho Penal Económico Europeo, Jornadas en Homenaje del Profesor Klaus Tiedemann,* Madrid, Universidad Autónoma de Madrid, 1992.

Stratenwerth, G., "Strafrechtliche Unternehmenshaftung?", *Festchrift für Rudolf Schmitt zum 70 Geburstag, 1992,* Tübingen.

Tiedemann, K., "Responsabilidad penal de las personas jurídicas", *Anuario Derecho Penal 96,* Lima, 1997.

– "Responsabilidad de las personas jurídicas", *Anuario de Derecho Penal y Ciencias Penales,* 1996.

Villegas García, Mª A., *La responsabilidad criminal de las personas jurídicas: la experiencia de los Estados Unidos,* Madrid, 2016.

Zugaldía Espinar, J.M., "Conveniencia político-criminal e imposibilidad dogmática de revisar la fórmula tradicional *societas delinquere non potest*", *Cuadernos de Política Criminal* núm. 11/1980.

- "Las penas previstas en el art. 129 del Código penal para las personas jurídicas (consideraciones teóricas y consecuencias prácticas)", *Revista del Poder Judicial*, núm. 46/1997.
- "Vigencia del principio *societas delinquere potest* en el moderno derecho penal", en *Revista Canaria de Ciencias Penales*, número monográfico 1/1999.
- Bases para una teoría de la imputación de la persona jurídica", *Sistemas Penales Iberoamericanos*, Libro Homenaje al Profesor Enrique Bacigalupo en su 65 Aniversario (Director: Manuel Jaén Vallejo), auspiciado por el Instituto Latinoamericano de las Naciones Unidas para la Prevención del Delito y Tratamiento del Delincuente, Lima 2003.
- "¿Qué queda en pie en el derecho penal del principio «mínima intervención, máximas garantías»?, *Cuadernos de Política Criminal*, núm. 79/2003.
- *La responsabilidad criminal de las personas jurídicas, de los entes sin personalidad y de sus directivos*, Valencia, 2013.
- "La responsabilidad penal de las personas jurídicas en el derecho penal español (análisis de la cuestión tras la reforma operada por la Ley Orgánica 1/2015, de 30 de marzo)", en la obra colectiva *La responsabilidad criminal de las personas jurídicas en Latinoamérica y España*, Aranzadi, 2015.

ANEXOS

CIRCULAR 1/2016 DE LA FISCALÍA GENERAL DEL ESTADO, *SOBRE LA RESPONSABILIDAD PENAL DE LAS PERSONAS JURÍDICAS CONFORME A LA REFORMA DEL CÓDIGO PENAL EFECTUADA POR LEY ORGÁNICA 1/2015*

1. CONSIDERACIONES PRELIMINARES

La Ley Orgánica 5/2010, de 22 de junio introdujo en nuestro ordenamiento la responsabilidad penal de las personas jurídicas, fruto tanto del incesante proceso de armonización internacional del Derecho Penal como de la sentida necesidad de dar una respuesta más eficaz al avance de la criminalidad empresarial, fundamentalmente en el marco de la delincuencia económica. Tal incorporación se hizo mediante una detallada regulación establecida primordialmente en el art. 31 bis del Código Penal, que se completaba con las disposiciones de los arts. 33.7 (penas imponibles a las personas jurídicas), 50.3 y 4 (extensión y cuota diaria de la pena de multa), 53.5 (posibilidad de pago fraccionado), 52.4 (multas sustitutivas de la multa proporcional, cuando no sea posible el cálculo de esta), 66 bis (determinación de la pena aplicable), 116.3 (responsabilidad civil) y 130 (supuestos de transformación y fusión de sociedades).

Ya desde su introducción en 2010, el régimen de responsabilidad penal de la persona jurídica fue criticado por un amplio sector doctrinal, que lo consideró incompleto y confuso en muchos de sus aspectos esenciales. Quizá por ello, escasamente cinco años después, con un escaso número de procedimientos dirigidos contra personas jurídicas y sin apenas tiempo para haber evaluado la eficacia de tan novedosa normativa, la Ley Orgánica 1/2015, de 30 de marzo, acomete una importante modificación del art. 31 bis, reforma parcialmente el art. 66 bis e introduce tres nuevos artículos, 31 ter, 31 quáter y 31 quinquies que, con la única novedad de extender en este último el régimen de responsabilidad a las sociedades mercantiles públicas, reproducen el contenido de los apartados 2º, 3º, 4º y 5º del art. 31 bis original.

El Preámbulo (III) de la LO 1/2015 asegura que "la reforma lleva a cabo una mejora técnica en la regulación de la responsabilidad penal de las personas jurídicas" [...], con la finalidad de delimitar adecuadamente el contenido del «debido control», cuyo quebrantamiento permite fundamentar su responsabilidad penal" y con ello poner "fin a las dudas interpretativas que había planteado la anterior regulación, que desde algunos sectores había sido interpretada como un régimen de responsabilidad vicarial". De acuerdo con esta parca explicación, el propósito de la Ley no sería modificar el régimen de responsabilidad de las personas jurídicas sino aclarar el modelo establecido en 2010 que, conforme al Preámbulo de la LO 5/2010, consagraba en el segundo párrafo del art. 31 bis.1 una responsabilidad directa o autónoma de la persona jurídica.

El Legislador vincula también la reforma a la asunción de "ciertas recomendaciones", que no concreta, de "algunas organizaciones internacionales", que tampoco nombra. Se refiere, con toda probabilidad, a las recomendaciones hechas por la OCDE en el informe adoptado por el Grupo de Trabajo el 14 de diciembre de 2012 correspondiente a la fase 3 de la evaluación sobre el cumplimiento en España del Convenio contra la Corrupción de Agentes Públicos Extranjeros en las Transacciones Comerciales Internacionales.

Al margen de tales recomendaciones, en el período transcurrido entre las publicaciones de las Leyes Orgánicas 5/2010 y 1/2015, ninguna exigencia normativa internacional avala la necesidad de la reforma, como tampoco el inicial reconocimiento de la responsabilidad de las personas jurídicas realizado en 2010 podía justificarse en obligaciones derivadas de los tratados internacionales o de la normativa de la Unión Europea, pese a la similar invocación que contenía el Preámbulo de la LO 5/2010. Entonces y ahora eran factibles otras opciones, como la imposición de sanciones administrativas, medidas de seguridad u otras consecuencias jurídico penales de naturaleza diferente a las penas. Con independencia de cuál haya sido la *mens legislatoris*, la importancia de las modificaciones introducidas en el art. 31 bis y las dudas que suscitan, de manera especial la incorporación de una completa regulación de los "modelos de organización y gestión" cuya observancia permite exonerar la responsabilidad penal de la persona jurídica, exige de la Fiscalía General del Estado interpretar el alcance de la normativa que finalmente ha quedado plasmada en el Código Penal y calibrar la vigencia de la Circular 1/2011, máxime cuando tan relevante reforma, incorporada al Anteproyecto de Ley Orgánica, de 27 de junio de 2013, no pasó a informe del Consejo Fiscal ni del Consejo General del Poder Judicial.

2. El modelo de responsabilidad de la persona jurídica tras la reforma del artículo 31 bis del Código Penal.

2.1. Los títulos de imputación de la persona jurídica

El núcleo de la reforma se centra en la nueva redacción dada al art. 31 bis CP, que comporta importantes novedades en cuanto a su estructura y contenido. Como el anterior precepto, consta de cinco apartados. En el primero mantiene los dos criterios de transferencia de la responsabilidad penal de determinadas personas físicas a la persona jurídica, ahora mejor enunciados en dos párrafos identificados con las letras a) y b) en los que se introducen algunas modificaciones concernientes a la definición de las personas físicas (letra a), la precisión de que el debido control debe "haberse incumplido gravemente" (letra b) y la sustitución del término "en provecho" por "en beneficio directo o indirecto" (letras a y b). Los siguientes cuatro apartados están dedicados a regular los modelos de organización y gestión que pueden eximir de responsabilidad a las personas jurídicas, sustituyendo el contenido de los correspondientes apartados del anterior art. 31 bis, que se traslada ahora a los nuevos arts. 31 ter, 31 quáter y 31 quinquies. Los dos títulos de imputación de la responsabilidad penal de la persona jurídica se detallan en el núm.1 del art. 31 bis:

> *"En los supuestos previstos en este Código, las personas jurídicas serán penalmente responsables:*
>
> *a) De los delitos cometidos en nombre o por cuenta de las mismas, y en su beneficio directo o indirecto, por sus representantes legales o por aquellos que actuando individualmente o como integrantes de un órgano de la persona jurídica, están autorizados para tomar decisiones en nombre de la persona jurídica u ostentan facultades de organización y control dentro de la misma.*
>
> *b) De los delitos cometidos, en el ejercicio de actividades sociales y por cuenta y en beneficio directo o indirecto de las mismas, por quienes, estando sometidos a la autoridad de las personas físicas mencionadas en el párrafo anterior, han podido realizar los hechos por haberse incumplido gravemente por aquéllos los deberes de supervisión, vigilancia y control de su actividad atendidas las concretas circunstancias del caso".*

Debe comenzarse avanzando que, pese a los significativos cambios estructurales y sustantivos, que se irán analizando a lo largo de esta Circular, el modelo de atribución de responsabilidad a la persona jurídica no ha cambiado sustancialmente y que, como se decía en la Circular 1/2011, *relativa a la responsabilidad penal de las personas jurídicas conforme a la reforma del Código Penal efectuada por Ley Orgánica número 5/2010*, "En los dos párrafos del apartado 1 del artículo 31 bis del Código Penal se establece un mecanismo normativo de atribución de la responsabilidad por transferencia o de tipo vicarial" mediante un sistema de *numerus clausus* que supedita la imposición de la pena a una expresa previsión de comisión del delito en el Libro II del Código Penal. Para las entidades sin personalidad jurídica siguen reservadas las consecuencias accesorias del art. 129 CP.

Antes de proseguir, vale la pena recordar los dos modelos fundamentales que permiten sustentar la responsabilidad penal de la persona jurídica. El primero atribuye la responsabilidad penal a la persona jurídica entendiendo que esta se manifiesta a través de la actuación de una persona física que la compromete con su previa actuación delictiva, siempre que se evidencie un hecho de conexión pues, de otro modo, la responsabilidad de la persona jurídica devendría inconstitucionalmente objetiva. Es la responsabilidad por transferencia, indirecta, derivada, vicarial o por representación. Su principal dificultad radica en determinar qué personas físicas pueden comprometer al ente colectivo con su actuación.

El segundo modelo, más ambicioso pero de más difícil encaje en un Derecho Penal antropocéntrico, construye un sistema de imputación propio de la persona jurídica, con nuevos conceptos de acción, culpabilidad, circunstancias modificativas de la responsabilidad, punibilidad, etc., de tal modo que es propiamente el ente colectivo el que comete el delito. Se trata de la responsabilidad directa o autónoma de la persona jurídica. Su principal escollo estriba en fundamentar la culpabilidad de la persona jurídica, destacando las teorías que elaboran la responsabilidad del ente colectivo a partir de lo que se denomina "culpabilidad por defecto de organización". Conforme a este modelo, la persona jurídica es culpable cuando omite la adopción de las medidas de precaución que le son exigibles para garantizar un desarrollo ordenado y no delictivo de la actividad empresarial.

Pues bien, la vigente regulación del apartado primero del art. 31 bis continúa estableciendo en sus letras a) y b) los dos presupuestos que permiten transferir la responsabilidad de las personas físicas a la persona jurídica. El primer hecho de conexión lo generan las personas con mayores responsabilidades en la entidad y el segundo las personas indebidamente controladas por aquellas. En ambos casos, se establece un sistema de responsabilidad por transferencia o vicarial de la persona jurídica.

Aunque la Sala Segunda "todavía no ha tenido ocasión de pronunciarse acerca del fundamento de la responsabilidad de los entes colectivos" (STS nº 514/2015, de 2 de septiembre), a la referida conclusión ya había llegado la Circular 1/2011 al analizar el primitivo art. 31 bis, frente a un sector doctrinal que, siguiendo la interpretación que daba el propio Preámbulo de la LO 5/2010, mantenía que este precepto consagraba un modelo mixto de la responsabilidad por transferencia y de la culpabilidad autónoma de la empresa. Conforme a esta última posición, la letra a) del apartado primero del art. 31 bis sí consagraría la responsabilidad por transferencia o vicarial, al trasladar a la persona jurídica la responsabilidad por los delitos cometidos por su cuenta y en su provecho por las personas físicas con poder de dirección o autoridad para tomar decisiones y, por lo tanto, para comprometer a la persona jurídica. Por el contrario, la letra b) responsabilizaría a la persona jurídica por los delitos cometidos por quienes, estando sometidos a la autoridad de las anteriormente mencionadas personas físicas, pudieron realizar los hechos por no haberse ejercido sobre ellos el debido control. Tal "debido control" remitiría, en esta exégesis, a la propia persona jurídica deficientemente organizada, acogiendo así las tesis sobre la culpabilidad de la empresa. La LO 1/2015, con la novedosa regulación de los programas de cumplimiento normativo, habría venido precisamente a reforzar esta posición.

Esta sugestiva interpretación no resulta conforme con el tenor literal del precepto, ni en su inicial redacción ni en la vigente. El art. 31 bis no dice que las personas jurídicas *cometan* el delito. Lo que establece el precepto, antes y después de la reforma de 2015, es que las personas jurídicas "serán penalmente responsables de los delitos cometidos" por personas físicas. La propia condición 3ª del apartado segundo del art. 31 bis recuerda que son los "autores individuales" los que "han cometido el delito" y en los distintos preceptos que contemplan la responsabilidad de la persona jurídica, no se atribuye a esta la comisión del delito sino que se dice que "cuando de acuerdo con lo establecido en el art. 31 bis una persona jurídica sea responsable de los delitos [correspondientes] se le impondrán las siguientes penas". Del mismo modo, la expresión "responsabilidad penal" es utilizada en sentido amplio, atribuyéndola a la persona jurídica en virtud de un hecho de conexión consistente en el previo delito cometido por la persona física en su nombre o por cuenta de ella. Es en este estadio donde deberá acreditarse la comisión de la infracción penal, individualizando una acción típica y antijurídica de la persona física para verificar después que se cumplen los criterios de transferencia de la responsabilidad a la persona jurídica. Conforme a este modelo, hay unos sujetos personas físicas que actúan y otro sujeto persona jurídica que asume la responsabilidad de tal actuación. La persona jurídica propiamente no comete el delito sino que deviene penalmente responsable por los delitos cometidos por otros.

Podrá objetarse que todo modelo de responsabilidad de la persona jurídica está condicionado a la previa comisión de un delito por una persona física, desde el momento en que, evidentemente, las personas jurídicas necesitan de personas físicas para actuar. Sin embargo, más allá de que no pueda prescindirse por completo del "factor humano", el modelo vicarial implica algo más frente al modelo autónomo: que ese delito de la persona física sea la referencia de la imputación de la persona jurídica. Si la letra b) del apartado primero del art. 31 bis estableciera que el subordinado ha podido cometer el delito por la falta de control de la persona jurídica, indebidamente organizada, sí podría haberse construido un sistema de responsabilidad autónoma de la persona jurídica, o mixto, al agregarse al del apartado anterior que, este sin duda alguna, establece un modelo de responsabilidad vicarial. Pero en la letra b) no se dice eso. En este sentido, la reforma de 2015 ha venido incluso a desterrar una posible interpretación en apoyo del modelo de responsabilidad autónoma de la empresa. El art. 31 bis original se refería, empleando la forma reflexiva, a "no haberse ejercido sobre ellos (los subordinados) el debido control", lo que permitía aventurar que el control se refería a la propia empresa y a sus programas. En cambio, la redacción del vigente art. 31 bis -"haberse incumplido por aquéllos"- remite necesariamente a las personas físicas de la letra a). En realidad la construcción no es del todo correcta gramaticalmente pues el pronombre "aquéllos" no concuerda en género con "las personas físicas mencionadas en el artículo anterior" pero sin duda se refiere a "aquellos [...] autorizados para tomar decisiones" de la letra anterior. De haber pretendido referir el control a las personas jurídicas indudablemente se habría utilizado el pronombre en femenino, como ya sugirió el Consejo de Estado en su Dictamen al Anteproyecto y reiteró el grupo parlamentario de UPyD en su enmienda 519 al Proyecto.

Esta interpretación es, por otra parte, plenamente conforme con el tenor literal de las correspondientes Decisiones Marco y Directivas que sectorialmente regulan las materias para las que se prevé la responsabilidad de las personas jurídicas y que invariablemente se refieren a que estas puedan ser consideradas responsables "cuando la falta de supervisión o control por parte de una de las personas a que se refiere el apartado 1 [aquellas con "un poder de representación de dicha persona jurídica"] haya hecho posible que una persona sometida a su autoridad cometa una de las infracciones contempladas..." (vgr., el art. 5 de la Directiva 2011/36/UE del Parlamento Europeo y del Consejo, de 5 de abril de 2011 *relativa a la prevención y lucha contra la trata de seres humanos y a la protección de las víctimas*; el art. 10 de la Directiva 2013/40/UE del Parlamento Europeo y del Consejo de 12 de agosto de 2013, *relativa a los ataques contra los sistemas de información* o el art. 6 de la Directiva

2014/62/UE del Parlamento Europeo y del Consejo de 15 de mayo de 2014, *relativa a la protección penal del euro y otras monedas frente a la falsificación*).

No obstante reconocer en el art. 31 bis 1° un modelo de responsabilidad vicarial de la persona jurídica, existen también en los siguientes apartados de este precepto y en los arts. 31 ter y 31 quáter importantes elementos que atribuyen una indudable autonomía a la responsabilidad de la empresa, entre los que podemos destacar los siguientes:

— Si bien "la irrelevancia penal del hecho de referencia [conduce] a declarar también extinguida toda responsabilidad criminal respecto de la sociedad" (STS n° 514/2015), la responsabilidad de la persona jurídica no depende de la previa declaración de responsabilidad penal de la persona física. Ni siquiera es necesario que el delito llegue a consumarse pues la expresión "delitos cometidos" permite incluir, además de las diferentes formas de autoría y participación, el delito intentado.

— La no identificación del autor del delito o la imposibilidad de dirigir el procedimiento contra él no excluye la responsabilidad de la persona jurídica (art. 31 ter.1).

— Las agravantes y atenuantes relativas a la culpabilidad de la persona física no son trasladables a la persona jurídica. Cabe exigir plena responsabilidad a esta pese a la existencia de circunstancias que afecten a la culpabilidad del acusado o agraven su responsabilidad, haya este fallecido o se haya sustraído a la acción de la justicia (art. 31 ter.2). La alusión a la culpabilidad deberá interpretarse en sentido amplio, excluyendo de la incomunicabilidad solo las causas de justificación, pues si el hecho es ajustado a derecho, no habrá responsabilidad ni para la persona física ni para la jurídica.

— La persona jurídica tiene unas circunstancias modificativas específicas y un sistema propio de penas, con particulares reglas de aplicación (arts. 31 quáter y 66 bis), si bien respecto a la pena de multa el art. 31 ter vincula la responsabilidad de la persona jurídica con la de la física, al establecer una regla de compensación de ambas responsabilidades.

— Finalmente, la autonomía de la responsabilidad de la persona jurídica se refuerza muy notablemente con el valor eximente otorgado a los programas de organización, que merecen un estudio más detenido.

Todos estos elementos matizan el modelo de heterorresponsabilidad empresarial, atenuándolo, permitiendo incluso hablar de responsabilidad autónoma de la persona jurídica en el sentido de que su sanción no depende de la previa declaración de responsabilidad penal de la persona física, pero no llegan a cimentar un sistema de imputación propio o de autorresponsabilidad de la persona jurídica en sentido estricto, que exigiría un dolo o culpa de la propia persona jurídica, algo que la regulación española sigue sin contemplar, pues el modelo diseñado permanece encadenado al incumplimiento de los deberes de control de las personas físicas.

No es esta una controversia meramente especulativa o doctrinal, sino que tiene un indudable alcance práctico. Si el fundamento de la imputación es la defectuosa organización societaria y esta se configura como elemento del tipo o define su culpabilidad, la acusación deberá probar, además de la comisión del delito por las personas físicas de las letras a) y b) del apartado primero, que tal infracción se ha cometido a consecuencia del ineficiente control de la persona jurídica. Otro entendimiento -que la persona jurídica estuviera obligada a probar su adecuado sistema de organización- representaría una inversión de la carga de la prueba constitucionalmente inadmisible.

Ahora bien, si el fundamento de la imputación de la persona jurídica reside en la conducta delictiva de sus dirigentes o en el incumplimiento de sus obligaciones de control sobre los subordinados, esto será lo único que deba probar la acusación. En este entendimiento, los programas de control constituyen una referencia para medir las obligaciones de las personas físicas con mayores responsabilidades en la corporación (letra a), como indicaba la Circular 1/2011. Pero será la persona jurídica la que deberá acreditar que tales programas eran eficaces para prevenir el delito, cuestión ésta sobre la que se volverá más adelante al analizar los programas de organización y gestión.

Debe finalmente quedar claro que no se propone un sistema de responsabilidad automática de la persona jurídica pues, independientemente de que sea la conducta de personas físicas la que transfiera a esta su responsabilidad, el defecto de organización, aun construido por el Legislador como causa de exención de la pena, indudablemente opera como presupuesto y refuerzo de la culpabilidad, desterrando cualquier atisbo de responsabilidad penal objetiva de la empresa, que vulneraría el art. 5 del Código Penal, pues "parece evidente que cualquier pronunciamiento condenatorio de las personas jurídicas habrá de estar basado en los principios irrenunciables que informan el derecho penal" (STS nº 14/2015, cit.).

2.2. Los delitos atribuibles a las personas jurídicas en la Parte Especial del Código Penal

La reforma del art. 31 bis no altera el sistema establecido en 2010 de supeditar la responsabilidad penal de la persona jurídica a su expresa previsión en los correspondientes tipos de la parte especial del Código. Tras la reforma, la responsabilidad de las personas jurídicas se circunscribe al siguiente catálogo de delitos del Código Penal, al que hay que añadir el delito de contrabando, conforme dispone el art. 2.6 de la LO 12/1995, de 12 de diciembre, de represión del contrabando, modificada por la LO 6/2011:

— Tráfico ilegal de órganos humanos (156 bis.3).
— Trata de seres humanos (177 bis.7).
— Prostitución/ explotación sexual/ corrupción de menores (189 bis).
— Descubrimiento y revelación de secretos y allanamiento informático (197 quinquies).
— Estafas (251 bis).
— Frustración de la ejecución (258 ter).
— Insolvencias punibles (261 bis).
— Daños informáticos (264 quáter).
— Contra la propiedad intelectual e industrial, el mercado y los consumidores (288).
— Blanqueo de capitales (302.2).
— Financiación ilegal de los partidos políticos (304 bis.5)
— Contra la Hacienda Pública y contra la Seguridad Social (310 bis).
— Contra los derechos de los ciudadanos extranjeros (318 bis.5).
— Urbanización, construcción o edificación no autorizables (319.4).
— Contra los recursos naturales y el medio ambiente (328).
— Relativos a las radiaciones ionizantes (343.3).
— Riesgos provocados por explosivos y otros agentes (348.3).
— Contra la salud pública (366).
— Contra la salud pública (tráfico de drogas) (369 bis).
— Falsificación de moneda (386.5).
— Falsificación de tarjetas de crédito y débito y cheques de viaje (399 bis).
— Cohecho (427 bis).
— Tráfico de influencias (430).
— Delitos de odio y enaltecimiento (510 bis).
— Financiación del terrorismo (576).

Con respecto al catálogo previo a la reforma, se incorporan los nuevos delitos de frustración de la ejecución (arts. 257, 258 y 258 bis), de financiación ilegal de los partidos políticos (art. 304 bis) a los que se añaden los delitos contra la salud pública no relacionados con el tráfico de drogas (arts. 359 a 365) y los de falsificación de moneda (art. 386), para los que con anterioridad no se contemplaba el régimen del art. 31 bis sino el del art. 129. Se incorporan igualmente los delitos de odio y enaltecimiento (art. 510, con la errata en el art. 510 bis de la referencia a los "dos artículos anteriores" en lugar de al "artículo anterior").

El régimen del art. 129 CP se aplica a los delitos previstos para las personas jurídicas cuando se hayan cometido en el seno, con la colaboración, a través o por medio de entes carentes de personalidad jurídica, y se contempla también para los siguientes delitos:

— Relativos a la manipulación genética (162).
— Alteración de precios en concursos y subastas públicas (262).
— Negativa a actuaciones inspectoras (294).
— Delitos contra los derechos de los trabajadores (318).
— Falsificación de moneda (386.4).
— Asociación ilícita (520).
— Organización y grupos criminales y organizaciones y grupos terroristas (570 quáter).

Los criterios por los que el Legislador asigna uno u otro régimen a determinados delitos no siempre resultan claros. La Circular 1/2011 (IV) ya reprochaba la defectuosa construcción jurídica de esta doble vía sancionadora de los arts. 31 bis y 129 CP, refiriéndose, entre otros, a los supuestos de los arts. 262, 386, 294 y 318, que mantienen tras la reforma las mismas deficiencias entonces ya advertidas. Particularmente llamativo es el caso de los delitos de falsificación de moneda del art. 386 CP, en el que, tras la reforma de 2015, coexiste en sus apartados. 4 y 5 el régimen del art. 129 con el del art. 31 bis.

Las razones del difícil encaje de esta doble vía sancionadora para personas jurídicas y entes colectivos no dotados de personalidad jurídica hay que buscarlas, más que en puntuales desajustes en la asignación de uno u otro régimen, en la irrelevancia de la propia distinción, hoy superada por la realidad de la vida de los negocios, tanto legales como ilegales y por otros criterios de imputación más relevantes, como el de unidad económica, seguido en materia tributaria para determinar los grupos de empresas o el de la existencia de un patrimonio autónomo del ente colectivo. La aplicación de estos criterios evitaría, por ejemplo, que las UTEs, que no tienen personalidad jurídica, quedaran fuera del marco represivo de la persona jurídica.

En todo caso, subyace cierta confusión en el Código Penal sobre qué delitos son atribuibles a las personas jurídicas, que en la selección actual ni siquiera se extiende a todos los delitos económicos susceptibles de comisión por ellas. Fuera de la delincuencia económica, otros delitos como las lesiones, la detención ilegal o hasta el homicidio no se contemplan en el catálogo previsto para las personas jurídicas, seguramente por razones de política criminal de prevención general, por más que quepa pensar en conductas de esta naturaleza en el contexto, por ejemplo, de una encarnizada competencia empresarial, y cometidas en claro y directo beneficio de la entidad.

2.3. Las personas físicas capacitadas para transferir la responsabilidad penal a la persona jurídica de la letra a) del artículo 31 bis.1

El art. 31 bis continúa sin facilitar una definición de la persona jurídica penalmente responsable. Tampoco lo hace ningún otro precepto del Código Penal, lo que exige acudir a las previsiones de la normativa civil y mercantil, en los términos que ya analizaba la Circular 1/2011 (II.1). El precepto sí introduce en la letra a) del apartado primero una significativa modificación en la definición de las personas físicas idóneas para que la persona jurídica responda penalmente, consistente en la sustitución de los "administradores de hecho o de derecho" por "aquellos que actuando individualmente o como integrantes de un órgano de la persona jurídica, están autorizados para tomar decisiones en nombre de la persona jurídica u ostentan facultades de organización y control dentro de la misma".

Cabe preguntarse por las razones de este cambio que, en una primera lectura, parece una simple mejora técnica. El Preámbulo no explica los motivos de la nueva redacción. En realidad, es discutible que el nuevo texto mejore el anterior pues, en contraposición a la nueva y compleja redacción, administrador de derecho y administrador de hecho eran términos ya consolidados en la legislación penal y mercantil y su alcance había sido reiteradamente interpretado por la Sala Segunda, particularmente en el ámbito de los delitos societarios.

La modificación, no obstante, sí tiene cierto calado, pues produce una ampliación del círculo de sujetos capacitados para transferir la responsabilidad penal a la persona jurídica en el primer nivel del art. 31 bis.1, que queda así integrado por los tres siguientes grupos de personas físicas:

a) Los "representantes legales"

Se trata de un concepto ajeno a la legislación mercantil, que se refiere a la representación orgánica y a la voluntaria. En las sociedades de capital, la representación orgánica de la sociedad corresponde exclusivamente a los administradores y se extiende a todos los actos comprendidos en su objeto social (arts. 209, 233 y 234 del RD Legislativo 1/2010, de 2 de julio, *por el que se aprueba el texto refundido de la Ley de Sociedades de Capital* –LSC–). La representación voluntaria no se regula en dicho texto, sometiéndose a las reglas generales de esta representación en nuestro ordenamiento. Por eso, aunque propiamente no cabe la delegación orgánica, nada impide el recurso a la representación voluntaria, mediante el nombramiento de apoderados singulares, con poderes otorgados en escritura pública y debidamente inscritos en el Registro Mercantil, o generales, como gerentes o directores generales. Aunque para determinados efectos, "los directivos o las personas con poder de representación de la sociedad" se consideran administradores (art. 157 LSC), con carácter general resulta dudoso que tales representantes voluntarios puedan ser considerados "representantes legales" mas, en todo caso, accederían al apartado siguiente como "autorizados para tomar decisiones en nombre de la persona jurídica".

b) Quienes "actuando individualmente o como integrantes de un órgano de la persona jurídica, están autorizados para tomar decisiones en nombre de la persona jurídica".

Con mejor redacción, se retoma la versión del Anteproyecto de 23 de julio de 2009 que, junto a los representantes y administradores de hecho o de derecho, incluía a "los empleados con facultades de obligar a dicha persona jurídica". Comprende, desde luego, a los administradores de derecho que, en autoría única o colegiada, ejercen las funciones de administración de una sociedad en virtud de un título jurídicamente válido. Si se trata de una sociedad de capital, es preciso que el sujeto haya sido nombrado a tal efecto por la Junta de socios (art. 214.1 LSC). Debe tenerse en cuenta que administrador de derecho puede serlo tanto una persona física como una persona jurídica, pero en este caso, "será necesario que ésta designe a una sola persona natural para el ejercicio permanente de las funciones propias del cargo" (art. 212 bis LSC).

No aparecen claramente incluidos en la nueva redacción los administradores de hecho. Es cierto que se trata de un concepto interpretado por la jurisprudencia en sentido lato, pues "... no ha de estarse a la formalización del nombramiento, de acuerdo a la respectiva modalidad societaria, ni a la jerarquía en el entramado social, sino a la realización efectiva de funciones de administración, del poder de decisión de la sociedad, la realización material de funciones de dirección" (STS nº 59/2007 de 26 de enero), de tal modo que lo será "toda persona que por sí sola o conjuntamente con otras, adopta e impone las decisiones de la gestión de una sociedad y concretamente las expresadas en los tipos penales, quien de hecho manda o quien gobierna desde la sombra" (STS nº 598/2012, de 5 de julio). En todo caso, el administrador de hecho nunca puede ser un mando intermedio, pues imparte las instrucciones, incluso a los administradores de la sociedad (art. 236.3 LSC), no las recibe ya que "debe participar activamente en la gestión y dirección, de forma permanente y no sujeta a esferas superiores de aprobación o decisión". (STS nº 59/2007). Por lo tanto, los administradores de hecho solo encajarían en este apartado de los "autorizados para tomar decisiones", no en el de quienes "ostentan facultades de organización y control". Y aun para conseguir tal encaje ha de interpretarse que la autorización para tomar decisiones en nombre de la persona jurídica puede ser también tácita. Otro entendimiento llevaría a la injustificada exclusión de los administradores de hecho del círculo de sujetos capaces de transferir la responsabilidad penal a la persona jurídica.

La vigente redacción permite incluir también en este apartado a quienes, sin ser propiamente administradores ni representantes legales de la sociedad, forman parte de órganos sociales con capacidad para tomar decisiones, así como a los apoderados singulares y a otras personas en quienes se hayan delegado determinadas funciones.

c) Quienes "ostentan facultades de organización y control"

La expresión engloba a un potencialmente alto número de cargos y mandos intermedios que tengan atribuidas tales facultades, entre ellas las medidas de vigilancia y control para prevenir delitos. Esta nueva redacción amplía y define mejor la posición de garante en la empresa, utiliza un lenguaje más adecuado a las categorías de imputación y establece con mayor precisión el hecho de conexión que genera la responsabilidad penal de la persona jurídica lo que permite, como consecuencia más relevante, incluir en la letra a) del art. 31 bis.1 al propio oficial de cumplimiento (*compliance officer*).

2.4. El beneficio directo o indirecto de la persona jurídica

El art. 31 bis original exigía que la conducta de la persona física, en los dos títulos de imputación, se hubiera realizado en nombre o por cuenta de la persona jurídica y "en su provecho". Esta última expresión suscitaba la duda de si tal provecho constituía propiamente un elemento subjetivo del injusto o un elemento objetivo. La Circular 1/2011 estudiaba esta cuestión y optaba por interpretar la expresión legal conforme a parámetros objetivos, sin exigir la efectiva constatación del beneficio, como una objetiva tendencia de la acción a conseguir el provecho, valorando esta como provechosa desde una perspectiva objetiva e hipotéticamente razonable, con independencia de factores externos que pudieran determinar que finalmente la utilidad no llegara a producirse.

Más problemático resultaba precisar si el provecho debía ser de naturaleza económica o podía serlo de otra índole. La diversidad de acepciones de la locución y el silencio del Legislador de 2010 permitían ambas interpretaciones, algo sobre lo que ya advirtieron el CGPJ y el Consejo de Estado en sus correspondientes dictámenes. La Circular 1/2011, apoyándose en el art. 52.4, se pronunció claramente por considerar "que cualquier clase de ventaja a favor de la entidad cumplía las exigencias del actuar *en provecho*, por difícil que pueda resultar su traducción a euros". No obstante, y aun cuando esta solución era mayoritariamente seguida por la doctrina, también cabía la interpretación restrictiva, lo que no resultaba conforme con los objetivos perseguidos al introducir la responsabilidad penal de las personas jurídicas. Haciéndose eco de estas dudas, la OCDE, en su informe correspondiente a la fase 3 de la evaluación sobre el cumplimiento en España del Convenio contra la Corrupción de Agentes Públicos Extranjeros en las Transacciones Comerciales Internacionales, alertaba de que la persona jurídica pudiera eludir su responsabilidad penal en los casos de obtención de un beneficio indirecto, como podía ser una ventaja competitiva.

La sustitución en la LO 1/2015 del término "provecho" por el de "beneficio directo o indirecto" despeja las dudas en favor de la interpretación lata que permite extender la responsabilidad de la persona jurídica a aquellas entidades cuyo objeto social no persigue intereses estrictamente económicos, así como incluir los beneficios obtenidos a través de un tercero interpuesto (caso de las cadenas de sociedades), los consistentes en un ahorro de costes y, en general, todo tipo de beneficios estratégicos, intangibles o reputacionales.

La nueva expresión legal "en beneficio directo o indirecto" mantiene la naturaleza objetiva que ya tenía la suprimida "en provecho", como acción tendente a conseguir un beneficio, sin necesidad de que este se produzca, resultando suficiente que la actuación de la persona física se dirija de manera directa o indirecta a beneficiar a la entidad. Incluso cuando la persona física haya actuado en su exclusivo beneficio o interés o en el de terceros ajenos a la persona jurídica también se cumplirá la exigencia típica, siempre que el beneficio pueda alcanzar a esta, debiendo valorarse la idoneidad de la conducta para que la persona jurídica obtenga alguna clase de ventaja asociada a aquella. Piénsese que, de ordinario, la persona física actuará motivada por el deseo de obtener un beneficio personal y no tanto, o en absoluto, con el ánimo de beneficiar a la sociedad. Valga el ejemplo del portero de una discoteca que, defectuosamente controlado por sus superiores, vende droga a los clientes en su propio beneficio económico lo que, indirectamente, puede redundar en beneficio de la sociedad a la que podría generar una mayor afluencia de clientes.

Solo quedarán excluidas aquellas conductas que, al amparo de la estructura societaria, sean realizadas por la persona física en su exclusivo y propio beneficio o en el de terceros, y resulten inidóneas para reportar a la entidad beneficio alguno, directo o indirecto. La exigencia de "beneficio directo o indirecto" establecida en el art. 31 bis CP contrasta con el régimen del art. 129 CP pues este precepto solo requiere que el delito objeto de la condena haya sido cometido "en el seno, con la colaboración, a través o por medio de" la correspondiente entidad carente de personalidad jurídica, sin que se contemple en este caso que el delito se cometa por cuenta y en beneficio de una organización. Ahora bien, la naturaleza claramente punitiva de estas consecuencias accesorias –una vez desaparecida con la LO 5/2010 la referencia a su orientación preventiva–, su carácter potestativo y la necesidad de motivación, con escrupuloso respeto al principio de proporcionalidad, exigirá una especial prudencia en su aplicación para evitar una inadmisible responsabilidad objetiva.

La posibilidad de admitir la comisión culposa en el delito de la persona física queda abierta desde el momento en que la acción se valora como beneficiosa para la sociedad desde una perspectiva objetiva. Ha de reconocerse que tal posibilidad resulta, en principio, problemática, por la difícil compatibilidad de la fórmula "en beneficio directo o indirecto" con la estructura del delito imprudente, aun descartando que con ella se defina un elemento subjetivo. Por otra parte, las previsiones de política criminal tampoco buscan, en principio, sancionar al ente colectivo por la imprudencia de sus dirigentes o de los subordinados de estos defectuosamente controlados. Sin embargo, toda vez que el art. 31 bis no describe la conducta concreta de la persona física, es en los correspondientes preceptos de la Parte Especial donde se ha de examinar la previsión de su comisión culposa.

Un recorrido por los delitos para los que está prevista la responsabilidad de la persona jurídica muestra que la inmensa mayoría describe comportamientos exclusivamente dolosos. Los delitos contra la salud pública prevén la modalidad imprudente (art. 367), pero la responsabilidad de la persona jurídica no se extiende a ella (art. 366). Exclusión, por otra parte, desafortunada, pues imposibilita la exigencia de responsabilidad a las empresas que hayan incumplido gravemente los deberes mínimos de diligencia en la fabricación o comercialización de productos letales o gravemente dañinos para la salud de los consumidores, actuaciones no precisamente desconocidas en la jurisprudencia española. Finalmente, solo cuatro grupos de conductas imprudentes son susceptibles de generar un reproche penal a la persona jurídica, a saber: las insolvencias punibles, los delitos contra los recursos naturales y el medio ambiente, el delito de blanqueo de capitales y los delitos de financiación del terrorismo.

Respecto de las insolvencias punibles, el art. 261 bis se remite a los "delitos comprendidos en este Capítulo", que incluye la modalidad culposa (art. 259.3). Lo mismo cabe decir del art. 328 y su remisión a los delitos contra los recursos naturales y el medio ambiente del Capítulo III del Título XVI, cuya modalidad culposa se contempla en el art. 331. También el art. 576.5

extiende la responsabilidad de la persona jurídica a la imprudencia grave en el incumplimiento de las obligaciones de prevención de las actividades de financiación del terrorismo (art. 576.4). La cuarta previsión legal es más oscura pues el art. 302.2 parece remitirse solo a los "casos" del art. 302.1, esto es, a las organizaciones dedicadas al blanqueo. Sin embargo, cabe interpretar que la remisión que el art. 302.2 hace a "tales casos" se extiende también a "los supuestos previstos en el artículo anterior", lo que abarcaría la modalidad imprudente de blanqueo, reconocida en el art. 301.3. Esta exégesis resulta conforme con las obligaciones administrativas que la Ley 10/2010, de 28 de abril, *de prevención del blanqueo de capitales y de la financiación del terrorismo* impone a los sujetos obligados personas jurídicas (art. 2.1) y que demandan su imputación cuando una persona física cometa un delito de blanqueo imprudente en las circunstancias previstas en el art. 31 bis. Por otra parte, sería incoherente dar un tratamiento diferente al incumplimiento imprudente de los deberes de prevención del blanqueo y al de la financiación del terrorismo, sometidos al mismo régimen legal.

2.5. El incumplimiento grave de los deberes de supervisión, vigilancia y control de la letra b) del artículo 31 bis 1

La LO 1/2015 sustituye la condición de que el autor del delito haya podido cometerlo por no haberse ejercido sobre él "el debido control" por el menos exigente requisito de "haberse incumplido gravemente los deberes de supervisión, vigilancia y control". Como se ha dicho, estos deberes son exigibles a las personas a que se refiere la letra a) y no directamente a la persona jurídica. Se trata por tanto de un incumplimiento de las personas físicas, por dolo o imprudencia grave, y no una culpabilidad por "defecto de organización" de la persona jurídica.

Bajo la anterior regulación, esta conclusión, que viene a definir el modelo de responsabilidad indirecta o vicarial de la persona jurídica suscitaba la objeción de que los representantes legales y administradores, dada su posición jerárquica en la empresa, no están en posición de ejercer un control real y efectivo sobre los subordinados. La ampliación de los sujetos responsables en la letra a), junto a la exigencia de que la deficiencia en el control sea grave, permite corregir este reparo, por otra parte solo predicable de las grandes empresas, con un gran número de mandos intermedios.

La dificultad de identificar los concretos deberes de control que personalmente son exigibles a las personas físicas constituía otro reproche al modelo. En efecto, la propia naturaleza de la actividad empresarial, regida por principios de especialidad, de división del trabajo y de complementariedad en la persecución de objetivos comunes, puede obstaculizar notablemente la necesaria individualización. Tanto más si la estructura societaria se ha establecido precisamente para eludir la responsabilidad individual frente a determinados delitos. Los novedosos modelos de organización y gestión vendrían a corregir esta limitación, mediante la rigurosa identificación de las obligaciones de vigilancia y control que atañen a cada individuo.

La clara disminución de la intervención punitiva que comporta la introducción del adverbio "gravemente" permite dejar fuera del ámbito penal aquellos incumplimientos de escasa entidad, de acuerdo con una razonable aplicación del principio de intervención mínima. Tales incumplimientos deberían ser objeto de corrección por la correspondiente normativa administrativa y mercantil. En todo caso esta remisión a la normativa extrapenal es obligada desde el momento en que la exigencia de que la deficiencia en el control haya sido grave excede de las previsiones sectoriales que se contienen en todas las Decisiones Marco y, más recientemente, Directivas de la Unión Europea. En ellas se establece sistemáticamente la obligación de que las personas jurídicas sean sancionadas cuando exista una "falta de supervisión o control", que nunca adjetiva como grave. Las sanciones no tienen que ser necesariamente penales, bastando con que sean "efectivas, proporcionales y disuasorias", pero, como atinadamente advierte el Consejo de Estado en su Dictamen al Anteproyecto, si las sanciones penales se limitan a los incumplimientos graves, los incumplimientos de menor entidad deberán ser castigados administrativamente para cubrir la totalidad del reproche que establece la normativa comunitaria.

Cabría pensar en otra alternativa al referido doble sistema sancionador, penal para incumplimientos graves y administrativo para el resto de incumplimientos. La brinda la regla 2ª del art. 66 bis CP que establece que "cuando la responsabilidad de la persona jurídica, en los casos previstos en la letra b) del apartado 1 del art. 31 bis, derive de un incumplimiento de los deberes de supervisión, vigilancia y control que no tenga carácter grave, estas penas tendrán en todo caso una duración máxima de dos años". Toda vez que la gravedad del incumplimiento es precisamente el presupuesto para que nazca la responsabilidad de la persona jurídica en el referido criterio de imputación de la letra b), parece claro que el principio de tipicidad penal impide observar esta regla penológica introducida por la LO 1/2015. Por lo tanto, para las infracciones menos graves de los deberes de control solo caben las sanciones administrativas. Sucede que tales sanciones complementarias de las penales solo están parcialmente reguladas en una normativa incompleta y dispersa que habrá de buscarse en las correspondientes leyes, generalmente mercantiles, que disciplinan algunas de las materias relacionadas con las infracciones para las que el Código Penal contempla la responsabilidad de la persona jurídica. Entre ellas, las relativas a los consumidores y usuarios, los mercados financieros, los mercados de valores o la prevención del blanqueo de capitales y la financiación del terrorismo.

Debe recordarse aquí que "si bien no existe una norma general expresa al respecto y solamente en casos concretos la ley prevé que el Ministerio Fiscal comunique a la autoridad administrativa extremos de los que tengan conocimiento y de los que puedan derivarse consecuencias administrativo-sancionadoras, cabe de esta regulación fragmentaria extraer un principio general de comunicación interorgánica o interinstitucional" (Instrucciones 10/2005 y 1/2009).

En tanto que la exigencia de un incumplimiento grave del deber de control supone una restricción del reproche penal, la sustitución del "debido control" por "los deberes de supervisión, vigilancia y control", si no amplía, al menos sí precisa mejor el contenido del deber, viniendo los términos "supervisión" y "vigilancia" a enfatizar que ese control o fiscalización es externo y superior respecto de las tareas encomendadas o a cargo de otros y a definir también más adecuadamente los deberes de los nuevos sujetos que, como el oficial de cumplimiento, se han incorporado al apartado primero a). En todo caso, la nueva formulación es conforme con la normativa mercantil. Así, la Ley de Sociedades de Capital, tras la reforma operada por Ley 31/2014, impone a los administradores el deber de diligencia "de un ordenado empresario" exigiéndoles adoptar "las medidas precisas para la buena dirección y el control de la sociedad" (art. 225). La supervisión es precisamente una de las facultades indelegables por el consejo de administración en relación con el "efectivo funcionamiento de las comisiones que hubiera constituido y de la actuación de los órganos delegados y de los directivos que hubiera designado" (art. 249 bis). Facultad indelegable que, en las sociedades cotizadas, se extiende, más detalladamente, a "la determinación de la política de control y gestión de riesgos, incluidos los fiscales, y la supervisión de los sistemas internos de información y control" (art. 529 ter, 1.b). Se trata, en definitiva, de que la delegación de funciones y el principio de confianza propios de la actividad societaria, no sirvan de excusa a los administradores para desatender los deberes de supervisión, vigilancia y control que les competen personalísimamente.

La cuestión ha sido abordada por la Sala Segunda del Tribunal Supremo que, en las SSTS nº 257/2009, de 30 de marzo y 234/2010, de 11 de marzo, examina la posición de garante y la comisión por omisión en relación con la responsabilidad por la conducta de terceros subordinados al omitente o, al menos, terceros sobre los que el omitente ejerce una cierta autoridad y tiene la posibilidad de vigilancia que le permite evitar el resultado, cuando la actividad de aquellos sea considerada como una fuente de peligro para intereses ajenos. Sobre la responsabilidad por omisión en estructuras organizadas, la

STS nº 1193/2010, de 24 de febrero, advertía que "no existe ninguna razón de peso para excluir la responsabilidad penal del superior que conoce la ejecución del acto antijurídico del inferior, cometido, tanto dentro del ámbito de las funciones de este último como de las facultades de supervisión del superior, y, pudiendo hacerlo, no ejerce sus facultades de control o no actúa para evitarlo. Dicha responsabilidad penal se extiende a aquellas "actividades o actuaciones que ordinariamente no generan peligro para terceros, si en el caso concreto, el directivo conoce la existencia del riesgo generado y la alta probabilidad de que supere el límite del riesgo jurídicamente permitido," concluyendo la citada sentencia que "el directivo que dispone de datos suficientes para saber que la conducta de sus subordinados, ejecutada en el ámbito de sus funciones y en el marco de su poder de dirección, crea un riesgo jurídicamente desaprobado, es responsable por omisión si no ejerce las facultades de control que le corresponden sobre el subordinado o no actúa para impedirla".

La nueva exigencia de que el incumplimiento del deber de control haya sido grave determina que, junto a la persona jurídica, el omitente del control también pueda responder por un delito, bien doloso, en comisión por omisión, bien gravemente imprudente, lo que traslada la conducta a la letra a). Se origina así la simultánea concurrencia de los dos criterios de atribución de responsabilidad a la persona jurídica: por un lado, el de la letra b), por el delito cometido por el subordinado, y, por otro, el de la letra a), por el delito implícito en el incumplimiento grave de sus deberes por las personas incluidas en este apartado. La extensión de la expresión "delitos cometidos" permite esta doble posibilidad de transferencia de responsabilidad a la persona jurídica, lo que tiene cierta trascendencia a la hora de apreciar la exención de responsabilidad penal dado el diferente régimen de exención de los dos títulos de imputación. Si bien en estos casos el autor en sentido estricto será el subordinado (letra b), en tanto que la persona incluida en la letra a) tendría la consideración de mero partícipe del delito cometido por este, lo cierto es que la conducta del encargado del control aparece como la realmente determinante de la transferencia de responsabilidad a la entidad, ya sea de manera directa en el caso de la letra a) ya indirecta, pues sin su infracción grave la conducta delictiva del subordinado deviene irrelevante. Por ello, en estos casos de concurrencia los Sres. Fiscales dirigirán la imputación a la persona jurídica por los dos títulos, sin necesidad de optar por uno u otro.

En cuanto a los delitos que provocan la responsabilidad de la persona jurídica, deben haber sido cometidos por los sujetos sometidos a la autoridad de las personas físicas mencionadas en la letra a) del apartado 1, siendo suficiente que operen en el ámbito de dirección, supervisión, vigilancia o control de estas. No es necesario que se establezca una vinculación formal con la empresa a través de un contrato laboral o mercantil, quedando incluidos autónomos o trabajadores subcontratados, siempre que se hallen integrados en el perímetro de su dominio social.

El incumplimiento grave de los deberes de supervisión, vigilancia y control ha de valorarse, "atendidas las concretas circunstancias del caso" expresión que, ya antes de la reforma y con toda claridad tras ella, remite a los programas de control que se regulan inmediatamente a continuación, en el apartado 2 del mismo art. 31 bis. Precisamente, al modelo de responsabilidad por transferencia o vicarial se le ha venido también reprochando que, aun habiendo realizado la empresa esfuerzos considerables por mantener el control de los riesgos generados por la actividad, la responsabilidad siempre le era exigible. Aunque esto no es del todo cierto, pues el contenido real del mandato de la persona física y las posibles extralimitaciones de ese mandato pueden ser objeto de valoración entre tales "circunstancias" y la persona jurídica puede defenderse en el proceso de manera independiente de los acusados personas físicas, lo cierto es que esta objeción desaparece del todo con el trascendental valor que la reforma atribuye a los programas de control.

Naturalmente, cuando la infracción del deber de control no se haya producido o haya sido leve siempre cabe en sede penal la declaración de la responsabilidad civil subsidiaria de la persona jurídica, de conformidad con el art. 120. 4° CP. Dicha responsabilidad se encuentra "anclada en los principios de culpa 'in vigilando' y culpa 'in eligendo', que se erigen en fundamentos jurídicos como base de tal responsabilidad, haciendo notar que esos criterios han derivado a formas más objetivas encaminadas a la protección de las víctimas, vinculando la responsabilidad civil subsidiaria a aquellas personas o entidades que con la actividad del infractor obtienen un beneficio a costa de crear una situación de riesgo (teoría del riesgo) conforme al principio de 'qui sentit commodum, debet sentire incommodum.' [...]" (STS n° 811/2014, de 3 de diciembre).

La responsabilidad civil subsidiaria queda igualmente como última vía reparadora en los casos en que la persona jurídica no sea responsable penalmente. En este sentido, la STS n° 830/2014, de 28 de diciembre, recuerda que "ciertamente no puede llegarse a declararse un beneficio a la empresa por razón de tal actividad delictiva, al modo de como hoy se describe en el art. 31 bis del Código Penal, pero ha de convenirse que no estamos juzgando la responsabilidad *penal* de la persona jurídica, cuyos controles para su activación han de ser más rigurosos, sino estamos declarando un aspecto meramente *civil,* cual es la responsabilidad civil subsidiaria, que por tal carácter, deberá recaer directa y principalmente sobre el acusado [...] y tras su insolvencia en su principal, al no haberse implantado los controles necesarios para evitar este tipo de conductas en la empresa, estando justificada tal responsabilidad civil no solamente en los principios clásicos de la falta *in eligendo* o *in vigilando*, sino en la responsabilidad objetiva por la que esta Sala Casacional camina incesantemente para procurar la debida protección de las víctimas en materia de responsabilidad civil subsidiaria".

3. Personas jurídicas imputables e inimputables

Es una evidencia que la persona jurídica es la estructura que interviene de forma casi generalizada en el tráfico jurídico y económico, con el consiguiente protagonismo en la delincuencia económica. Ello es especialmente predicable de las grandes empresas cuya capacidad real de dominio constituye una de las razones político-criminales por las que se ha extendido en una gran mayoría de ordenamientos jurídicos la responsabilidad penal de las personas jurídicas, hasta el punto de llegar a considerarse que la exclusiva punición del individuo no hace desaparecer la peligrosidad del ente colectivo ni protege suficientemente los bienes jurídicos en riesgo.

Nace así la responsabilidad empresarial como complemento de la individual, nunca como medio de eludir las responsabilidades individuales en el seno de estructuras societarias complejas. El Derecho Comunitario es muy preciso cuando en las diferentes Decisiones Marco y Directivas que introducen la previsión de responsabilidad de las personas jurídicas expresamente establece que dicha responsabilidad "se entenderá sin perjuicio de las acciones penales que pudieran emprenderse contra las personas físicas...". Se eliminan así lagunas punitivas y se evita que los dirigentes de la persona jurídica caigan en la natural tentación de transferir su responsabilidad a esta. En coherencia con estos principios, el art. 31 ter deja clara la compatibilidad y autonomía entre la sanción de la persona jurídica y la de la persona física responsable, cuya efectiva punición no es requisito necesario de la responsabilidad de la entidad.

Este régimen de compatibilidad no entraña que, cumplidos los criterios legales de transferencia, la responsabilidad de la persona jurídica devenga inevitable. Junto a las sociedades que operan con normalidad en el tráfico jurídico mercantil y en cuyo seno se pueden producir comportamientos delictivos, existen otras estructuras societarias cuya finalidad exclusiva o principal es precisamente la comisión de delitos. El régimen de responsabilidad de las personas jurídicas no está realmente diseñado para ellas (supervisión de los subordinados, programas de cumplimiento normativo, régimen de atenuantes...) de tal modo que la exclusiva sanción de los individuos que las dirigen frecuentemente colmará todo el reproche punitivo de la conducta, que podrá en su caso completarse con otros instrumentos como el decomiso o las medidas cautelares reales. Se entiende así que las sociedades instrumentales aunque formalmente sean personas jurídicas, materialmente carecen del suficiente desarrollo organizativo para que les sea de aplicación el art. 31 bis, especialmente tras la completa regulación de los programas de cumplimiento normativo.

Con anterioridad a la introducción de estos programas, ya advertía la Circular 1/2011 que no se precisaba imputar necesariamente a la persona jurídica en aquellos casos en los que se detectara la existencia de sociedades *pantalla o de fachada*, caracterizadas por la ausencia de verdadera actividad, organización, infraestructura propia, patrimonio etc., utilizadas como herramientas del delito o para dificultar su investigación. Nada impide -se dice en esta Circular- el recurso a la figura de la simulación contractual o a la doctrina del *levantamiento del velo*.

El rechazo a la imputación de la persona jurídica en los referidos supuestos tiene una indiscutible trascendencia procesal pues esta resulta privada de los derechos y garantías que, a semejanza de la imputada persona física, fueron introducidos en la LECrim. por la Ley 37/2011, de 10 de octubre, *de medidas de agilización procesal*. Ello ha generado alguna controversia procesal, de la que es buena muestra el auto de 19 de mayo de 2014, dictado por la Sala de lo Penal de la Audiencia Nacional, que confirma la denegación de la personación como parte imputada de una mercantil cuyo administrador único era el imputado y a la que se habían embargado unos bienes, acordada por el Juzgado Central de Instrucción en un procedimiento por blanqueo de capitales. Con ocasión de este pronunciamiento, el Tribunal profundiza en el fundamento material de la responsabilidad penal de la persona jurídica introduciendo el concepto de imputabilidad empresarial, con la consiguiente distinción entre personas jurídicas imputables e inimputables, de tal manera que solo serán penalmente responsables aquellas personas jurídicas que tienen un sustrato material suficiente.

Desde el punto de vista de su responsabilidad organizativa surgirían así tres categorías de personas jurídicas:

1. Aquellas que operan con normalidad en el mercado y a las que propia y exclusivamente se dirigen las disposiciones sobre los modelos de organización y gestión de los apartados 2 a 5 del art. 31 bis. Mejor o peor organizadas, son penalmente imputables.
2. Las sociedades que desarrollan una cierta actividad, en su mayor parte ilegal. Como se advierte en el citado auto, "el límite a partir del cual se considera penalmente que la persona jurídica es una entidad totalmente independiente, no mero instrumento de la per-

sona, es un límite normativo que, probablemente irá variando a lo largo del tiempo". Un ejemplo de este tipo de sociedades son las utilizadas habitualmente en esquemas de blanqueo de capitales o financiación del terrorismo como instrumento para colocar fondos al socaire de la actividad legal de la sociedad, simulando que es mayor de la que realmente tiene. En la mayoría de los casos se mezclan fondos de origen lícito e ilícito, normalmente incrementando de manera gradual los fondos de origen ilícito. A ellas se refiere la regla 2ª del art. 66 bis como las utilizadas "instrumentalmente para la comisión de ilícitos penales. Se entenderá que se está ante este último supuesto siempre que la actividad legal de la persona jurídica sea menos relevante que su actividad ilegal". El precepto las deja claramente dentro del círculo de responsabilidad de las personas jurídicas y, en la medida en que tienen un mínimo desarrollo organizativo y cierta actividad, aunque en su mayor parte ilegal, son también imputables.

3. Finalmente solo tendrán la consideración de personas jurídicas inimputables aquellas sociedades cuyo "carácter instrumental exceda del referido, es decir que lo sean totalmente, sin ninguna otra clase de actividad legal o que lo sea solo meramente residual y aparente para los propios propósitos delictivos" (auto de 19 de mayo de 2014, cit.). Frecuentemente, este tipo de sociedades suele emplearse para un uso único. Por ejemplo, como instrumento para la obtención de una plusvalía simulada mediante la compra y posterior venta de un mismo activo, normalmente un bien inmueble (por su elevado valor) o activos financieros (por su dificultad para conocer su valor real). En esta categoría se incluyen también aquellas sociedades utilizadas para un uso finalista, como mero instrumento para la tenencia o titularidad de los fondos o activos a nombre de la entidad, a modo de velo que oculta a la persona física que realmente posee los fondos o disfruta del activo.

Otros supuestos en que procede la exclusiva imputación de la persona física eran advertidos por la Circular 1/2011. Se trata de aquellos en que existe una identidad absoluta y sustancial entre el gestor y la persona jurídica, de manera que sus voluntades aparecen en la práctica totalmente solapadas o en que resulta irrelevante la personalidad jurídica en la concreta figura delictiva, evitando así una doble incriminación que resultaría contraria a la realidad de las cosas y podría vulnerar el principio *non bis in idem*.

El riesgo de incurrir en *bis in idem* es especialmente alto en el caso de las pequeñas empresas, tanto en los casos apuntados en la Circular 1/2011 [que se identifican con el hecho de conexión del art. 31 bis 1º a)] como cuando la responsabilidad de la empresa por los actos de sus empleados se sustenta en la falta de control de sus responsables [art. 31 bis 1º b)], que viene a confundirse con la propia falta de un sistema adecuado de control corporativo. Puede afirmarse que el sistema de responsabilidad, tal y como se ha diseñado, con las referencias al elenco de sujetos de la letra a), los deberes de control o los propios modelos de organización y gestión, está ideado fundamentalmente para la mediana y gran empresa, en coherencia con las apuntadas razones de política criminal. Para las pequeñas empresas, las exigencias impuestas en los programas pueden resultar excesivas, aun con las correcciones del apartado 3 del art. 31 bis, cuestión esta que se analizará más adelante.

4. Las personas jurídicas públicas exentas de responsabilidad

El art. 31 quinquies se refiere a las personas jurídicas exceptuadas del régimen de responsabilidad penal e incorpora el contenido del apartado quinto del anterior art. 31 bis con algunas modificaciones:

"1. Las disposiciones relativas a la responsabilidad penal de las personas jurídicas no serán aplicables al Estado, a las Administraciones públicas territoriales e institucionales, a los Organismos Reguladores, las Agencias y Entidades públicas Empresariales, a las organizaciones internacionales de derecho público, ni a aquellas otras que ejerzan potestades públicas de soberanía o administrativas.

2. En el caso de las Sociedades mercantiles públicas que ejecuten políticas públicas o presten servicios de interés económico general, solamente les podrán ser impuestas las penas previstas en las letras a) y g) del apartado 7 del art. 33. Esta limitación no será aplicable cuando el juez o tribunal aprecie que se trata de una forma jurídica creada por sus promotores, fundadores, administradores o representantes con el propósito de eludir una eventual responsabilidad penal".

La primera modificación del art. 31 bis procede de la LO 7/2012, de 27 de diciembre, que reformó el Código Penal *en materia de transparencia y lucha contra el fraude fiscal y en la Seguridad Social,* y fue aprovechada en su tramitación parlamentaria para eliminar del listado de sujetos excluidos a los partidos políticos y a los sindicatos. Aunque la exclusión del régimen de responsabilidad penal proclamada solo dos años antes podía justificarse en atención a las funciones que la Constitución les reconoce en sus arts. 6 y 7, también es cierto que las asociaciones empresariales son objeto en este segundo precepto de idéntico tratamiento que los sindicatos, sin que por ello se les hubiera declarado entonces exentas de responsabilidad penal. El Preámbulo de la LO 7/2012 explicó sucintamente la repentina atribución de responsabilidad penal a partidos políticos y sindicatos asegurando que "de este modo se supera la percepción de impunidad de estos dos actores de la vida política".

Junto a los partidos políticos, serán también penalmente responsables las fundaciones y entidades con personalidad jurídica que se consideren a ellos vinculadas, conforme a los criterios que se establecen en la disposición adicional séptima de la LO 8/2007, de 4 de julio, *sobre financiación de los partidos políticos*, tras la modificación operada por la LO 3/2015, de 30 de marzo, *de control de la actividad económico-financiera de los Partidos Políticos*.

Con idéntico régimen de responsabilidad penal que cualquier sociedad mercantil, las singularidades de partidos políticos y sindicatos determinan, no obstante, que sus modelos de organización y gestión deban acomodarse a sus especiales características (participación ciudadana y democracia interna) y riesgos. En cuanto a estos, parece claro que los programas de prevención atenderán especialmente a las conductas de financiación ilegal.

Debe destacarse que, a diferencia de otras personas jurídicas, en principio no obligadas a establecer programas de prevención, el art. 9 bis de la LO 8/2007, introducido por la LO 3/2015, expresamente obliga a los partidos políticos a "adoptar en sus normas internas un sistema de prevención de conductas contrarias al ordenamiento jurídico y de supervisión, a los efectos previstos en el artículo 31 bis del Código Penal".

En relación con las penas de disolución y suspensión judicial ha de tenerse en cuenta lo dispuesto en el Capítulo III de la LO 6/2002, de 27 de junio, *de Partidos Políticos* (modificado por LO 3/2015) que regula las causas de disolución del partido político, que alcanza a supuestos no contemplados en el Código Penal [letras b) y c) del apartado 2 del art. 10 de la LO], el procedimiento para instar su declaración de ilegalidad y consecuente disolución en tales supuestos y los efectos de la disolución judicial. En cuanto a la suspensión judicial de un partido político, esta solo procederá en los supuestos previstos en el Código Penal, siendo posible acordar la suspensión como medida cautelar, tanto conforme a las disposiciones de la LECrim. como conforme al art. 8 de la LO (art. 10.3).

El resto del contenido del anterior número 5 del art. 31 bis se conserva inalterado en el art. 31 quinquies.1 y por lo tanto mantiene sus imprecisiones terminológicas. Respecto del Estado, su inicial mención permitiría englobar a todas las Administraciones, como más sencillamente establece el Código Penal francés (art. 121-2), lo que haría innecesario el ulterior listado de órganos del sector público estatal. Sin embargo el art. 31 quinquies se adentra en el frecuentemente inseguro terreno de las relaciones y lo hace con una terminología que no siempre se acomoda a las correspondientes clasificaciones administrativas, por otra parte cambiantes, que configuran el sector público, formado por tres sectores: el sector público administrativo, el sector público empresarial, y el sector público fundacional.

En el sector público administrativo se encuadran los organismos autónomos, las entidades estatales de derecho público (entre ellas algunos de los llamados "organismos reguladores") y los consorcios, conforme se establece en la Ley 40/2015, de 1 de octubre, de Régimen Jurídico del Sector Público, en vigor el 2 de octubre de 2016 y que deroga la Ley 6/1997, de 14 de abril, de Organización y Funcionamiento de la Administración General del Estado. La referencia legal a "aquellas otras [organizaciones] que ejerzan potestades públicas de soberanía o administrativas" permite incluir todo el sector público administrativo.

En cuanto al sector público empresarial, las sociedades mercantiles estatales, mencionadas en el primitivo art. 31 bis 5º, habían sido objeto de especial controversia. La OCDE, en el ya citado informe adoptado por el Grupo de Trabajo en 2012, mostraba su preocupación por que las sociedades estatales pudieran eludir el régimen de responsabilidad de las personas jurídicas. Esta organización llamaba especialmente la atención sobre la titularidad pública de las acciones de las entidades financieras *rescatadas* por el Estado a través del FROB, alertando de que "en España, la exclusión de la responsabilidad penal de estas sociedades es aún más preocupante por el hecho de que en muchos casos están controladas por gobiernos regionales" y concluía su informe recomendando una reforma del Código Penal que aclarara que las sociedades estatales eran penalmente responsables del delito del actual art. 286 ter.

Atendiendo a esta recomendación, la LO 1/2015 reconoce la responsabilidad penal de las sociedades mercantiles públicas, a las que dedica el apartado 2 del art. 31 quinquies, si bien limita las penas que le pueden ser impuestas a las previstas en las letras a) y g) del art. 33.7 CP, esto es, la multa y la intervención judicial. Al referirse a las sociedades mercantiles públicas y no solo a las estatales, quedan también claramente incluidas las constituidas por las Comunidades Autónomas y las Entidades locales.

Para que sea aplicable esta cláusula limitativa de las penas a las sociedades mercantiles públicas es necesario que las mismas "ejecuten políticas públicas o presten servicios de interés económico general". Si bien la ejecución y prestación de tales políticas y servicios se atribuye de ordinario en el ámbito estatal a los organismos autónomos, los consorcios o a las entidades públicas empresariales (Ley 6/1997 y la Ley 40/2015, de 1 de octubre), no resulta infrecuente que las sociedades estatales, especialmente las de capital exclusivo público, presten servicios públicos de interés económico general. Será finalmente el análisis del concreto fin público que desarrolla cada sociedad el que determine la calificación y relevancia del servicio prestado, pues el concepto de servicio público, desde una perspectiva funcional del patrimonio público, no ha de entenderse ligado o encorsetado por categorías administrativas, como interpreta la más reciente jurisprudencia en relación con el subtipo agravado del vigente art. 432.3 a) CP (STS nº 277/2015, de 3 de junio).

Aunque no aparecen expresamente mencionadas, deben considerarse igualmente exentas de responsabilidad las fundaciones públicas, integradas en el sector público fundacional, dado su sometimiento al Derecho administrativo (Ley 40/2015, Ley 50/2002, de Fundaciones, y Ley 47/2003, de 26 de noviembre, *General presupuestaria*). Su actividad está siempre relacionada con el ámbito competencial de las entidades del sector público fundadoras, sin que ello suponga la asunción de competencias propias (art. 128 Ley 40/2015). Sus presupuestos, contabilidad, auditoría de cuentas y selección de personal se rigen por disposiciones administrativas, como su régimen de contratación, que se somete a la Ley 30/2007, de 30 de octubre, *de contratos del sector público* [art. 4.2 g) Ley 47/2003 y 131 de la Ley 40/2015] y su control, encomendado a la Intervención General de la Administración del Estado.

En definitiva, las fundaciones públicas no son sino simples formas de gestión, cuya existencia se debe a una decisión administrativa que debe obedecer al mejor cumplimiento de los fines de interés general. Si bien la fundación pública solo desarrolla tales actividades de interés general y nunca de carácter mercantil o industrial (Instrucción nº 1/2008, de 5 de febrero, de la Abogacía del Estado), aun cuando llevara a cabo ciertas actividades con fines lucrativos, mientras siga atendiendo necesidades de interés general, será considerada un organismo de derecho público (sentencia TJCE de 10 de abril de 2008, asunto C-393/06). Por todo lo expuesto, su exclusión del régimen del art. 31 bis no ofrece duda, aunque una vez escogida por el Legislador la técnica del listado, hubiera sido muy oportuna su incorporación al mismo.

Lo dicho es extensible a las fundaciones del sector público autonómico, respecto de las que cada Comunidad Autónoma tiene su propia regulación, y local, pues si bien la constitución de fundaciones locales es una posibilidad no prevista expresamente en la legislación local, resulta inherente a la libre organización de los servicios públicos locales.

Tras la reforma legal subsisten las dudas respecto de los Colegios profesionales. La Circular 1/2011 entendió que su responsabilidad penal no podía considerarse excluida con carácter general, "por cuanto constituyen cuerpos intermedios de configuración bifronte que tienen entre sus fines primordiales la defensa de intereses privados, aunque comunes, a los miembros de un determinado sector económico o profesional, de modo que participan en tareas de naturaleza pública en mayor o menor medida, con un grado variable de asimilación de sus actos al régimen administrativo, lo que aconseja efectuar en este sentido una valoración jurídica casuística". Tras la inclusión de los partidos políticos y los sindicatos en el régimen de responsabilidad penal, debe rectificarse este criterio. Los Colegios profesionales no encajan en ninguna de las categorías mencionadas en el art. 31 quinquies, sin que quepa en este caso hacer una interpretación claramente extensiva de las personas jurídicas excluidas. Debe entenderse que el ejercicio de potestades públicas de soberanía o administrativas, por su tenor literal, resulta aplicable solo a las administraciones públicas y no a entes de naturaleza asociativa privada, como los Colegios profesionales, las Cámaras de comercio, los sindicatos o los propios partidos políticos. Esta interpretación restrictiva es plenamente conforme con todas las Decisiones Marco y Directivas sectoriales que solo excluyen del concepto de persona jurídica responsable a los Estados, a los organismos públicos en el ejercicio de su potestad pública y a las organizaciones internacionales públicas.

El último inciso del párrafo segundo establece una excepción al régimen de exclusión de las sociedades mercantiles públicas, que se refiere a las estructuras jurídicas creadas por sus promotores, fundadores, administradores o representantes con el propósito de eludir una eventual responsabilidad penal. La norma exige que la sociedad se haya constituido *ad hoc* con tal objetivo, por lo que la ilegalidad sobrevenida de la sociedad no será relevante. Esta excepción, que se extendía en el anterior art. 31 bis 5º a todas las personas jurídicas públicas, queda restringida tras la reforma a las sociedades mercantiles públicas. Esta limitación en principio no producirá lagunas punitivas pues se trata de una conducta difícil de imaginar en los organismos, entidades y organizaciones mencionadas en el núm. 1 del art. 31 quinquies, a salvo, tal vez, algunas entidades públicas empresariales, de naturaleza más próxima a las sociedades mercantiles públicas.

5. El régimen de exención de responsabilidad de las personas jurídicas: los modelos de organización y gestión

El aspecto más novedoso de la reforma de 2015 es la completa regulación en los apartados 2, 3, 4 y 5 del art. 31 bis de los programas de cumplimiento normativo o *compliance guides*, denominados modelos de organización y gestión:

"2. Si el delito fuere cometido por las personas indicadas en la letra a) del apartado anterior, la persona jurídica quedará exenta de responsabilidad si se cumplen las siguientes condiciones:

1.ª el órgano de administración ha adoptado y ejecutado con eficacia, antes de la comisión del delito, modelos de organización y gestión que incluyen las medidas de vigilancia y control idóneas para prevenir delitos de la misma naturaleza o para reducir de forma significativa el riesgo de su comisión;

2.ª la supervisión del funcionamiento y del cumplimiento del modelo de prevención implantado ha sido confiada a un órgano de la persona jurídica con poderes autónomos de iniciativa y de control o que tenga encomendada legalmente la función de supervisar la eficacia de los controles internos de la persona jurídica;

3.ª los autores individuales han cometido el delito eludiendo fraudulentamente los modelos de organización y de prevención y

4.ª no se ha producido una omisión o un ejercicio insuficiente de sus funciones de supervisión, vigilancia y control por parte del órgano al que se refiere la condición 2.ª

En los casos en los que las anteriores circunstancias solamente puedan ser objeto de acreditación parcial, esta circunstancia será valorada a los efectos de atenuación de la pena.

3. En las personas jurídicas de pequeñas dimensiones, las funciones de supervisión a que se refiere la condición 2.ª del apartado 2 podrán ser asumidas directamente por el órgano de administración. A estos efectos, son personas jurídicas de pequeñas dimensiones aquéllas que, según la legislación aplicable, estén autorizadas a presentar cuenta de pérdidas y ganancias abreviada.

4. Si el delito fuera cometido por las personas indicadas en la letra b) del apartado

1, la persona jurídica quedará exenta de responsabilidad si, antes de la comisión del delito, ha adoptado y ejecutado eficazmente un modelo de organización y gestión que resulte adecuado para prevenir delitos de la naturaleza del que fue cometido o para reducir de forma significativa el riesgo de su comisión.

En este caso resultará igualmente aplicable la atenuación prevista en el párrafo segundo del apartado 2 de este artículo.

5. Los modelos de organización y gestión a que se refieren la condición 1.ª del apartado 2 y el apartado anterior deberán cumplir los siguientes requisitos:

1.º Identificarán las actividades en cuyo ámbito puedan ser cometidos los delitos que deben ser prevenidos.

2.º Establecerán los protocolos o procedimientos que concreten el proceso de formación de la voluntad de la persona jurídica, de adopción de decisiones y de ejecución de las mismas con relación a aquéllos.

3.º Dispondrán de modelos de gestión de los recursos financieros adecuados para impedir la comisión de los delitos que deben ser prevenidos.

4.º Impondrán la obligación de informar de posibles riesgos e incumplimientos al organismo encargado de vigilar el funcionamiento y observancia del modelo de prevención.

5.º Establecerán un sistema disciplinario que sancione adecuadamente el incumplimiento de las medidas que establezca el modelo.

6.º Realizarán una verificación periódica del modelo y de su eventual modificación cuando se pongan de manifiesto infracciones relevantes de sus disposiciones, o cuando se produzcan cambios en la organización, en la estructura de control o en la actividad desarrollada que los hagan necesarios".

5.1. Antecedentes y principios generales

En la primitiva regulación de 2010 no había más referencia a los programas de cumplimiento que la contemplada en la atenuante de la letra d) del art. 31 bis. 4: "haber establecido, antes del comienzo del juicio oral, medidas eficaces para prevenir y descubrir los delitos que en el futuro pudieran cometerse con los medios o bajo la cobertura de la persona jurídica". La atenuante abría un interrogante sobre los beneficios que pudieran derivarse para la persona jurídica cuando tales medidas hubieran sido establecidas con anterioridad a la comisión del hecho delictivo. De la ausencia de la correspondiente eximente en el Código Penal podía colegirse que la previa adopción de un plan de prevención no excluía la responsabilidad penal de la persona jurídica, posición mantenida en la Circular 1/2011. Sin embargo, y en sentido contrario, el valor atenuante otorgado a los planes implantados tras la comisión del delito parecía demandar para los que ya regían con anterioridad una mayor recompensa, abriéndose paso en un sector doctrinal la solución de apreciar la completa exención de responsabilidad penal. En definitiva, se trataba de una regulación incompleta que exigía dotar de contenido valorativo el "debido control" del párrafo segundo del art. 31 bis.1 para aclarar si este remitía a la persona jurídica o a las personas físicas que la organizan y controlan.

Como se ha dicho, la LO 1/2015 sigue atribuyendo el "debido control" (ahora "deberes de supervisión, vigilancia y control") a las personas físicas de la letra a) del art. 31 bis.1 y no a la propia persona jurídica, con lo que estos programas ni definen la culpabilidad de la empresa ni constituyen el fundamento de su imputación, que reside en la comisión de un delito por las personas físicas a las que se refieren las dos letras del art. 31 bis.1 en las concretas circunstancias que detalla.

No obstante lo expuesto, el Legislador de 2015 ha decidido que estos códigos de buenas prácticas, que en traducción casi literal toma del Decreto Legislativo 231/2011 italiano, eximan de responsabilidad a la empresa bajo determinadas condiciones. Ello viene a matizar el modelo de responsabilidad vicarial diseñado, del que se destierra así cualquier atisbo de responsabilidad objetiva. De este modo, el objeto del proceso penal se extiende ahora también y de manera esencial a valorar la idoneidad del programa de cumplimiento adoptado por la corporación.

Naturalmente, promover que las personas jurídicas se estructuren dotándose de sistemas organizativos y de control que, entre otras cosas, tiendan a evitar la comisión de delitos en su seno o, al menos, lograr su descubrimiento constituye un objetivo loable y merece una valoración positiva. En este sentido, la OCDE y la Unión Europea han mostrado especial preocupación por el establecimiento de un adecuado control y una eficiente y prudente gestión de los riesgos societarios.

Lo que no resulta tan plausible es que sea el Legislador penal quien, mediante una regulación necesariamente insuficiente de los requisitos que han de cumplir los programas normativos, haya asumido una tarea más propia del ámbito administrativo. Los programas comportan exigencias de naturaleza societaria, propia estructura orgánica corporativa, requieren un alto grado de desarrollo y tienen una evidente finalidad preventiva, razones que deberían haber llevado esta regulación a la correspondiente legislación mercantil, a la que el juez pudiera acudir para valorar la existencia en la empresa de una organización adecuada para prevenir delitos, de modo similar a como ocurre con la normativa de prevención del blanqueo de capitales y de la financiación del terrorismo (Ley 10/2010 y Real Decreto 304/2014).

En puridad, los modelos de organización y gestión o *corporate compliance programs* no tienen por objeto evitar la sanción penal de la empresa sino promover una verdadera cultura ética empresarial. La empresa debe contar con un modelo para cumplir con la legalidad en general y, por supuesto, con la legalidad penal pero no solo con ella, único contenido que el Legislador de 2015 expresamente impone a los modelos de organización y gestión, que todavía restringe más al limitar esa suerte de *compliance penal* a los "delitos de la misma naturaleza".

Sin duda, muchas empresas se han dotado y se dotarán de completos y costosos programas con la única finalidad de eludir el reproche penal pero, más allá de su adecuación formal a los requisitos que establece el Código Penal, tales programas no pueden enfocarse a conseguir este propósito sino a reafirmar una cultura corporativa de respeto a la Ley, donde la comisión de un delito constituya un acontecimiento accidental y la exención de pena, una consecuencia natural de dicha cultura. De otra manera, se corre el riesgo de que en el seno de la entidad los programas se perciban como una suerte de seguro frente a la acción penal.

5.2. El régimen de exención de los dos títulos de imputación de la persona jurídica

El art. 31 bis extiende el valor eximente de los modelos de organización y control a los dos títulos de imputación de la responsabilidad penal de la persona jurídica: delitos cometidos por sus administradores y dirigentes y delitos cometidos por los subordinados descontrolados por aquellos, a los que se refieren las letras a) y b) del apartado 1, respectivamente. Lo hace con un doble régimen de exención, sustancialmente idéntico pero con algunos matices que dibujan un marco de exoneración de la persona jurídica algo más amplio para las conductas de los subordinados.

La decisión del Legislador, ciertamente plasmada con poca claridad en el precepto, atiende a la superior trascendencia que cabe otorgar a los modelos de organización respecto de los delitos cometidos por los subordinados. En estos, la referencia a "las concretas circunstancias del caso" [letra b) del art. 31 bis 1] permite ya valorar la existencia y eficacia de estos programas en relación con el defectuoso control ejercido por las personas del art. 31 bis. 1 a). Sin embargo, respecto de los administradores y dirigentes la exención resulta menos justificada, porque la transferencia de responsabilidad a la persona jurídica, que en este supuesto es automática y no precisa de un deficiente control, no debe quedar anulada mediante la invocación de una correcta organización que, en definitiva, tales personas encarnan. Por eso, el régimen de exención habrá de interpretarse de modo que el título de imputación de la letra a) del apartado primero no quede desnaturalizado y la responsabilidad penal de las personas jurídicas vacía de contenido. Lo sugería el Consejo de Estado en su dictamen al Anteproyecto al advertir que "la designación de representantes legales y la decisión de confiar poderes de representación debe responder, por sí misma, a una reflexión organizativa sobre el modo en que tales representantes y apoderados han de actuar", lo que genera "una cierta tautología entre la actuación de unos representantes y apoderados y la existencia de una clara organización y estructura de funcionamiento".

La descripción legal aborda con un mayor grado de detalle las medidas preventivas que debe adoptar la persona jurídica cuando se trata de delitos cometidos por los administradores o dirigentes que cuando se trata de sus subordinados. El apartado 4, dedicado a estos últimos, reproduce con diferencias de redacción poco significativas la condición 1.ª del apartado 2. En efecto, ni desde un punto de vista semántico, ni lógico ni teleológico existen razones para distinguir entre los modelos de organización y gestión exigibles a ambas categorías que, en todo caso, deberán ser "idóneos" o "adecuados" y cumplir los requisitos numerados en el apartado 5, expresamente declarados aplicables a los dos títulos de imputación. Sin embargo, el apartado 4 no se refiere al resto de las condiciones establecidas en el apartado 2. Pese a este silencio, la exigencia de un órgano de supervisión del modelo (condición 2.ª del apartado 2) es también común a ambos títulos de imputación (a él alude el cuarto requisito del apartado 5). Lo mismo sucede con la condición 4ª, que resulta aplicable a ambos regímenes de exención pues si el órgano de control ha omitido o ejercido insuficientemente sus funciones el modelo no habrá sido ejecutado con la eficacia que tanto el apartado 2 como el apartado 4 imponen y necesariamente se habrá incumplido también alguno de los seis requisitos que, para uno y otro modelo de organización, establece el apartado 5.

En realidad, la única diferencia del doble régimen de exención de las personas jurídicas, se recoge en la condición 3.ª del apartado 2 que solo es predicable de los delitos cometidos por los sujetos del apartado a). Esta condición no se contempla para los subordinados, lo que permite a la persona jurídica eludir su responsabilidad en los supuestos de la letra b) simplemente acreditando que su modelo era adecuado, sin necesidad de probar que el dependiente había actuado fraudulentamente. En el modelo establecido debe acreditarse que el sujeto encargado de la vigilancia y control incumplió gravemente sus deberes, pero no es exigible recíprocamente a la persona jurídica que para eximirse de responsabilidad pruebe que el dependiente burló fraudulentamente el modelo de control.

Se diseña así un marco de exención de responsabilidad de la persona jurídica ligeramente más amplio para los delitos cometidos por los subordinados. Nótese, no obstante que, en la práctica, la mínima diferencia que comporta la condición 3.ª del apartado 2 será relativa pues, a salvo las conductas imprudentes, difícilmente podrá acreditarse que un programa es eficaz si puede ser quebrado por los dependientes sin la concurrencia de una conducta que comporte algún tipo de fraude.

5.3. Condiciones y requisitos de los modelos de organización y gestión

En el apartado 2 del art. 31 bis se formulan las cuatro condiciones que las personas jurídicas deben cumplir para quedar exentas de responsabilidad, aplicables las dos primeras y la cuarta a los dos títulos de imputación y la tercera solo a los delitos cometidos por las personas indicadas en la letra a), en los términos ya expuestos.

Más allá de establecer unas pautas mínimas de referencia, no es el propósito de esta Circular desarrollar el contenido de las condiciones y requisitos de los programas de prevención comprendidos en las necesariamente genéricas disposiciones del art. 31 bis.

Como criterio interpretativo, y con las necesarias adaptaciones a la naturaleza y tamaño de la correspondiente persona jurídica, resulta útil acudir a la normativa sectorial de las entidades para las que sí está específicamente prevista una determinada organización y gestión del riesgo: las Circulares de la CNMV nº 6/2009, de 9 de diciembre, *sobre control interno de las sociedades gestoras de instituciones de inversión colectiva y sociedades de inversión* y nº 1/2014, de 26 de febrero, *sobre los requisitos de organización interna y de las funciones de control de las entidades que prestan servicios de inversión*, el Código de Buen Gobierno de las Sociedades Cotizadas, publicado por la CNMV el 24 de febrero de 2015 o el propio Real Decreto 304/2014, de 5 de mayo, *por el que se aprueba el Reglamento de la Ley 10/2010, de 28 de abril, de prevención del blanqueo de capitales y de la financiación del terrorismo*, que en su capítulo IV y a lo largo de catorce artículos desgrana los procedimientos de control interno de los sujetos obligados, los análisis de riesgo, el contenido mínimo del manual de prevención, los órganos y medidas de control, sus obligaciones en materia de formación y los estándares éticos en la contratación de empleados y directivos.

La primera condición del apartado 2 del art. 31 bis impone al órgano de administración que haya "adoptado y ejecutado con eficacia, antes de la comisión del delito, modelos de organización y gestión", de los que solo demanda que contengan las medidas de vigilancia y control idóneas para prevenir delitos de la misma naturaleza o para reducir de forma significativa el riesgo de su comisión. Los requisitos de tales modelos se establecen en el apartado 5 del art. 31 bis.

Los programas deben ser claros, precisos y eficaces y, desde luego, redactados por escrito. No basta la existencia de un programa, por completo que sea, sino que deberá acreditarse su adecuación para prevenir el concreto delito que se ha cometido, debiendo realizarse a tal fin un juicio de idoneidad entre el contenido del programa y la infracción. Por ello, los modelos de organización y gestión deben estar perfectamente adaptados a la empresa y a sus concretos riesgos.

No es infrecuente en la práctica de otros países que, para reducir costes y evitar que el programa se aleje de los estándares de la industria de los *compliance*, las compañías se limiten a copiar los programas elaborados por otras, incluso pertenecientes a sectores industriales o comerciales diferentes. Esta práctica suscita serias reservas sobre la propia idoneidad del modelo adoptado y el verdadero compromiso de la empresa en la prevención de conductas delictivas.

A la necesidad de que la persona jurídica identifique y gestione adecuadamente los riesgos, estableciendo las medidas para neutralizarlos, alude el primer requisito del apartado 5. La persona jurídica deberá establecer, aplicar y mantener procedimientos eficaces de gestión del riesgo que permitan identificar, gestionar, controlar y comunicar los riesgos reales y potenciales derivados de sus actividades de acuerdo con el nivel de riesgo global aprobado por la alta dirección de las entidades, y con los niveles de riesgo específico establecidos. Para ello el análisis identificará y evaluará el riesgo por tipos de clientes, países o áreas geográficas, productos, servicios, operaciones, etc., tomando en consideración variables como el propósito de la relación de negocio, su duración o el volumen de las operaciones.

En las empresas de cierto tamaño, es importante la existencia de aplicaciones informáticas que controlen con la máxima exhaustividad los procesos internos de negocio de la empresa. En general, pues depende del tamaño de la empresa, ningún programa de *compliance* puede considerarse efectivo si la aplicación central de la compañía no es mínimamente robusta y ha sido debidamente auditada.

El requisito segundo del apartado 5 se refiere a los protocolos y procedimientos de formación de la voluntad de la persona jurídica, de adopción y de ejecución de decisiones. Tales procedimientos deben garantizar altos estándares éticos, de manera singular en la contratación y promoción de directivos y en el nombramiento de los miembros de los órganos de administración. Además de la obligación de atender a los criterios de idoneidad fijados por la normativa sectorial y, en defecto de tales criterios, la persona jurídica debe tener muy en consideración la trayectoria profesional del aspirante y rechazar a quienes, por sus antecedentes, carezcan de la idoneidad exigible.

Aunque la comisión del delito puede interpretarse como una inicial muestra de la ineficacia del modelo, lo cierto es que no puede descalificarse por ello automáticamente un programa por inefectivo. El delito no invalida necesariamente el programa de prevención, que puede haber sido diseñado e implementado adecuadamente sin llegar a tener una eficacia absoluta. En atención a esta realidad, la idoneidad se establece en el articulado con carácter relativo, admitiendo como eficaz un programa que solo permite "reducir de forma significativa" el riesgo de comisión del delito, adjetivación imprecisa que obligará al juez a efectuar un difícil juicio hipotético y retrospectivo sobre la probabilidad que existía de la comisión de un delito que ya se ha producido.

Si bien esta primera condición del apartado 2 no lo menciona expresamente, un modelo de organización y gestión, además de tener eficacia preventiva debe posibilitar la detección de conductas criminales. Lo sugiere el cuarto requisito del apartado 5, cuando impone "la obligación de informar de posibles riesgos e incumplimientos al organismo encargado de vigilar el funcionamiento y la observancia del modelo de prevención". La existencia de unos canales de denuncia de incumplimientos internos o de actividades ilícitas de la empresa es uno de los elementos clave de los modelos de prevención. Ahora bien, para que la obligación impuesta pueda ser exigida a los empleados resulta imprescindible que la entidad cuente con una regulación protectora específica del denunciante (*whistleblower*), que permita informar sobre incumplimientos varios, facilitando la confidencialidad mediante sistemas que la garanticen en las comunicaciones (llamadas telefónicas, correos electrónicos...) sin riesgo a sufrir represalias.

La obligación de establecer un sistema disciplinario adecuado que sancione el incumplimiento de las medidas adoptadas en el modelo, recogida en el quinto requisito, presupone la existencia de un código de conducta en el que se establezcan claramente las obligaciones de directivos y empleados. Las infracciones más graves, lógicamente, serán las constitutivas de delito, debiendo contemplarse también aquellas conductas que contribuyan a impedir o dificultar su descubrimiento así como la infracción del deber específico de poner en conocimiento del órgano de control los incumplimientos detectados a que se refiere el requisito cuarto.

El sexto requisito del apartado 5 impone a la persona jurídica el deber de verificar periódicamente la eficacia del modelo. Aunque el texto no establece plazo ni procedimiento alguno de revisión, un adecuado modelo de organización debe contemplarlos expresamente. Además, el modelo deberá ser revisado inmediatamente si concurren determinadas circunstancias que puedan influir en el análisis de riesgo, que habrán de detallarse y que incluirán, además de las indicadas en este requisito, otras situaciones que alteren significativamente el perfil de riesgo de la persona jurídica (por ej., modificaciones en el Código Penal que afecten a la actividad de la corporación).

Aun cumpliéndose todas las condiciones y requisitos examinados, la persona jurídica solamente quedará exenta de pena si los autores del delito lo cometieron eludiendo fraudulentamente los modelos de organización y control, conforme dispone la tercera condición del apartado segundo, solo aplicable, como se ha dicho, a los delitos referidos en la letra a) del apartado 1.

El último párrafo del apartado 2 contempla la posibilidad de atenuar la pena cuando las anteriores condiciones, que ahora denomina "circunstancias", solamente puedan ser objeto de acreditación parcial. La previsión se presenta a modo de eximente incompleta que, con mejor sistemática, debería haberse incluido en el catálogo cerrado de atenuantes del art. 31 quáter y, sobre todo, haberse redactado de forma que su preceptiva aplicación quedase más clara, defecto que corrige en parte la remisión del mejor formulado segundo párrafo del apartado 4.

La referencia a la "acreditación parcial" no significa que la existencia y aplicación de los mecanismos de control solo se haya probado parcialmente sino que no concurren todos los elementos y requisitos que indica el apartado, a la manera en que se ordena en la atenuante 1.ª del art. 21 CP. Dicho de otro modo, la acreditación parcial no implica una rebaja de las exigencias probatorias sino sustantivas, esto es, que el modelo presenta algunos defectos o que solo se ha acreditado que hubo cierta preocupación por el control, un control algo menos intenso del exigido para la exención plena de responsabilidad penal, pero suficiente para atenuar la pena.

El párrafo segundo del apartado 4 declara aplicable la atenuación prevista en el párrafo segundo del apartado 2 a los delitos de los subordinados en "los casos en los que las anteriores circunstancias solamente puedan ser objeto de acreditación parcial". De tales circunstancias, o condiciones, solamente la 3ª resulta inaplicable a los delitos cometidos por los subordinados, como ya se ha expuesto.

5.4. El oficial de cumplimiento

La segunda condición del apartado 2 del art. 31 bis atribuye la supervisión del modelo de prevención de delitos implantado a un órgano específico de la persona jurídica con poderes autónomos de iniciativa y de control, que deberá ser creado específicamente para asumir esta función, salvo en aquellas entidades en las que, por ley, ya se encuentra previsto para verificar la eficacia de los controles internos de riesgos de la persona jurídica, entre los que se encuentra la prevención de delitos. Este es el caso de las empresas de servicios de inversión a que se refiere el art. 193. 2 a) del Real Decreto Legislativo 4/2015, de 23 de octubre, *por el que se aprueba el texto refundido de la Ley del Mercado de Valores* y que reproduce el contenido del art. 70 ter de la derogada Ley 24/1988, de 28 de julio, *del Mercado de Valores*, cuyo desarrollo se contiene en las Circulares de la CNMV nº 6/2009 y 1/2014. También existe previsión normativa para los sujetos obligados personas jurídicas en relación con la prevención del delito de blanqueo de capitales (arts. 2 y 26. 1 de la Ley 10/2010) y para las sociedades cotizadas, si bien sin rango legal pues es en el Código de Buen Gobierno de las Sociedades Cotizadas elaborado por la CNMV donde se establece que "la sociedad dispondrá de una función de control y gestión de riesgos ejercida por una unidad o departamento interno, bajo la supervisión directa de la comisión de auditoría o, en su caso, de otra comisión especializada del consejo de administración" (principio 21).

En uno y otro supuesto (con la función más limitada de prevención de delitos o con la más amplia de control interno), la norma se está refiriendo a un órgano de cumplimiento (oficial de cumplimiento o *compliance officer*) que, dependiendo del tamaño de la persona jurídica, podrá estar constituido por una o por varias personas, con la suficiente formación y autoridad.

El texto no establece el contenido de las funciones de supervisión del oficial de cumplimiento. Deberá participar en la elaboración de los modelos de organización y gestión de riesgos y asegurar su buen funcionamiento, estableciendo sistemas apropiados de auditoría, vigilancia y control para verificar, al menos, la observancia de los requisitos que establece el apartado 5 del artículo pues un ejercicio insuficiente de sus funciones impedirá apreciar la exención, como establece la cuarta y última condición del apartado 2. Para ello, deberá contar con personal con los conocimientos y experiencia profesional suficientes, disponer de los medios técnicos adecuados y tener acceso a los procesos internos, información necesaria y actividades de las entidades para garantizar una amplia cobertura de la función que se le encomienda. Puede resultar ilustrativa para definir el contenido de la función de cumplimiento normativo la norma 5ª de las citadas Circulares nº 6/2009 y 1/2014 de la CNMV, que establece de forma pormenorizada el contenido de tal función, la primera para sociedades gestoras de instituciones de inversión colectiva y sociedades de inversión y, la segunda, para las entidades que prestan servicios de inversión, que se aplica tanto a empresas de inversión como de crédito.

El oficial de cumplimiento debe necesariamente ser un órgano de la persona jurídica, lo que facilitará el contacto diario con el funcionamiento de la propia corporación. Ello no implica que este órgano deba desempeñar por sí todas las tareas que configuran la función de cumplimiento normativo, que pueden ser realizadas por otros órganos o unidades distintos al específico de cumplimiento normativo, como la unidad de riesgos, la unidad de control interno, el servicio de prevención de riesgos laborales o el de prevención del blanqueo. Lo esencial será que exista un órgano supervisor del funcionamiento general del modelo, que deberá establecer claramente el responsable de las distintas funciones y tareas.

Tampoco existe inconveniente alguno en que una gran compañía pueda recurrir a la contratación externa de las distintas actividades que la función de cumplimiento normativo implica. Carecería de sentido y restaría eficacia al modelo imponer a una multinacional la realización y control interno de todas las tareas que integran la función de cumplimiento normativo. Lo verdaderamente relevante a los efectos que nos ocupan es que la persona jurídica tenga un órgano responsable de la función de cumplimiento normativo, no que todas y cada una de las tareas que integran dicha función sean desempeñadas por ese órgano. Muchas de ellas incluso resultarán tanto más eficaces cuanto mayor sea su nivel de externalización, como ocurre por ejemplo con la formación de directivos y empleados o con los canales de denuncias, más utilizados y efectivos cuando son gestionados por una empresa externa, que puede garantizar mayores niveles de independencia y confidencialidad.

No puede dejar de mencionarse que, sin perjuicio de las funciones propias del oficial de cumplimiento, siempre corresponderá al órgano de administración establecer la política de control y gestión de riesgos de la sociedad y su supervisión, que en las sociedades cotizadas tiene la condición de facultad indelegable [art. 529 ter b) LSC].

Precisamente por ello, pese a que se pretende que el oficial de cumplimiento sea lo más independiente posible, al ser un órgano de la persona jurídica designado por el órgano de administración, al que asimismo debe vigilar, difícilmente gozará de plena autonomía en su función. Para conseguir los máximos niveles de autonomía, los modelos deben prever los mecanismos para la adecuada gestión de cualquier conflicto de interés que pudiera ocasionar el desarrollo de las funciones del oficial de cumplimiento, garantizando que haya una separación operacional entre el órgano de administración y los integrantes del órgano de control que preferentemente no deben ser administradores, o no en su totalidad.

Es preciso realizar, por último, una referencia a la posición del oficial de cumplimiento en relación con su responsabilidad penal y la de la persona jurídica. Por un lado, el oficial de cumplimiento puede con su actuación delictiva transferir la responsabilidad penal a la persona jurídica a través de la letra a) puesto que, como se ha dicho, está incluido entre las personas que ostentan facultades de organización y control dentro de la misma. Por otro lado, puede ser una de las personas de la letra a) que al omitir gravemente el control del subordinado permite la transferencia de responsabilidad a la persona jurídica. En este supuesto, la omisión puede llevarle a ser él mismo penalmente responsable del delito cometido por el subordinado. Finalmente, si el oficial de cumplimiento omite sus obligaciones de control, la persona jurídica en ningún caso quedará exenta de responsabilidad penal (condición 4ª del art. 31 bis 2).

De conformidad con este planteamiento, la exposición personal al riesgo penal del oficial de cumplimiento no es superior a la de otros directivos de la persona jurídica. Comparativamente, su mayor riesgo penal sólo puede tener su origen en que, por su posición y funciones, puede acceder más frecuentemente al conocimiento de la comisión de hechos delictivos, especialmente dada su responsabilidad en relación con la gestión del canal de denuncias y siempre que la denuncia se refiera a hechos que se están cometiendo y que, por tanto, el oficial de cumplimiento pueda impedir con su actuación.

5.5. El régimen especial de las personas jurídicas de pequeñas dimensiones

El apartado 3 del art. 31 bis contiene un régimen especial para las personas jurídicas de pequeñas dimensiones, consideradas como tales, con arreglo a un criterio contable, aquellas sociedades autorizadas a presentar cuenta de pérdidas ganancias abreviada. La única especialidad que el Legislador dispensa a estas entidades consiste en eximirlas del cumplimiento de la condición segunda del apartado anterior, de modo que las funciones del oficial de cumplimiento las desempeñe directamente el órgano de administración. Se mantiene, por lo tanto, la obligación de adoptar los modelos de organización y gestión, con los requisitos contemplados en el apartado 5.

No obstante tal obligación, las características de los modelos de organización y control de estas personas jurídicas de pequeñas dimensiones deberán acomodarse a su propia estructura organizativa, que no puede compararse con la de las empresas dotadas de una organización de cierta complejidad, que les viene en buena medida legalmente impuesta.

Estas pequeñas organizaciones podrán, por lo tanto, demostrar su compromiso ético mediante una razonable adaptación a su propia dimensión de los requisitos formales del apartado 5, que les permita acreditar su cultura de cumplimiento normativo, más allá de la literalidad del precepto y en coherencia con las menores exigencias que estas sociedades tienen también desde el punto de vista contable, mercantil y fiscal.

Teniendo presentes las especiales características de algunas de estas sociedades, en las que será habitual la confusión entre la responsabilidad de la persona física a la que incumbe el deber de vigilancia y el órgano de cumplimiento que ella misma encarna, los Sres. Fiscales, en evitación de una inconstitucional situación de *bis in idem*, extremarán la prudencia en su imputación.

5.6. Criterios para valorar la eficacia de los modelos de organización y gestión

A tenor de lo ya expuesto, no resultará sencillo a Fiscales y Jueces comprobar que los modelos de organización y gestión cumplen las condiciones y, sobre todo, los requisitos respectivamente establecidos en los apartados 2 y 5 del art. 31 bis. De cualquier modo, la concurrencia de unas y otros permitirá evaluar la existencia e idoneidad del modelo, no tanto el exigible grado de seguimiento en la corporación.

Aunque no es fácil establecer unos criterios uniformes aplicables a los diferentes tipos de sociedades, su concreta organización, sus modelos de negocio, la naturaleza y extensión de sus transacciones, sus productos o servicios o sus clientes, parece oportuno intentar proporcionar a los Sres. Fiscales algunos primeros criterios interpretativos para que, más allá de lo hasta ahora expuesto al examinar el contenido de los apartados 2 a 5 del art. 31 bis, valoren la adecuación y eficacia de los modelos de organización y gestión, en la pretensión de facilitar soluciones uniformes que garanticen el principio de unidad de actuación del Ministerio Público en una materia tan novedosa y trascendental. Del mismo modo, las sociedades potencialmente responsables de los delitos cometidos en su seno demandan unos criterios homogéneos, claros y lo más objetivos posibles de cómo van a ser valorados tales modelos por la Fiscalía. Es por ello que, sin perjuicio de las muy diversas circunstancias atendibles en cada caso concreto, se proporcionan las siguientes pautas exegéticas de carácter general:

Primera.- La regulación de los modelos de organización y gestión debe interpretarse de manera que el régimen de responsabilidad penal de la persona jurídica no quede vacío de contenido y sea de imposible apreciación en la práctica. Precisamente la OCDE, en el repetidamente mencionado informe adoptado por el Grupo de Trabajo en 2012, alerta sobre estos programas, recomendando que su implementación por la persona jurídica no pueda ser usada como defensa para eludir la responsabilidad. Ha de evitarse, por lo tanto, que la mera adopción de estos modelos, que profusamente ofrece el mercado especializado, constituya un salvoconducto para la impunidad de la persona jurídica blindándola, no solo por los actos de las personas de menor responsabilidad en la empresa sino también por los de quienes la administran, representan y hasta diseñan y vigilan la observancia de tales programas.

Segunda.- Como se ha expuesto, los modelos de organización y gestión no solo tienen por objeto evitar la sanción penal de la empresa sino promover una verdadera cultura ética empresarial. Por eso, la clave para valorar su verdadera eficacia no radica tanto en la existencia de un programa de prevención sino en la importancia que tiene en la toma de decisiones de sus dirigentes y empleados y en qué medida es una verdadera expresión de su cultura de cumplimiento. Este criterio general presidirá la interpretación por los Sres. Fiscales de los modelos de organización y gestión para determinar si, más allá de su conformidad formal con las condiciones y requisitos que establece el precepto, expresan un compromiso corporativo que realmente disuada de conductas criminales.

Tercera.- Las certificaciones sobre la idoneidad del modelo expedidas por empresas, corporaciones o asociaciones evaluadoras y certificadoras de cumplimiento de obligaciones, mediante las que se manifiesta que un modelo cumple las condiciones y requisitos legales, podrán apreciarse como un elemento adicional más de su observancia pero en modo alguno acreditan la eficacia del programa, ni sustituyen la valoración que de manera exclusiva compete al órgano judicial.

Cuarta.- Cualquier programa eficaz depende del inequívoco compromiso y apoyo de la alta dirección de la compañía. El comportamiento y la implicación del Consejo de Administración y de los principales ejecutivos son claves para trasladar una cultura de cumplimiento al resto de la compañía. Por el contrario, su hostilidad hacia estos programas, la ambigüedad, los mensajes equívocos o la indiferencia ante su implementación traslada a la compañía la idea de que el incumplimiento es solo un riesgo que puede valer la pena para conseguir un mayor beneficio económico. Si los principales responsables de la entidad incumplen el modelo de organización y de prevención o están recompensando o incentivando directa o indirectamente a los empleados que lo incumplen, difícilmente puede admitirse que exista un programa eficaz, que refleje una verdadera cultura de respeto a la ley en la empresa. Por lo tanto, la responsabilidad de la sociedad no puede ser la misma si el delito lo comete uno de sus administradores o un alto directivo que si lo comete un empleado. El primer supuesto revela un menor compromiso ético de la sociedad y pone en entredicho la seriedad del programa, de tal modo que los Sres. Fiscales presumirán que el programa no es eficaz si un alto responsable de la compañía participó, consintió o toleró el delito.

Quinta.- Aunque, como se ha expuesto *supra*, cabe un beneficio indirecto de la persona jurídica, la responsabilidad corporativa no debe valorarse igual en los supuestos en los que la conducta criminal redunda principalmente en beneficio de la sociedad que en aquellos otros en que dicho beneficio resulta secundario o meramente tangencial al perseguido por el delincuente. En estos casos, debe tenerse en cuenta que el valor preventivo de un programa de cumplimiento, aun adecuadamente diseñado e implementado, es escaso ante la decisión de cometer un delito y que su carga intimidatoria será más baja que la representada por la propia amenaza de una sanción penal. La mejor vía de prevención de estas conductas es la adecuada selección de directivos y empleados. Por lo tanto, en los supuestos en los que el delito fue cometido por el sujeto en beneficio propio, con un beneficio solo indirecto para la persona jurídica, los Sres. Fiscales deberán valorar de manera especial que los modelos de organización y control de la compañía establezcan altos estándares éticos en la contratación y promoción de directivos y empleados y su aplicación en el caso concreto.

Sexta.- Si bien la detección de delitos no está expresamente incluida en la enunciación ni en los requisitos de los modelos de organización y gestión, forma parte, junto con la prevención, de su contenido esencial. Teniendo en cuenta que cualquier programa de prevención, por eficaz que sea, soportará un cierto riesgo residual de comisión de delitos, la capacidad de detección de los incumplimientos lucirá como un elemento sustancial de la validez del modelo. En consecuencia, los Sres. Fiscales concederán especial valor al descubrimiento de los delitos por la propia corporación de tal manera que, detectada la conducta delictiva por la persona jurídica y puesta en conocimiento de la autoridad, deberán solicitar la exención de pena de la persona jurídica, al evidenciarse no solo la eficacia del modelo sino su consonancia con una cultura de cumplimiento corporativo.

Séptima.- Se ha dicho antes, que la comisión de un delito no invalida automáticamente el modelo de prevención, mas también es cierto que este puede quedar seriamente en entredicho a tenor de la gravedad de la conducta delictiva y su extensión en la corporación, el alto número de empleados implicados, la baja intensidad del fraude empleado para eludir el modelo o la frecuencia y duración de la actividad criminal. Todas estas circunstancias deberán ser tenidas en cuenta para valorar la eficacia del modelo.

Octava.- El comportamiento de la corporación en relación con anteriores conductas es relevante para deducir la voluntad de cumplimiento de la persona jurídica y en qué medida el delito representa un acontecimiento puntual y ajeno a su cultura ética o, por el contrario, evidencia la ausencia de tal cultura, desnudando el modelo de organización como un mero artificio exculpatorio. La compañía podrá acreditar que, aun fallido en el caso concreto, el modelo ha funcionado eficazmente en anteriores ocasiones La firmeza en la respuesta ante vulneraciones precedentes transmite igualmente a los empleados un mensaje claro de intolerancia ante conductas no éticas. Por el contrario, y a título de ejemplo, el mantenimiento en el cargo de un administrador o directivo que ha sido sometido a un procedimiento penal en el que la comisión del delito ha quedado acreditada, desdibuja un pretendido compromiso ético.

Deberá ser igualmente objeto de valoración por los Sres. Fiscales la existencia de anteriores procedimientos penales o en trámite, aunque se refieran a conductas delictivas diferentes a la investigada. También habrá de tenerse en cuenta si la corporación ha sido sancionada en vía administrativa (infracciones medioambientales, contra la Hacienda Pública o la Seguridad Social, en materia de prevención del blanqueo, de ordenación y disciplina del mercado de valores...).

Novena.- Las actuaciones llevadas a cabo por la persona jurídica tras la comisión del delito han de ser igualmente evaluadas. La adopción de medidas disciplinarias contra los autores o la inmediata revisión del programa para detectar sus posibles debilidades, introduciendo en su caso las necesarias modificaciones, son muestra del compromiso de los dirigentes de la corporación con el programa de cumplimiento.

Del mismo modo, la restitución, la reparación inmediata del daño, la colaboración activa con la investigación o la aportación al procedimiento de una investigación interna, sin perjuicio de su consideración como atenuantes, revelan indiciariamente el nivel de compromiso ético de la sociedad y pueden permitir llegar a la exención de la pena. Operarán en sentido contrario el retraso en la denuncia de la conducta delictiva o su ocultación y la actitud obstructiva o no colaboradora con la justicia.

5.7. Naturaleza de la exención y carga de la prueba

A modo de elemento criminal adicional, el apartado 2 del art. 31 bis introduce una cláusula de exención de la responsabilidad de la persona jurídica cuya naturaleza es muy discutida doctrinalmente pero que, en definitiva, depende de la solución que se adopte ante la no menos controvertida cuestión de la naturaleza del modelo de atribución de responsabilidad penal a la persona jurídica.

No resulta sencillo conceptuar adecuadamente la naturaleza jurídica de la exclusión de responsabilidad penal de la persona jurídica pues, en los últimos dos siglos, el Derecho Penal ha venido construyendo las referencias dogmáticas a la antijuridicidad, la culpabilidad o la punibilidad sobre la base de comportamientos individuales, no colectivos. No obstante, cabe señalar que, si se considera que el fundamento de la imputación de la persona jurídica reside en su defectuosa organización, la presencia de un plan de cumplimiento normativo diligentemente implementado acreditaría una correcta organización, con lo cual desaparecería un elemento del tipo, bien la parte subjetiva bien la parte objetiva. No se trataría en puridad de una circunstancia eximente, que remitiría a una conducta antijurídica o que no le fuera *personalmente* imputable, sino de que, adoptadas con anterioridad a la comisión del delito las oportunas medidas de prevención, no concurriría un elemento básico del hecho típico (tipo objetivo) o, en todo caso, faltaría un elemento del tipo subjetivo, el dolo o la culpa, es decir, la tipicidad subjetiva.

Ahora bien, partiendo de que el art. 31 bis establece un sistema de responsabilidad indirecta o vicarial conforme al cual el fundamento de la responsabilidad penal de la persona jurídica descansa en un hecho ajeno, y no en un hecho propio, la comisión del delito por las correspondientes personas físicas en las condiciones que exige el precepto determinará la transferencia de responsabilidad a la persona jurídica. Ello comporta que con el delito de la persona física nace también el delito de la persona jurídica la cual, no obstante, quedará exenta de pena si resulta acreditado que poseía un adecuado modelo de organización y gestión.

La construcción remite inequívocamente a la punibilidad y a sus causas de exclusión. Concurrentes en el momento en el que la persona física comete el delito y transfiere la responsabilidad a la persona jurídica, los modelos de organización que cumplen los presupuestos legales operarán a modo de excusa absolutoria, como una causa de exclusión *personal* de la punibilidad y no de supresión de la punibilidad, reservadas estas últimas causas para comportamientos post delictivos o de rectificación positiva, como los contemplados en las circunstancias atenuantes del art. 31 quáter.

De este modo, atañe a la persona jurídica acreditar que los modelos de organización y gestión cumplen las condiciones y requisitos legales y corresponderá a la acusación probar que se ha cometido el delito en las circunstancias que establece el art. 31 bis 1°. Claro está que los programas serán además, como se ha dicho, una referencia valiosa para medir las obligaciones de las personas físicas referidas en el apartado 1 a) en relación con los delitos cometidos por los subordinados gravemente descontrolados.

Puede argumentarse que la atribución a la persona jurídica de la carga de la prueba deriva también del hecho de que la propia comisión del delito opera como indicio de la ineficacia del modelo y que, sobre esta base, cabría exigir a la persona jurídica una explicación exculpatoria que eliminara el efecto incriminatorio del indicio, a semejanza de la doctrina jurisprudencial sobre la prueba indiciaria, conforme a la cual no supone inversión de la carga de la prueba ni daña la presunción de inocencia exigir al acusado que facilite para lograr su exculpación aquellos datos que está en condiciones de proporcionar de manera única e insustituible (SSTEDH de 8 de febrero de 1996, Murray contra Reino Unido; de 1 de marzo de 2007, Geerings contra Holanda; de 23 de septiembre de 2008, Grayson y Barnahm contra Reino Unido; SSTC n° 137/98 de 7 de julio y 202/2000 de 24 de julio; y SSTS n° 1504/2003, de 25 de febrero, 578/2012, de 26 de junio y 487/2014, de 9 de junio).

Esta construcción no resulta automáticamente aplicable pues, ya se ha indicado, la comisión de un delito queda como un riesgo residual de cualquier programa de prevención, por eficaz que este sea. Ahora bien, como también se ha expuesto, si un delito puntualmente cometido por un empleado no tiene gran carga indiciaria para desmontar la idoneidad del modelo, no sucede lo mismo con otras conductas criminales autorizadas o toleradas por el órgano de administración, que se han extendido en la empresa o han tenido larga duración.

En todo caso, no ofrece duda que es la propia empresa quien tiene los recursos y la posibilidad de acreditar que, pese a la comisión del delito, su programa era eficaz y cumplía los estándares exigidos legalmente, al encontrarse en las mejores condiciones de proporcionar de manera única e insustituible los datos que atañen a su organización, especialmente los relacionados con algunos requisitos de muy difícil apreciación para el Fiscal o el Juez como la disposición de los protocolos o procedimientos de formación de la voluntad o de adopción y ejecución de decisiones de la persona jurídica (segundo requisito del apartado 4) o de los "modelos de gestión de los recursos financieros adecuados para impedir la comisión de los delitos" (tercer requisito).

6. Cláusula de vigencia

La presente Circular no afecta a la vigencia de la Circular 1/2011, que será de aplicación en todo aquello que no ha sido modificado por la LO 1/2015.

7. Conclusiones

1ª La LO 1/2015 mantiene el fundamento esencial de atribución de la responsabilidad penal a la persona jurídica de tipo vicarial o por representación en las letras a) y b) del art. 31 bis 1º. Ambos títulos de imputación exigen, como antes de la reforma, la previa comisión de un delito por una persona física en las concretas circunstancias que se establecen. El primer hecho de conexión lo generan las personas con mayores responsabilidades en la entidad y el segundo las personas indebidamente controladas por aquellas.

No obstante, la reforma avanza en el reconocimiento de la responsabilidad autónoma de la persona jurídica por medio de la regulación de los programas de organización y gestión, a los que atribuye valor eximente bajo determinadas condiciones.

2ª La nueva definición de las personas físicas del apartado 1 a) amplía notablemente el círculo de sujetos de este criterio de imputación, que permite incluir a quienes, sin ser propiamente administradores o representantes legales de la sociedad, forman parte de órganos sociales con capacidad para tomar decisiones, así como a los mandos intermedios, apoderados singulares y a otras personas en quienes se hayan delegado determinadas funciones, incluidas las de control de riesgos que ostenta el oficial de cumplimiento.

3ª La sustitución de la expresión "en su provecho" por la de "en su beneficio directo o indirecto", conserva la naturaleza objetiva de la acción, tendente a conseguir un beneficio sin exigencia de que este se produzca, resultando suficiente que la actuación de la persona física se dirija de manera directa o indirecta a beneficiar a la entidad. Además, permite extender la responsabilidad de la persona jurídica a aquellas entidades cuyo objeto social no persigue intereses estrictamente económicos, así como incluir, ya claramente, los beneficios obtenidos a través de un tercero interpuesto, los consistentes en un ahorro de costes y, en general, todo tipo de beneficios estratégicos, intangibles o reputacionales. Solo quedarán excluidas aquellas conductas que, realizadas por la persona física en su exclusivo y propio beneficio o en el de terceros, resulten inidóneas para reportar a la entidad beneficios.

4ª Las únicas cuatro conductas imprudentes cometidas por personas físicas en las circunstancias del art. 31 bis susceptibles de generar un reproche penal a la persona jurídica son las relacionadas con las insolvencias punibles (art. 259.3), los recursos naturales y el medio ambiente (art. 331), el blanqueo de capitales (art. 302.2) y la financiación del terrorismo (art. 576.5).

5ª La LO 1/2015 sustituye la condición del apartado 1 b) de que el autor del delito haya podido cometerlo por no haberse ejercido sobre él "el debido control" por el menos exigente requisito de "haberse incumplido gravemente los deberes de supervisión, vigilancia y control". Esta clara disminución de la intervención punitiva permite dejar fuera del ámbito penal aquellos incumplimientos de escasa entidad (no graves) frente a los que solo caben las sanciones administrativas o mercantiles que disciplinan algunas de las materias relacionadas con las infracciones para las que el Código Penal contempla la responsabilidad de la persona jurídica.

6ª Para que la persona jurídica sea responsable en los casos previstos en la letra b) del apartado 1 del art. 31 bis, es preciso un incumplimiento de los deberes de supervisión, vigilancia y control de carácter grave por parte de alguno de los sujetos comprendidos en la letra a).

7ª La exigencia de que el incumplimiento del deber de control haya sido grave puede determinar, además de la transferencia de responsabilidad a la persona jurídica por el delito cometido por el subordinado descontrolado, que el propio sujeto omitente del control responda también por un delito, bien doloso, en comisión por omisión, bien gravemente imprudente, lo que abre la vía del criterio de atribución de responsabilidad de la letra a) del apartado 1, debiendo los Sres. Fiscales mantener, en tales casos, ambos títulos de imputación.

8ª Los sujetos a que se refiere el apartado 1 b) deben operar en el ámbito de dirección, supervisión, vigilancia o control de las personas físicas mencionadas en la letra a) del mismo apartado, no siendo necesario que se establezca una vinculación directa con la empresa, quedando incluidos autónomos, trabajadores subcontratados y empleados de empresas filiales, siempre que se hallen integrados en el perímetro de su dominio social.

9ª El incumplimiento grave de los deberes de supervisión, vigilancia y control ha de valorarse, "atendidas las concretas circunstancias del caso" expresión que, ya antes de la reforma y con toda claridad tras ella, remite a los programas de organización y gestión, que serán objeto de una inicial valoración en relación con este criterio de imputación para evaluar el alcance y el contenido real del mandato del que son titulares las personas que incumplieron gravemente tales deberes.

10ª Aunque la infracción del deber de supervisión, vigilancia y control no se haya producido o haya sido leve o la persona jurídica no haya obtenido beneficio alguno, es posible en sede penal la declaración de la responsabilidad civil subsidiaria, de conformidad con el art. 120. 4º CP.

11ª La imputabilidad de la persona jurídica exige que esta tenga un sustrato material suficiente, lo que permite distinguir tres categorías:

11ª.1. Aquellas corporaciones que operan con normalidad en el mercado y a las que exclusivamente se dirigen las disposiciones sobre los modelos de organización y gestión de los apartados 2 a 5 del art. 31 bis. Mejor o peor organizadas, son penalmente imputables.

11ª.2. Las sociedades que desarrollan una cierta actividad, en su mayor parte ilegal, a las que se refiere la regla 2ª del art. 66 bis como las utilizadas "instrumentalmente para la comisión de ilícitos penales" y que son también imputables.

11ª.3. Son inimputables aquellas sociedades cuya actividad ilegal supere ampliamente a la legal, siendo esta meramente residual y aparente para los propios propósitos delictivos.

12ª La responsabilidad penal de los partidos políticos y de los sindicatos, introducida en la LO 7/2012, presenta las siguientes peculiaridades:

12ª.1. Su responsabilidad se extenderá a las fundaciones y entidades con personalidad jurídica a ellos vinculados.

12ª.2. A diferencia de otras personas jurídicas, en principio no obligadas a establecer programas de prevención, el art. 9 bis de la LO 8/2007, introducido por la LO 3/2015, expresamente lo impone a los partidos políticos.

12ª.3. En relación con las penas de disolución y suspensión judicial ha de tenerse en cuenta lo dispuesto en el Capítulo III de la Ley Orgánica 6/2002 (modificado por LO 3/2015).

13ª Aunque no son expresamente mencionadas en el art. 31 quinquies 1, deben considerarse exentas de responsabilidad penal las fundaciones públicas, integradas en el llamado sector público fundacional y sometidas al Derecho administrativo.

14ª El ejercicio de "potestades públicas de soberanía o administrativas" se aplica solo a las administraciones públicas y no a los entes de naturaleza asociativa privada, como los Colegios profesionales o las Cámaras de comercio, que tendrán la consideración de personas jurídicas penalmente responsables.

15ª Tras la reforma de la LO 1/2015 el "debido control" (ahora "deberes de supervisión, vigilancia y control") sigue atribuido a las personas físicas de la letra a) del art. 31 bis 1 y no a la propia persona jurídica, con lo que los modelos de organización y gestión ni definen la culpabilidad de la empresa ni constituyen el fundamento de su imputación. Puesto que estos modelos eximen de responsabilidad a la empresa bajo determinadas condiciones, el objeto del proceso penal se extiende ahora también a valorar la idoneidad del modelo adoptado por la corporación.

16ª Existe un doble régimen de exención de responsabilidad de la persona jurídica, uno para los delitos cometidos por los administradores o dirigentes y otro para los cometidos por sus subordinados, ambos sustancialmente idénticos pues, de las cuatro condiciones que el apartado 2 del art. 31 bis exige en relación con las conductas de los sujetos incluidos en el apartado 1 a), solo la 3ª, referida a la elusión fraudulenta de los modelos de organización, resulta inaplicable a los autores del delito del apartado 1 b).

17ª Los modelos de organización y gestión deberán observar las condiciones y requisitos que establecen los apartados 2 y 5 del art. 31 bis, cuyo contenido será interpretado por los Sres. Fiscales siguiendo las pautas que se indican en los apartados 5.3. y 5.4 de esta Circular, atendiendo, con las necesarias adaptaciones a la naturaleza y tamaño de la correspondiente persona jurídica, a la normativa sectorial aplicable a las entidades a las que se impone específicamente un determinado modelo de organización y gestión.

18ª Las personas jurídicas de pequeñas dimensiones (art. 31 bis, 3) podrán demostrar su compromiso ético mediante una razonable adaptación a su propia dimensión de los requisitos formales del apartado 5, en coherencia con las menores exigencias que estas sociedades tienen también desde el punto de vista contable, mercantil y fiscal. Los Sres. Fiscales, atendiendo a las especiales características de estas sociedades, extremarán la prudencia en su imputación, en evitación de una inconstitucional situación de *bis in idem.*

19ª Sin perjuicio de tener en cuenta las muy diversas circunstancias concurrentes en cada caso concreto, los Sres. Fiscales observarán las siguientes pautas de carácter general para valorar la eficacia de los modelos de organización y gestión:

19ª.1. La regulación de los modelos de organización y gestión debe interpretarse de manera que el régimen de responsabilidad penal de la persona jurídica no quede vacío de contenido y sea de imposible apreciación en la práctica.

19ª.2. El objeto de los modelos de organización y gestión no es solo evitar la sanción penal de la empresa sino promover una verdadera cultura ética corporativa, de tal modo que su verdadera eficacia reside en la importancia que tales modelos tienen en la toma de decisiones de los dirigentes y empleados y en qué medida constituyen una verdadera expresión de su cultura de cumplimiento. Los Sres. Fiscales analizarán si los programas de prevención establecidos expresan un compromiso corporativo que realmente disuada de conductas criminales.

19ª.3. Las certificaciones sobre la idoneidad del modelo expedidas por empresas o asociaciones evaluadoras y certificadoras de cumplimiento de obligaciones, mediante las que se manifiesta que un modelo cumple las condiciones y requisitos legales, podrán apreciarse como un elemento adicional más de la adecuación del modelo pero en modo alguno acreditan su eficacia, ni sustituyen la valoración que de manera exclusiva compete al órgano judicial.

19ª.4. Cualquier programa eficaz depende del inequívoco compromiso y apoyo de la alta dirección para trasladar una cultura de cumplimiento al resto de la compañía. Si son los principales responsables de la entidad quienes incumplen el modelo de organización y de prevención o recompensan o incentivan, directa o indirectamente a los empleados que lo incumplen, difícilmente puede admitirse que exista un programa eficaz, que refleje una verdadera cultura de respeto a la ley en la empresa, de tal modo que, en estos, casos, los Sres. Fiscales presumirán que el programa no es eficaz.

19ª.5. La responsabilidad corporativa debe ser más exigente en los supuestos en los que la conducta criminal redunda principalmente en beneficio de la sociedad que en aquellos otros en que dicho beneficio resulta secundario o meramente tangencial al directa y personalmente perseguido por el delincuente. En estos casos, cabe exigir a la persona jurídica que la contratación o promoción del individuo que delinquió se adecuara a unos protocolos y procedimientos que garanticen altos estándares éticos en la contratación y promoción de directivos y empleados.

19ª.6. Los Sres. Fiscales concederán especial valor al descubrimiento de los delitos por la propia corporación de tal manera que, detectada la conducta delictiva por la persona jurídica y puesta en conocimiento de la autoridad, deberán solicitar la exención de pena de la persona jurídica, al evidenciarse no solo la validez del modelo sino su consonancia con una cultura de cumplimiento corporativo.

19ª.7. Si bien la comisión de un delito no invalida automáticamente el modelo de prevención, este puede quedar seriamente en entredicho a tenor de la gravedad de la conducta delictiva y su extensión en la corporación, el alto número de empleados implicados, la baja intensidad del fraude empleado para eludir el modelo o la frecuencia y duración de la actividad criminal.

19ª.8. Los Sres. Fiscales atenderán al comportamiento de la corporación en el pasado. Se valorará positivamente la firmeza de la respuesta en situaciones precedentes y negativamente la existencia de anteriores procedimientos penales o en trámite, aunque se refieran a conductas delictivas diferentes de la investigada, o previas sanciones en vía administrativa.

19ª.9. Las medidas adoptadas por la persona jurídica tras la comisión del delito pueden acreditar el compromiso de sus dirigentes con el programa de cumplimiento. Así, la imposición de medidas disciplinarias a los autores o la inmediata revisión del programa para detectar sus posibles debilidades, la restitución y la reparación inmediata del daño, la colaboración activa con la investigación o la aportación al procedimiento de una investigación interna, sin perjuicio del valor atenuante que pueda tener alguna de estas actuaciones. Operarán en sentido contrario el retraso en la denuncia de la conducta delictiva o su ocultación y la actitud obstructiva o no colaboradora con la justicia.

20ª La cláusula de exención de la responsabilidad de la persona jurídica que incorpora el apartado 2 del art. 31 bis constituye una causa de exclusión de la punibilidad, a modo de excusa absolutoria, cuya carga probatoria incumbe a la persona jurídica, que deberá acreditar que los modelos de organización y gestión cumplían las condiciones y requisitos legales.

En razón de todo lo expuesto, con el propósito de adoptar un criterio uniforme en la aplicación de la responsabilidad de la persona jurídica, los Sres. Fiscales se atendrán en lo sucesivo a las prescripciones de la presente Circular.

SENTENCIA NÚM. 154/2016, DE 29 DE FEBRERO, DEL PLENO DE LA SALA DE LO PENAL DEL TRIBUNAL SUPREMO. PONENTE: EXCMO. SR. MAGISTRADO D. JOSÉ MANUEL MAZA MARTÍN. RECURSO DE CASACIÓN 10011/2015. ESTIMATORIA PARCIAL[165].

En nombre del Rey

La Sala Segunda de lo Penal, del Tribunal Supremo, constituida por los Excmos. Sres. mencionados al margen, en el ejercicio de la potestad jurisdiccional que la Constitución y el pueblo español le otorgan, ha dictado la siguiente

SENTENCIA

En la Villa de Madrid, a veintinueve de Febrero de dos mil dieciséis.

Esta sala ha visto el recurso de casación nº 10011/2015-P, interpuesto por Avelino Javier, Remigio Gumersindo, Landelino Valeriano, Ignacio Valentín, TRANSPINELO SL, INVESTISSMENT TRANS SPAIN AFRICA y GEORMADRID MACHINERY SL, recurrentes representados por los Procuradores Sr. Checa Delgado, Sr. González Sánchez, Sr. Sanz Arroyo, Sra. Blanco Martínez y Sr. Sanz Arroyo, respectivamente, contra la sentencia dictada por la Audiencia Nacional, Sala de lo Penal (Sección 1ª), de fecha 17 de noviembre de 2014, que les condenó por delitos contra la salud pública, quebrantamiento de medida cautelar y falsificación en documento oficial.

Ha sido ponente el Excmo. Sr. D. José Manuel Maza Martín.

ANTECEDENTES DE HECHO

PRIMERO.- El Juzgado Central de Instrucción número 6 instruyó Sumario con el número 19/2011 y, una vez concluso, fue elevado a la Audiencia

---

[165] * Sentencia procedente del Centro de Documentación Judicial.

Nacional, Sala de lo Penal, Sección 1ª que, con fecha 17 de noviembre de 2014 dictó sentencia que contiene los siguientes HECHOS PROBADOS:

1.- Durante los años 2.007 a 2.010, el procesado Avelino Javier había sido objeto de diversas investigaciones judicializadas relativas a la comisión de un delito contra la salud pública por tráfico de estupefacientes de sustancia que causaba grave perjuicio para la salud (cocaína).

En dicho contexto se tramitaban ante el Juzgado de Instrucción núm. 6 de Coslada, Diligencias Previas 1902/2010 por presunto delito de blanqueo de capitales provenientes de actividad ilícita relacionada con el tráfico de sustancias estupefacientes.

El Ministerio Fiscal, al no aceptar dicho Juzgado el trámite de diligencias por delito de tráfico de estupefacientes, judicializó en el año 2011 la investigación inherente al mismo ante los Juzgados Centrales de Instrucción de la Audiencia Nacional.

La actividad aquí denunciada, estaba dirigida por el procesado Avelino Javier, persona que a través de terceros, personas físicas y personas jurídicas llevaba a cabo la misma bajo su supervisión y toma de decisiones.

El procesado Remigio Gumersindo, alias Zurdo, estaba relacionado con el anterior por razones de parentesco (sobrino) y de dependencia, realizando labores en las empresas TRANSPINELO S.L. e ITSA utilizadas por Avelino Javier para su ilícito tráfico, supliendo como persona de confianza a su tío cuando este se ausentaba de España, disponiendo de efectivo y dando las órdenes oportunas para el trabajo.

Una de las personas jurídicas que ha sido objeto de enjuiciamiento, la entidad TRANSPINELO era dirigida por Avelino Javier, si bien al frente de la misma formalmente aparecía Remigio Gumersindo.

Otra empresa denominada ITSA asimismo era dirigida y financiada por Avelino Javier, si bien aparecía bajo la administración única de Eulalio Gumersindo, sobrino del procesado Ignacio Valentín y representada por Rodolfo Faustino.

Ambas entidades participan en la forma que se dirá en el envío de maquinas de obras públicas a Venezuela.

Por último la entidad GEORMADRID MACHINERY que aparece como destinataria de las mismas al ser devueltas a España en la forma que se dirá estaba administrada por Ignacio Valentín desde al menos2.009.

El procesado Landelino Valeriano, también estaba relacionado con la actividad ilícita de tráfico de estupefacientes desarrollada por Avelino Javier, a quien acompañaba en sus viajes al extranjero, auxiliándole en la logística de los viajes, desplazamientos y preparación de los envíos.

Por su parte el procesado Ignacio Valentín, alias Tirantes, participaba en la actividad ilícita de Avelino Javier, además de la relación antes citada, a través de su intervención en la entidad INVESTISSEMENT TRANS SPAIN AFRICA S.A. (ITSA).

Esta entidad estaba administrada formalmente por una persona no procesada Rodolfo Faustino, persona del entorno de amistad y relación del procesado Ignacio Valentín. Fue constituida en Mali, con la finalidad de propiciar formalmente la actividad de venta de maquinaria de obras publicas. No obstante lo anterior, dicha empresa estaba dirigido de hecho por Avelino Javier, persona que era quien tomaba las decisiones y aportaba el capital preciso para ello.

Estas entidades, en cuanto a las dos primeras realizaban actividades comerciales diversas, no así la tercera citada a la que no se le conoce actividad, y eran utilizadas por Avelino Javier para articular actividades de importación y exportación de maquinas en cuyo interior se encontró sustancia estupefaciente como en el presente caso, actividades por las que se han seguido procesos penales aparte en 2.006 y 2007.

Los procesados Ginés Artemio y Cándida Belinda componían el núcleo familiar directo del procesado Avelino Javier, siendo su hijo y su actual compañera sentimental, sin que tuvieran participación directa en las actividades de Avelino Javier.

En los primeros meses del año 2.011, Avelino Javier y las personas que formaban su organización, Remigio Gumersindo, Landelino Valeriano y Ignacio Valentín, comenzaron los trámites para el envío de máquinas a Venezuela, las que serían posteriormente reimportadas a España conteniendo droga en su interior.

Las maquinas, que figuraron a nombre de la entidad TRANSPINELO eran las siguientes: (...)

Con la finalidad de llevar a cabo tal operación, Avelino Javier viajó a Venezuela los días 7 y 8 de Febrero de 2.011 vía Frankfurt- Caracas, país al que posteriormente acude Landelino Valeriano, en 21.03.2011 para reunirse con él y proceder a la formalización de la llegada de la maquinaria y preparar la introducción de la droga en su interior para ser reimportada a España.

Ambos permanecieron en Venezuela hasta su vuelta a España, realizada, por Landelino Valeriano los días 8 y 9 de Mayo de 2.011, y Avelino Javier el día 3 de Junio de 2011 a las 15.30 llegando al Aeropuerto del Prat (Barcelona) en vuelo Caracas-Frankfurt-Barcelona.

Landelino Valeriano adelantó su viaje por haber sufrido Cándida Belinda un intento de robo, posponiendo su vuelta Avelino Javier en varias ocasiones hasta efectuarla el día citado.

Tanto Landelino Valeriano como Avelino Javier tenían prohibida la salida del territorio nacional, sin otra autorización en el caso de Landelino Valeriano, que la de realizar viajes concretos a Bélgica, pero nunca a Venezuela.

El procesado Landelino Valeriano tenía prohibida la salida del territorio nacional, únicamente se le otorgó permisos de salida en marzo y mayo de 2011, para que pudiera acudir por motivos laborales a Holanda y Alemania y sin embargo se desplazo a Venezuela.

La organización citada que había proyectado el envío de las maquinas citadas a Venezuela, para allí cargarlas de cocaína en su interior y reenviar a España con la sustancia estupefaciente en las mismas, durante el mes de febrero de 2.011, los procesados Remigio Gumersindo y Ignacio Valentín concertaron con la empresa CRISMAR, dedicada al tránsito marítimo, el transporte de las citadas cuatro máquinas de España a Venezuela.

A tal fin con fecha 17 de Febrero de 2.011 se emiten las facturas NUM000, NUM001, NUM002 y NUM003 en las que figura como exportadora la entidad ITSA, apoderada por Ignacio Valentín, simulando la venta de las máquinas citadas a la entidad MULTISERVICIOS Y MAQUINARÍA OP, con dirección Avda. Guayana Galpón núm. 49 de Guaiparo en San Félix 8051, Venezuela, y cuya presidenta era Francisca Reyes. Ahora bien, las máquinas aparecerían después como propiedad de la empresa EQUIPOS Y MAQUINARIAS PESADAS CA (EQUIPE CA) al emitir dicha empresa una factura de venta ficticia a la mercantil JOYMACA.

Como quiera que la entidad ITSA, tenía la sede en la República de Malí, no era factible que pudiera aparecer como exportadora desde España, siendo necesaria la intervención como tal de una entidad con CIF y sede en España. Para poder llevar a cabo la operación el procesado Remigio Gumersindo aportó los datos correspondientes a la entidad TRANSPINELO, y procedió al cambio de las facturas antes citadas en las que figuraba como exportadora la entidad ITSA por otras cuatro facturas NUM004, NUM005, NUM006 y NUM007, en las que aparecía como exportadora TRANSPINELO. No obstante los documentos "bill of lading" siguen apareciendo extendidos a nombre de ITSA.

Otro problema que surge con la exportación, consistió en que la exportación temporal que se pretendía de las máquinas no pudo llevarse a cabo, por lo que se modificó la forma de destino, por el de exportación normal o definitiva, lo que finalmente llevo a la conclusión de la operación exportadora ante Aduanas de España en 3 de Marzo de 2011.

Dichas máquinas habían sido transportadas hasta el Puerto de salida en la ciudad de Santander por encargo de TRANSPINELO desde Mejorada del Campo al referido puerto los días 21 y 22 de febrero de 2011 para su posterior embarque.

El día 5 de marzo las máquinas embarcaron en el Puerto de Santander en el buque "Moming Celine", con origen en Santander y destino Puerto

Cabello (Manzanillo), Venezuela (Bill of Landing ES 1084566 de esa fecha, aportado por la agencia marítima EGVE).

Una vez llegadas las máquinas a Venezuela, recogidas por su destinataria MULTISERVICIOS Y MAQUINARIA.OP, de la que era responsable la súbdita venezolana Francisca Reyes fueron bajadas del barco citado y salieron de la zona primaria del puerto el día27.04.2011, una vez en tierra, se transportaron a una nave-almacén denominado galpón señalado con el núm. 49 sito en la Avenida Guayana Urbanización Gualparo de San Félix estado de Bolívar, en el que había una vivienda en la que habitaba la citada Francisca Reyes, y del que eran arrendatarios la citada Francisca Reyes y de Valentín Patricio también de nacionalidad venezolana, procediendo a su manipulación consistente en abrir huecos en el interior de los brazos y otras partes de las maquinas realizando las oportunas aperturas y orificios y creando dobles fondos y caletas que después soldaron y volvieron a pintar tras llevar a cabo la introducción de la sustancia estupefaciente en los huecos resultantes.

Finalmente las maquinas son embarcadas en el barco Beautriumph, el día 4 de Junio de 2.011, siendo desembarcadas por orden de la Autoridad competente venezolana en el muelle de Palúa, ubicado en San Félix, Venezuela, en donde se encontraban en custodia policial desde el día 5 de Junio de 2.011 por encontrarse dudosamente documentadas.

La mercantil que exportaba las máquinas era J y M C.A "JOYMACA (RIF J-31565140-8) de la que era administrador Valentín Patricio y en cuya plantilla figuraba Francisca Reyes (presidenta a su vez de MULTISERV1CIOS Y MAQUINARIAS OP). Empresa que figuraba como importadora a Venezuela de las maquinas enviadas desde España.

A su vez, la empresa que figuraba como importadora de las máquinas que se traían desde Venezuela a España con la sustancia estupefaciente era GEORMADRID MACHINERY SL, en la que figura formalmente como administrador único Ignacio Valentín, tal y como figura en la factura NUM008 de la empresa JOYMACA, proporcionando así cobertura legal a la entrada de la droga en España.

No obstante y con ánimo de ocultación del tráfico de la mercancía, en la documentación encontrada posteriormente en Venezuela figuraba como entidad receptora GLOVAL MACHINERY SA, empresa que no consta su existencia y cuyos datos de ubicación y de contacto corresponden a los de GEORMADRID MACHINERY. La dirección de destino de la maquinaria era la calle Fuentecillas nave 26 del polígono Industrial Los Albardiales de la localidad de Antígona, Toledo, que en realidad era un inmueble desocupado.

El día 4 de junio de 2011, las máquinas con droga fueron cargadas en el barco con nombre "Beautriumh" con destino al puerto de Bilbao.

La Guardia Nacional Bolivariana, fue informada por la Guardia Civil española de tal operación, produciéndose un primer registro el día 24 de Junio de 2.011, encontrándose en el interior de las dos maquinas retroexcavadoras Volvo diversos envoltorios con sustancia estupefaciente (cocaína) con un peso de 5.052 Kgms. y un valor económico de haber ingresado en el mercado de 258.544.480 €.

El día 26 de Junio siguiente se produce el registro del citado galpón, donde es hallada entre otros documentos una copia auténtica de la escritura de la entidad Geormadrid Machinery S.L. así como resguardos de emails cruzados entre Landelino Valeriano y la entidad Viajes Barceló comentando el cambio de fechas en el viaje de vuelta a España tanto del citado Landelino Valeriano como de Avelino Javier.

Finalmente el día 28 de Junio de 2.011 se produce el registro de la maquinaria restante por las Autoridades policiales Venezolanas hallando en el interior de las mismas un total de 1.650,5 Kgms. más de cocaína.

En relación con este operativo la Guardia Nacional Bolivariana procedió a la detención de los súbditos venezolanos Valentín Patricio y Francisca Reyes, así como Daniel Benjamín, Landelino Santiago, Genaro Jenaro, Benigno Genaro, Ramón Dionisio y Rómulo Teodosio los que trabajaban allí a las órdenes de Avelino Javier. Valentín Patricio reconoció en sede judicial los hechos.

El día 28 de junio de 2011, Avelino Javier y Cándida Belinda intentaron huir, siendo interceptados en compañía de sus dos hijas menores sobre las 15.30 horas en el Área de Servicio de "Abades Puerta de Andalucía", en La Carolina, Jaén, portando, además de ropa y documentación, 95.290 euros.

En el registro de la CALLE000 NUM000 de Arganda del Rey, domicilio de Avelino Javier, se ocupó, entre otras cosas, un permiso de conducir búlgaro a su nombre, con número NUM009, y una tarjeta de transportista del Reino de España, vinculada a aquel y al documento "International Drive Document", constando en la base de datos de la Dirección General de Tráfico que Avelino Javier carece de permiso de conducción que le habilite para conducir vehículos en España, pese a lo cuales le ha visto conduciendo en el transcurso de numerosas vigilancias policiales.

Practicada entrada y registro el día 28/6/2011 en la CALLE001 NUM000, de Mejorada del Campo (folios 2379 y ss.), domicilio de Landelino Valeriano, se interviene: (...)

Practicada entrada y registro el 28/6/2011 en la vivienda de la CALLE002 NUM010 (folios 2369 y ss.) de Velilla de San Antonio, domicilio de Ginés Artemio, se encontraron: (...)

Practicada entrada y registro el día 28/6/2011 (folios 2349 v ss.) en la sede de TRANSPINELO, en la Fundidores 6 de Velilla de San Antonio, se ocuparon los siguientes efectos: (...)

Practicada entrada y registro el día 29/6/2011 en la nave industrial de la calle Canteras sin número del Polígono Industrial de la Raya Velilla (folios 2386 y ss.), a presencia de Remigio Gumersindo, se encontraron diversos vehículos y documentación.

Practicada entrada y registro el día 29/6/2011 (folios 2389 y ss.) en la calle Raya de Velilla n" 25, polígono industrial la Raya Velilla, a presencia de Remigio Gumersindo, se encontraron varios caballos, vehículos y utillaje.

Practicada entrada v registro el 8/7/2011 en el local de CIENYCERO. en la carretera de Campo Real, km 1.3 Zoco La Pobeda. Planta2, despacho 1. Arganda del Rey (folios 2332 y ss.), se encontraron los siguientes efectos: (...)

Practicada entrada y registro el día 5/7/2011 en Costada, en la sede social de TRANSPINELO (folios 1049 y ss.), se encontró diversa maquinaria y vehículos.

Practicada entrada y registro el 4/7/2011 en la sede social de TRANSPINELO, en la calle Raya de Vejilla, sin número, Coslada (folios 1054 y ss.), se interviene maquinaria, utillaje industrial y diversa documentación.

Practicada entrada y registro en las dependencias de la empresa TRANSPINELO en la calle Raya de Velilla sin número, el día 6/7/2Q11 (folios 931 y ss.), se intervinieron diversos vehículos, maquinaria y efectos industriales.

Practicada entrada y registro el día 7/7/2011 en la calle Raya de Velilla número 2, con entrada de coches por calle San Valentín (folios 950 y ss.), alquilada por TRANSPINELO, fue ocupada diversa maquinaria.

Practicada entrada y registro el día 14/7/2011 (folios 2402 y ss.) en el terreno vallado anexo al bar restaurante Valentín en el Polígono industrial de la Raya de Velilla, con entrada por calle Valentín y calle Canteras, en Velilla de San Antonio, se intervinieron maquinaria, vehículos y utillaje industrial.

Practicada entrada y registro el día 29/6/2011 en el domicilio de la AVENIDA000 NUM020, de Mejorada del Campo (folios 2341 y ss.), domicilio de Remigio Gumersindo, fueron intervenidos diversos efectos, alianzas de matrimonio, documentación y vehículos, así como 1.400 euros en billetes de50 dentro de uno de los coches. (sic)

SEGUNDO.- La sentencia de instancia dictó el siguiente pronunciamiento:

FALLAMOS: I.- Que debemos CONDENAR Y CONDENAMOS a:

1.- a) Avelino Javier, en su calidad de autor responsable de un delito ya definido contra la salud pública, de sustancia estupefaciente que causa grave perjuicio para la salud (cocaína), en cantidad de notoria importancia, en organización, ostentando la jefatura, mediante el uso de buque y simulación de operaciones comerciales internacionales, a la pena de TRECE AÑOS, SEIS MESES de prisión y multa de 775.633.440 €.

b) En su cualidad de autor responsable de un delito de quebrantamiento de medida cautelar ya definido del artículo 468.1 del Código Penal al pago de multa de VEINTICUATRO MESES a razón de 10 € día.

c) Y en su cualidad de autor responsable de un delito de falsificación en documento oficial ya definido de los artículos 392 en relación con el 390.1.1° del Código Penal, a la pena de SEIS MESES DE PRISION y multa de SEIS MESES a razón de 10 €, mínimo previsto dada la escasa entidad de la utilidad acreditada del mismo.

2.- Remigio Gumersindo en su calidad de autor responsable de un delito ya definido contra la salud pública, de sustancia estupefaciente que causa grave perjuicio para la salud (cocaína) en cantidad de notoria importancia, en organización, mediante el uso de buque y simulación de operaciones comerciales internacionales, a la pena de DIEZ AÑOS, SEIS MESES Y UN DIA DE PRISION y multa de 775.633.440 €.

3.- Landelino Valeriano a) en su calidad de autor responsable de un delito ya definido contra la salud pública, de sustancia estupefaciente que causa grave perjuicio para la salud (cocaína) en cantidad de notoria importancia, en organización, mediante el uso de buque y simulación de operaciones comerciales internacionales, a la pena de NUEVE AÑOS DE PRISION y multa de 775.633.440 €.

b) En su cualidad de autor responsable de un delito de quebrantamiento de medida cautelar ya definido del artículo 468.1 del Código Penal al pago de multa de DOCE MESES a razón de 10 € día.

4.- Ignacio Valentín, en su calidad de autor responsable de un delito ya definido contra la salud pública, de sustancia estupefaciente que causa grave perjuicio para la salud (cocaína) en cantidad de notoria importancia, en organización, mediante el uso de buque y simulación de operaciones comerciales internacionales, a la pena de NUEVE AÑOS DE PRISION y multa de 775.633.440 €.

5.- la entidad TRANSPINELO S.L. por su participación como instrumento jurídico en los términos ya definido respecto del delito contra la salud pública asimismo concretado a su DISOLUCIÓN con pérdida definitiva de su personalidad jurídica y su capacidad de realizar actividad comercial alguna, y al pago de la MULTA de 775.633.440 €.

6.- la entidad GEORMADRID MACHINERYS.L. por su participación como instrumento jurídico en los términos ya definido respecto del delito contra la salud pública asimismo concretado a su DISOLUCION con pérdida definitiva de su personalidad jurídica y su capacidad de realizar actividad comercial alguna, y al pago de la MULTA de 775.633.440 €.

7.- la entidad INVESTISSIMETN TRANS SPAIN AFRICA S.A. (ITSA), por su participación como instrumento jurídico en los términos ya definido respecto del delito contra la salud pública asimismo concretado la prohibición de realizar actividades comerciales en España por tiempo máximo de 5 años, y al pago de la MULTA DE 775.633.440 €.

II.- Que debemos ABSOLVER Y ABSOLVEMOS a:

1.-El procesado Ginés Artemio, al no haber quedado suficientemente acreditados los hechos que se le imputaban para contradecir el principio de presunción de inocencia.

2.-La procesada Cándida Belinda, al no haber quedado suficientemente acreditados los hechos que se le imputaban para contradecir el principio de presunción de inocencia.

III.-A los procesados condenados les serán de aplicación las siguientes:

A Avelino Javier, Remigio Gumersindo Y Landelino Valeriano, la pena accesoria de inhabilitación absoluta.

Y a Ignacio Valentín la pena accesoria de inhabilitación especial para empleo o cargo público, profesión u oficio, industria, comercio por el tiempo e condena.

A los procesados condenados les será de aplicación el tiempo de prisión provisional cumplido siempre que no se haya aplicado para el cómputo de cumplimiento de otra responsabilidad penal.

IV.-Que asimismo procede acordar el comiso de los efectos intervenidos, dinero, vehículos, maquinaria y demás bienes, que figuran incluidos en la trascripción de las actas de entrada y registro y que fueron intervenidos a los procesados en sus detenciones, a excepción de los correspondientes a los procesados absueltos, así como los que figuran detallados en la relación de bienes contenida en los hechos probados.

V.-Los procesados condenados y las entidades asimismo objeto de condena deben satisfacer las costas del proceso, que se imponen proporcionalmente declarándose de oficio las correspondientes a los dos procesados absueltos. (sic)

TERCERO.- Notificada la sentencia a las partes, se prepararon recursos de casación por infracción de Ley, de precepto constitucional y quebrantamiento de forma, que se tuvieron por anunciados, remitiéndose a esta Sala Segunda del Tribunal Supremo las actuaciones y certificaciones necesarias para su sustanciación y resolución, formándose el rollo y formalizándose los recursos.

CUARTO.- - El recurso interpuesto por Avelino Javier se basó en los siguientes MOTIVOS DE CASACION:

Primero.- Al amparo del artº. 5.4º de la L.O.P.J., por vulneración de los derechos a la presunción de inocencia (art. 24. 2º CE), al secreto de las comunicaciones (artº. 18.3 CE), a un proceso con todas las garantías (art. 24.2 CE), y, a Juez predeterminado por la Ley (art. 24. 2º CE).

Segundo.- Al amparo del artº. 5. 4º de la L.O.P.J., por vulneración del derecho a la presunción de inocencia del artº. 24 de la Constitución española.

Tercero.- Al amparo del artº. 5. 4º de la L.O.P.J., por vulneración del derecho a la presunción de inocencia del artº. 24 de la Constitución española.

Cuarto.- Al amparo del artº. 849.1º de la Ley de Enjuiciamiento Criminal, por infracción de ley, por indebida aplicación del artº. 392, en relación con el artº. 390.1.1º, ambos del Código Penal, en relación con el delito de falsificación en documento oficial.

QUINTO.- - El recurso interpuesto por Remigio Gumersindo se basó en los siguientes MOTIVOS DE CASACION:

- Al amparo del artº. 5.4º de la L.O.P.J., por vulneración de los derechos a la presunción de inocencia (art. 24. 2º CE), al secreto de las comunicaciones (artº. 18.3 CE), a un proceso con todas las garantías (art. 24.2 CE), y, a Juez predeterminado por la Ley (art. 24. 2 CE).

Segundo.- Al amparo del artº. 5. 4º de la L.O.P.J., por vulneración del derecho a la presunción de inocencia del artº. 24 de la Constitución española.

Tercero.- Al amparo del artº. 5. 4º de la L.O.P.J., por vulneración del derecho a la presunción de inocencia del artº. 24 de la Constitución española.

Cuarto.- Al amparo del artº. 849.1º de la Ley de Enjuiciamiento Criminal, por indebida aplicación del subtipo agravado de organización delictiva, del artº. 369 bis del Código Penal.

Quinto.- Al amparo del artº. 849. 1º de la Ley de Enjuiciamiento Criminal, por infracción de ley, por falta de aplicación del artº. 16 del Código Penal, participación en grado de tentativa.

SEXTO.- El recurso interpuesto por Landelino Valeriano se basó en los siguientes MOTIVOS DE CASACION:

Primero.- Al amparo del artº. 5. 4º de la L.O.P.J., por vulneración del artº. 18. 3º de la Constitución española, derecho al secreto de las comunicaciones telefónicas.

Segundo.- Al amparo del artº. 5. 4º de la L.O.P.J., por vulneración del derecho a la presunción de inocencia el artº. 24. 2º de la Constitución española.

Tercero.- Al amparo del artº. 5. 4º de la L.O.P.J. por vulneración del derecho a un proceso con todas las garantías del art.º 24. 2º de la Constitución española.

Cuarto.- Al amparo del artº. 5. 4º de la L.O.P.J., por vulneración del derecho a la tutela judicial efectiva, del artº. 24. 1º de la Constitución española.

Quinto.- Al amparo del artº. 849. 1º de la Ley de Enjuiciamiento Criminal, por aplicación indebida de los arts. 368, 369. 5 º, 369 bis y 370 del Código Penal.

SÉPTIMO.- El recurso interpuesto por Ignacio Valentín se basó en los siguientes MOTIVOS DE CASACION:

Primero.- Al amparo del artº. 5. 4º de la L.O.P.J. y del artº. 852 de la Ley de Enjuiciamiento Criminal, por infracción de precepto constitucional, por vulneración del derecho a la tutela judicial efectiva del artº. 24.1º de la Constitución española.

Segundo.- Al amparo del artº. 5. 4º de la L.O.P.J. y del artº. 852 de la Ley de Enjuiciamiento Criminal, por infracción de precepto constitucional, por vulneración del derecho a la presunción de inocencia del artº. 24. 2º de la Constitución española.

Tercero.- Por infracción de ley, al amparo del artº. 849. 1º de la Ley de Enjuiciamiento Criminal, por aplicación indebida de los artículos 368, 369. 5º, 369 bis y 370, todos ellos, del Código Penal.

Cuarto.- Por infracción de ley, al amparo del artº. 849. 1º de la Ley de Enjuiciamiento Criminal, por aplicación indebida de los artículos 16 y 62 del Código Penal.

Quinto.- Por infracción de ley, al amparo del artº. 849. 1º de la Ley de Enjuiciamiento Criminal, por inaplicación de los arts. 29 y 63 del Código Penal.

OCTAVO.- El recurso interpuesto por "TRANSPINELO, SL" se basó en los siguientes MOTIVOS DE CASACION:

Primero.- Al amparo del artº. 5.4º de la L.O.P.J., por infracción del derecho a la presunción de inocencia, del artº. 24. 2º de la Constitución española.

Segundo.- Por infracción de precepto constitucional, al amparo del artº. 5. 4º de la L.O.P.J., por vulneración del derecho a un proceso con todas las garantías del artº. 24. 2º de la Constitución española.

Tercero.- Por infracción de precepto constitucional, al amparo del artº. 5. 4º de la L.O.P.J., por vulneración del derecho a la tutela judicial efectiva y al Juez predeterminado por la ley de los artsº. 120 y 23 de la Constitución española.

Cuarto.- Por infracción de preceptos constitucionales, al amparo del artº. 5. 4º de la L.O.P.J. y 852 de la Ley de Enjuiciamiento Criminal, por infracción del derecho a la presunción de inocencia (artº. 24. 2º), del derecho al secreto de las comunicaciones (artº. 18.3) y del derecho a la inviolabilidad del domicilio (artº 18.2), todos ellos de la Constitución española.

Quinto.- Por infracción de ley, al amparo del artº. 849. 1º de la Ley de Enjuiciamiento Criminal, por indebida aplicación del subtipo agravado de organización delictiva del art. 369 bis del Código Penal, y de extrema gravedad por uso de buque (art. 370 CP) y de la aplicación de los arts. 570 bis, 570 ter y 570 quáter CP, en relación con la organización criminal.

Sexto.- Por infracción de ley, al amparo del artº. 849. 1º de la Ley de Enjuiciamiento Criminal, por falta de aplicación del artº 16 del Código Penal, participación en grado de tentativa.

Séptimo.- Por error en la apreciación de la prueba, al amparo del artº. 849. 2º de la Ley de Enjuiciamiento Criminal.

Octavo.- Por infracción de precepto constitucional, al amparo de los arts. 852 de la Ley de Enjuiciamiento Criminal y artº. 5. 4º de la L.O.P.J., por vulneración del derecho de defensa del artº. 24. 2º del Código Penal.

NOVENO.- El recurso interpuesto por "GEORMADRID MACHINERY SL" se basó en los siguientes MOTIVOS DE CASACION:

Primero.- Por infracción de precepto constitucional, al amparo del artº. 852 de la Ley de Enjuiciamiento Criminal y del artº. 5. 4º de la L.O.P.J., por vulneración del derecho a la defensa del artº 24. 2º de la Constitución española.

Segundo.- Por infracción de precepto constitucional, al amparo del artº. 852 de la Ley de Enjuiciamiento Criminal y del artº. 5. 4º de la L.O.P.J., por vulneración del derecho a la presunción de inocencia del artº 24. 2º de la Constitución española.

DÉCIMO.- El recurso interpuesto por "INVESTISSIMENT TRANS SPAIN AFRICA, SA (ITSA)" se basó en los siguientes MOTIVOS DE CASACION:

Primero.- Por infracción de precepto constitucional, al amparo de los artículos 852 de la Ley de Enjuiciamiento Criminal y 5. 4º de la L.O.P.J., por vulneración del derecho de defensa, del art° 24. 2° de la Constitución española.

Segundo.- Por infracción de precepto constitucional, al amparo de los arts. 852 de la Ley de Enjuiciamiento Criminal y art. 5. 4° de la L.O.P.J., por vulneración del derecho a la presunción de inocencia del art°. 24. 2° del texto constitucional.

Tercero.- Por infracción de ley, al amparo del art°. 849. 1° de la Ley de Enjuiciamiento Criminal, por aplicación indebida de los arts. 368, 369. 5 °, 369 bis, 370 y 31 bis, todos ellos del Código Penal.

DECIMOPRIMERO.- Instruidas las partes de los recursos interpuestos, el Ministerio Fiscal, en informe de fecha 10 de marzo de 2015, solicitó la inadmisión de todos los motivos de los recursos interpuestos y, subsidiariamente, su desestimación; la Sala admitió los mismos, quedando conclusos los autos para señalamiento del fallo cuando por turno correspondiera.

DECIMOSEGUNDO.- Por Providencia, de 20 de mayo de 2015, se declaró el recurso admitido y concluso, señalándose para la deliberación, el pasado día 2 de junio de 2015. Por resolución, de fecha 3 de junio siguiente, se decretó la suspensión del término para dictar sentencia, interesando a las partes personadas que manifestaran, en el plazo de ocho días, lo que estimasen oportuno a la vista de las modificaciones legales en el Código Penal establecidas por la Ley Orgánica 1/2015, de 30 de marzo, habiendo presentado escrito la Procuradora Sra. Blanco Martínez, en representación de "TRANSPINELO SL" y el Ministerio Fiscal.

DECIMOTERCERO.- Por resolución, de 7 de septiembre de 2015, se declaró de nuevo el recurso admitido y concluso, señalándose el 1 de octubre de 2015 para la deliberación y decisión del mismo. Teniendo en cuenta la complejidad y novedad del tema objeto de estudio, así como el volumen de las actuaciones, la Sala acordó suspender el plazo para dictar sentencia por Auto de fecha 2 de octubre de 2015 y, someter las cuestiones, a un Pleno Jurisdiccional de la Sala, el cual tuvo lugar el 17 de diciembre de 2015, habiéndose prolongado la deliberación hasta el día de hoy.

FUNDAMENTOS DE DERECHO

RECURSOS DE LAS PERSONAS FÍSICAS:

A) RECURSO DE Avelino Javier:

PRIMERO.- El recurrente, condenado por la Sentencia de instancia como autor de un delito contra la salud pública, otro de falsificación de documento oficial y un tercero de quebrantamiento de medida cautelar a las penas respectivas de trece años y seis meses de prisión y multa, seis meses de prisión y multa y otra multa más, apoya su Recurso en cuatro diferentes motivos, de los que los tres primeros denuncian, con base en el artículo 5.4 de la Ley Orgánica del Poder Judicial, la vulneración de los siguientes derechos fundamentales:

1) El derecho al secreto de las comunicaciones (art. 18.3 CE), por haberse obtenido, según quien recurre, las correspondientes autorizaciones de las intervenciones telefónicas que encabezan las presentes actuaciones mediante el procedimiento fraudulento, seguido por los funcionarios policiales, de ocultar que las mismas ya habían sido rechazadas por otros órganos judiciales a los que se les habían dirigido similares solicitudes con anterioridad.

La Sentencia recurrida ya se ocupó de dar cumplida respuesta a semejantes planteamientos, en concreto en su Fundamento Jurídico Primero, con argumentos que se comparten íntegramente y que han de ser tenidos por reproducidos en esta sede casacional.

En efecto, en dicha Fundamentación se señala cómo las diferentes solicitudes de práctica de distintas diligencias probatorias, no sólo de intervenciones telefónicas, no suponen en modo alguno la reiteración en búsqueda fraudulenta de una autorización final, eludiendo decisiones previas en sentido negativo adoptadas por diversos Instructores, sino que, antes al contrario, se trataba de investigaciones distintas, seguidas como consecuencia de otras tantas actividades delictivas en las que se disponía de información de que podían haber sido cometidas, todas ellas, por el propio recurrente y otras personas de su círculo o con las que mantenía relación.

Así, las primeras diligencias en orden cronológico, ante el Juzgado número 1 de Coslada, (DP 1902/2010) y que dieron origen a una denegación de la solicitud de intervenciones telefónicas por dicho Juzgado por no considerarlas propias de la investigación del delito investigado, consistente en un supuesto delito de blanqueo de capitales del que podrían ser autores el recurrente y otras personas próximas a él, y resultar suficientes a tal efecto, a juicio del Instructor, los requerimientos a varias entidades financieras, a la Agencia Estatal de la Administración Tributaria y a la Tesorería General de la Seguridad Social, para que facilitara la información a la Unidad Policial correspondiente, acerca de las actividades empresariales de los investigados que pudieran, o no, justificar los cambios de titularidad y adquisiciones de vehículos y maquinaria a los que hacía alusión el oficio remitido al Juzgado.

A su vez, en segundo lugar, las solicitudes de apertura de diligencias previas y, en su seno, de intervenciones telefónicas, dirigidas al Juzgado Central de Instrucción número 2, se correspondían con la comisión de un supuesto delito de tráfico de drogas, con introducción en nuestro país de grandes cantidades de cocaína procedente de Argentina, que se atribuía a Avelino Javier.

El Juzgado denegó dicha autorización, en cuya solicitud se mencionaba la anterior actuación ante el Juzgado de Coslada y se facilitaban nuevos datos sobre vigilancias mantenidas y comprobaciones llevadas a cabo por los funcionarios policiales, a la vez que se justificaba la necesidad de las intervenciones de comunicaciones con base en el hecho de que los investigados pudieran tener conocimiento de que ya eran objeto de seguimiento por el anterior Juzgado de Instrucción.

El órgano destinatario de esas solicitudes resolvió (DP 347/2010), denegar lo interesado por su falta de competencia objetiva al no existir, a su juicio, razones fundadas para afirmar que se estaba ante una verdadera organización criminal además de que, a mayor abundamiento, tampoco se consideraban suficientes para la práctica de las diligencias las razones expuestas en los oficios recibidos.

Por su parte, El Juzgado Central de Instrucción número 6, a instancia de la Fiscalía Especial Antidroga, abriría nuevas Diligencias (DP 68/2011, de las que procede el presente Procedimiento), en las que se remitió al Juzgado nueva solicitud de intervenciones telefónicas, pero en este caso en referencia a la investigación seguida por la desaparición de un helicóptero decomisado que había sido sustraído, se suponía que para dedicarle a actividades de tráfico de drogas, en la que se había detectado que podría participar el llamado Heraclio Fermín porque éste había adquirido ciertas piezas necesarias para la reparación de dicho helicóptero.

Se vinculó con tales hechos a Félix Maximino, del que ya se tenían informaciones previas que le relacionaban con una organización dedicada al narcotráfico y radicada en la provincia de Madrid quien, además, había sido detectado, en varias ocasiones, en compañía del aquí recurrente, concretamente en controles efectuados en Marsella, en el aeropuerto de Málaga procedentes de un vuelo con origen en Venezuela así como en la aduana de la localidad francesa de San Martin de Creu portando gran cantidad de dinero en efectivo.

Concluyendo los investigadores en que Avelino Javier, que había sido previamente no sólo con el ya citado Félix Maximino sino también con otra persona llamada Inocencio Basilio, formaba parte, con Heraclio Fermín, de una organización que introducía en España, utilizando el helicóptero mencionado y varias avionetas, cantidades de hachís y que estaban preparando, según informaciones recibidas, una gran operación de introducción de un alijo de cocaína en nuestro país.

Sería el Juzgado Central de Instrucción número 5, en funciones de Guardia, quien, en Resolución de 15 de Marzo de 2011 (DP 60/2011) y acogiendo las razones expuestas por la Policía apoyadas por el Informe del Ministerio Fiscal, accediera finalmente a la autorización de las intervenciones que ahora se cuestionan, en referencia tanto a Heraclio Fermín como a Avelino Javier y a otras personas del círculo familiar de éste, posibles autores de los graves ilícitos objeto de investigación, y remitiendo las actuaciones, una vez acordadas las medidas urgentes interesadas, al Juzgado Central de Instrucción número 6 para su incorporación a las actuaciones seguidas por éste, a que, tras una inicial inhibición en favor del Juzgado Central de Instrucción número 2, rechazada por éste por Auto de 23 de Marzo de 2011, acabó haciéndose cargo de las mismas prosiguiendo con su tramitación en el seno de las referidas DP 68/2011 de las que finalmente trae causa el procedimiento que nos ocupa.

En definitiva, de una tal descripción de lo acontecido es obvio que decaen los argumentos del Recurso, imputando a la actuación policial un ánimo de engaño, en concreto reiterando ante distintos Juzgados una misma solicitud de intervenciones telefónicas hasta conseguir lo que previa y repetidamente le había sido denegado porque ni los hechos en los que se apoyaban las distintas peticiones eran los mismos (supuesto delito de blanqueo ante el Juzgado de Coslada y diferentes operaciones tráfico de drogas en los Juzgados Centrales número 2 y 6, puesto que el número 5 intervino tan sólo en funciones de Guardia e inmediatamente envió lo actuado al número 6) ni existió ocultación alguna de solicitudes anteriores (toda vez que el Juzgado Central de Instrucción número 6 tuvo conocimiento desde un inicio, por mención expresa, de las actuaciones previas en Coslada y entre el número 2 y el 6 de los Centrales de Instrucción se mantuvo, incluso, un debate acerca de su respectiva competencia.

En realidad, serían las diversas y plurales actividades delictivas en las que se encontraban implicados el recurrente y el círculo de personas con él relacionadas o, al menos, la diversidad de supuestos en los que se le atribuía una participación bastante para proceder a su investigación, lo que explica la complejidad y relación entre las distintas actuaciones que le afectaban y que han quedado descritas.

Como, por otra parte, también se advierte, con todo lo relatado, las sobradas razones que existían, cuando se acuerdan las diligencias de intervención de las comunicaciones, para justificar las mismas y no existe tacha alguna, en este momento al menos, respecto de adecuado control al que se sometió su práctica, es consecuencia lógica la desestimación de la vulneración del derecho fundamental al secreto de las comunicaciones alegada.

2) El derecho a la intimidad, en su versión de la inviolabilidad domiciliaria (art. 18.2 CE), habida cuenta de que la realización de la diligencia de entrada y registro en la vivienda del recurrente, aunque llevada a cabo

mediando la oportuna autorización judicial, no habría cumplido con los requisitos necesarios para otorgarle la necesaria validez probatoria ya que el recurrente, en ese momento privado de libertad y presente en el registro de su morada, no fue asistido en dicha práctica por si Abogado defensor.

A tal respecto sólo se precisa recordar la reiterada doctrina de esta Sala, contenida en numerosas Resoluciones, entre otras las SSTS 773/2013, de 22 de Octubre, o 187/2014, de 10 de Marzo, que insisten en la inexistencia de la obligación legal de dicho requisito para otorgar el valor probatorio a los resultados de una diligencia semejante, bastando con la necesaria presencia del propio detenido en esta ocasión debidamente cumplida al igual que aconteció con el resto de los registros realizados en las viviendas de los otros condenados, para concluir en el nuevo rechazo de la argumentación del Recurso en este extremo.

3) El derecho a la presunción de inocencia (art. 24.2 CE), por la inexistencia de pruebas suficientes para sustentar la condena de Avelino Javier.

Baste, para dar respuesta a tal alegación, recordar cómo la función casacional encomendada a esta Sala, respecto de las posibles vulneraciones del derecho a la presunción de inocencia, consagrado en el artículo 24.2 de nuestra Constitución, ha de limitarse a la comprobación de tres únicos aspectos, a saber: a) que el Tribunal juzgador dispuso, en realidad, de material probatorio susceptible de ser sometido a valoración; b) que ese material probatorio, además de existente, era lícito en su producción y válido, por tanto, a efectos de acreditación de los hechos; y c) que los razonamientos a través de los cuales alcanza el Juez de instancia su convicción, debidamente expuestos en la Sentencia, son bastantes para ello, desde el punto de vista racional y lógico, y justifican, por tanto, la suficiencia de dichos elementos de prueba.

En consecuencia, si la prueba de cargo existe, no puede ser tachada de ilícita y se muestra suficiente para alcanzar la conclusión condenatoria, en la valoración que, de la misma, lleva a cabo el Tribunal "a quo" de manera absolutamente lógica y razonable, no le es posible a esta Sala entrar en censura del criterio de dicho Tribunal, sustituyéndole mediante otra valoración alternativa del significado de los elementos de prueba disponibles.

Y, en este caso, nos encontramos con una argumentación, contenida esencialmente en los Fundamentos Jurídicos Primero y Segundo de la Resolución de instancia, en los que se exponen las razones por las cuales el Tribunal "a quo" considera debidamente fundada su convicción condenatoria, con base en las pruebas practicadas, declaraciones de los acusados, testificales, periciales, documentales y, de forma muy significativa, el contenido de las comunicaciones telefónicas intervenidas y los resultados de los registros domiciliarios.

Realmente, la denunciada infracción del derecho fundamental a la presunción de inocencia viene a ser tributaria, en este caso, de las precedentes pretensiones, ya abordadas, por las que se interesaba la declaración de nulidad del material probatorio procedente tanto de las "escuchas" telefónicas como de los registros domiciliarios, por lo que la desestimación de aquellas alegaciones conduce naturalmente a la de ésta.

Junto a lo anterior, también se cuestiona en el Recurso la acreditación de la naturaleza de la sustancia ocupada y demás características resultantes de su análisis en la República de Venezuela, ya que se afirma que ni se respetaron las exigencias de conservación de muestras, etc., que rigen para esta clase de actividades probatorias, de acuerdo con la legislación de aquel país, ni existen garantías en cuanto al rigor en la "cadena de custodia".

A propósito de tales planteamientos, la Sala de instancia ya ofreció las razones para su rechazo, afirmando acertadamente que no sólo no se exponen razones concretas que hagan sospechar de una alteración, sustitución, confusión, etc. entre la sustancia ocupada y la que fue objeto de análisis, por lo que no cabe atender al respecto a una mera duda genérica y carente de concreto fundamento (recuérdese que estamos además ante un alijo de nada menos que varias toneladas de cocaína lo que limita extraordinariamente las posibilidades de un error en la identificación y seguimiento de la misma), sino que tampoco hay constancia en orden a ninguna clase de irregularidades o defectos en el proceso de pesaje y análisis de dicha droga, teniendo en cuenta por otro lado que comparecieron al acto del Juicio oral funcionarios policiales venezolanos que, a preguntas de las partes, explicaron cumplidamente el procedimiento llevado a cabo en este sentido, aclarando todas las posibles dudas que pudieran caber en este punto, sin que de ello se desprendiera tampoco apoyo alguno a las tesis de quien recurre.

En definitiva, la Sala dispuso, en este caso, de pruebas plenamente conformes, practicadas con todos los requisitos legales. Pruebas, por consiguiente y en definitiva, todas ellas válidas en su producción, razonablemente valoradas y plenamente capaces para sustentar el Fallo condenatorio respecto del recurrente, que frente a todo ello se extiende, en su Recurso, en alegaciones que pretenden combatir esa valoración de prueba llevada a cabo en la Sentencia recurrida, con lo que, en definitiva, se aleja del contenido que le es propio a un Recurso de Casación como éste en el que, como ya dijimos, la razonabilidad de la valoración realizada por la Audiencia nos veda la posibilidad de alterar las conclusiones alcanzadas por el Tribunal "a quo".

Razones, todas ellas, por las que estos tres motivos iniciales han de desestimarse.

SEGUNDO.- Por su parte, en el motivo Cuarto se alega la presencia de una infracción de ley (art. 849.1º LECr.) por incorrecta aplicación del artículo 390.1 1º del Código Penal, toda vez que el documento que se dice falsificado no era propiamente un documento oficial de identidad, la alteración de las fecha de expedición y caducidad no es sustancial y que su origen era venezolano por lo que para el enjuiciamiento del posible delito no serían competentes los Tribunales españoles.

Pero, a este respecto, conviene recordar que el cauce casacional ahora utilizado, de acuerdo con numerosísimos pronunciamientos de esta Sala, supone tan sólo la comprobación por este Tribunal de Casación de la correcta subsunción de los Hechos declarados probados en los preceptos de orden sustantivo que integran el ordenamiento penal, sin que sea posible, por esta vía, volver a cuestionar el fundamento y prueba de tales Hechos.

Labor que, por lo tanto, ha de partir en todo caso de un principio esencial, cual es el de la intangibilidad de la narración de Hechos llevada a cabo por el Tribunal de instancia, sobre la convicción que por el mismo se alcanza acerca de la realidad de lo acontecido, como consecuencia de la valoración del material probatorio disponible, que inicialmente le es propia.

Y en este sentido, es clara la improcedencia también del motivo, puesto que la descripción narrativa del relato sobre el que se asienta el pronunciamiento de la Audiencia es de sobra bastante e idónea para alcanzar su conclusión condenatoria, toda vez que integra los elementos propios de la infracción objeto de condena, tanto en lo que atañe al evidente carácter de documento oficial de un permiso internacional para la conducción de vehículos a motor (SSTS de 6 y 11 de Julio de 1990, 13 de Mayo de 1992 o 29 de Marzo y 30 de Abril de 1993, por citar sólo algunas), expedido por la Autoridad competente venezolana, como acerca del carácter esencial de su fecha de caducidad puesto que con ella se marca, ni más ni menos, que la dimensión temporal de la efectividad en cuanto a la autorización que el documento representa (SSTS de 27 de Abril de 1992 o 22 de Enero de 1996, entre otras).

Mientras que, por lo que se refiere a la ausencia de jurisdicción y competencia de los Tribunales españoles para enjuiciar una conducta que, en todo caso, habría sido cometida fuera de nuestras fronteras, lo cierto es que no existe razón que sustente tal afirmación, por lo que la sanción por los Tribunales españoles de semejante conducta falsaria por parte de Avelino Javier que, por otro lado, no podía permanecer ignorante ni ajeno a una alteración sustancial de un documento personal como el permiso de conducción que llevaba incorporada su propia fotografía, incluso en el caso de que el no fuera el autor material de la mendacidad pues, como con reiteración tenemos dicho (vid. por ej. SSTS de 28 de Mayo de 2006 y 31 de Octubre de 2007), no nos hallamos ante un tipo delictivo "de propia mano", resulta también de todo punto correcta.

Procediendo, por consiguiente, la desestimación del motivo y, con él, la del Recurso en su integridad.

B) RECURSO DE Remigio Gumersindo:

TERCERO.- El segundo Recurso, interpuesto por quien también fue condenado por la Audiencia como autor de un delito contra la salud pública a las penas de diez años, seis meses y un día de prisión, incluye cinco motivos, los tres iniciales relativos a la vulneración de derechos fundamentales (arts. 5.4 LOPJ y 852 LECr, en relación con el 18.3 y el 24.2 CE), en todo semejantes en su argumentación a los mismos ordinales del Recurso anterior, por lo que la respuesta dada a los mismos en nuestro primer Fundamento Jurídico debe tenerse por reiterada para la desestimación de éstos.

A su vez, los dos últimos motivos del Recurso, el Cuarto y el Quinto, hacen referencia a sendas infracciones de Ley, a saber:

1) Una primera consistente en la indebida aplicación del artículo 369 bis del Código Penal, habida cuenta de que no se dan los requisitos necesarios para integrar el contenido de la organización dedicada a la comisión de delitos contra la salud pública ni tampoco para afirmar la condición de jefe de la misma del recurrente (motivo Cuarto).

Desde el obligado respeto al "factum" de la recurrida, propio de un motivo de la naturaleza del presente, se advierte cómo en el mismo se describe tanto la existencia de una verdadera organización delictiva, con presencia de todos los requisitos necesarios para ello, de la que formaba parte el recurrente como la posición del mismo en la jefatura de dicha organización.

Así, por un lado, el relato de hechos recoge la existencia de un grupo de personas, dirigidas por Avelino Javier, que planificaba operaciones de tráfico de drogas, valiéndose para ello de empresas mercantiles, con una estructura jerarquizada en la que venían atribuidos cometidos concretos a cada uno de los miembros, que mantenía contactos sólidos con organizaciones delictivas, radicadas en otros países y que les proveían de la substancia de comercio prohibido, encubriendo su actividad mediante la realización de operaciones de exportación y posterior importación de maquinaria, con el empleo de los medios necesarios para ello. Lo que sin duda cumple los requisitos necesarios para la existencia de la organización delictiva a la que alude el precepto cuya aplicación se cuestiona y que la Jurisprudencia desarrolla en Resoluciones como la STS 906/2014, de 23 de Diciembre.

En tanto que la presencia de Remigio Gumersindo en dicha organización se caracteriza, según la narración, por tratarse de quien sustituía a Avelino Javier, ejerciendo funciones de mando cuando aquel se ausentaba de nuestro país, interviniendo directamente en los trámites para el envío de las máquinas que regresarían con la droga oculta en su interior y, en definitiva, impartiendo instrucciones junto con el manejo de importantes cantidades de efectivo.

2) En segundo lugar, la del artículo 16 del Código Penal puesto que los hechos enjuiciados, en todo caso, tan sólo constituirían un delito en grado de tentativa (motivo Quinto), ya que el recurrente no conocía que las máquinas exportadas tenían como destino regresar a España con droga oculta en su interior y nunca tuvo verdadera disponibilidad sobre ésta (sic).

Evidentemente no es sólo ya que resulta extraordinariamente difícil encontrar un espacio, dentro de la tipicidad del delito contra la salud pública y dada su naturaleza como infracción de mera actividad, para supuestos de ejecución imperfecta, sino que el Recurso, en este momento, lo que en realidad pretende, como se aprecia con la lectura de sus alegaciones, es cuestionar la valoración probatoria llevada a cabo por los Jueces "a quibus", que atribuyeron a Remigio Gumersindo el pleno conocimiento de la operación ilícita y la contribución a su ejecución de forma protagonista, ignorando para ello la literalidad del relato de hechos, en este momento de obligado respeto, y sin que pueda tampoco alegarse la circunstancia de la incautación de la droga en Venezuela, puesto que lo cierto es que él, como el resto de la organización, ya había ostentado, antes de ello, la disposición, siquiera mediata, de la sustancia lo que, como sabemos, supone la consumación del delito.

En consecuencia procede la desestimación de todos los motivos del Recurso.

C) RECURSO DE Landelino Valeriano:

CUARTO.- Este Recurso, interpuesto por quien fue condenado como autor de un delito contra la salud pública y otro de quebrantamiento de medida cautelar a las penas de nueve años de prisión y multa y otra multa, formula cinco distintos motivos, los cuatro primeros, con cita del artículo 5.4 de la Ley Orgánica del Poder Judicial, referentes a otras tantas infracciones de derechos fundamentales, en concreto:

1) La del derecho al secreto de las comunicaciones (art. 18.3 CE), por ausencia de datos suficientes para la autorización de las intervenciones telefónicas practicadas en su día y el hecho de que se dirigiera la solicitud de la misma a un órgano jurisdiccional diferente de aquel a quien correspondía la competencia para otorgarla (motivo Primero).

A la segunda de tales alegaciones, la vulneración del derecho al Juez legalmente predeterminado como competente para autorizar la práctica de las intervenciones, ya se ha dado suficiente respuesta, con una conclusión desestimatoria, en el anterior apartado 1) del Fundamento Jurídico Primero de esta Resolución.

Y otro tanto podría decirse respecto del primer argumento, pues los contenidos de las sucesivas de solicitudes de autorización para la injerencia en el derecho fundamental eran más que suficientes para otorgar ésta, como se decidió por el Juzgado Central de Instrucción número 5 en funciones de guardia, en su día, al hacer referencia a hechos como los que dieron primeramente origen a las Diligencias Previas seguidas ante el Juzgado número 1 de Coslada y, con posterioridad, en las de los Juzgados Centrales números 2 y 6, entre los que se hallaban la constancia de preparativos para la ejecución de operaciones internacionales de tráfico de drogas, la ocupación de trescientos kilos de hachís en poder de uno de los sospechosos, la disposición por los investigados de grandes cantidades de efectivo, cuyo origen se desconocía, o la desaparición de un helicóptero que previamente había sido objeto de decomiso y la adquisición de piezas necesarias para su reparación, todo ello contando con la participación de los diferentes sospechosos, de los que también constaban sus estrechas vinculaciones, cuyas comunicaciones se pretendía intervenir para el completo esclarecimiento de los hechos.

Datos los mencionados, junto con otros de menor trascendencia pero no por ello irrelevantes, que por su carácter objetivo y constatable, daban plena cobertura a la procedencia y necesidad de la práctica de dichas diligencias.

2) La del derecho a la presunción de inocencia (art. 24.2 CE), en vinculación con el motivo anterior, pues la nulidad de las intervenciones supondría la carencia de pruebas bastantes para sustentar el pronunciamiento condenatorio (motivo Segundo).

Por ello, la desestimación de aquel motivo conduce inexorablemente a la de éste.

3) La del derecho a un proceso con garantías (art. 24.2 CE), dadas las irregularidades del análisis químico de la substancia ocupada realizado en Venezuela (motivo Tercero).

Una vez más el contenido del motivo coincide con alegaciones planteadas anteriormente en los Recursos ya examinados (Terceros de Avelino Javier y de Remigio Gumersindo), por lo que éste habrá de seguir el mismo destino desestimatorio de aquellos.

4) La del derecho a la tutela judicial efectiva (art. 24.1 CE), por ser la motivación de la recurrida para sostener el pronunciamiento condenatorio insuficiente, ilógica e irracional (motivo Cuarto).

Lejos de tales afirmaciones, con la sola lectura de la motivación que es objeto de crítica se comprueba la solidez de la misma que acerca de Landelino Valeriano basa su condena por ser el acompañante del máximo responsable de la organización, Avelino Javier, en sus viajes al extranjero, el apoyo que le prestaba en la logística de los mismos, en la preparación y desplazamiento de los envíos de la maquinaria exportada, de su prolongada estancia en Venezuela con el único objetivo plausible de la intervención en la operación de tráfico ilícito y, en concreto, por haber recibido una llamada telefónica de Remigio Gumersindo, tras ser incautada la cocaína en Venezuela, indicándole que retirase la batería de su teléfono para evitar la localización.

De esta forma los motivos se desestiman.

QUINTO.- A su vez, el Quinto y último motivo de este Recurso alude a la infracción de Ley (art. 849.1º LECr) consistente en la indebida aplicación de los artículos 368, 369. 5 º y 370 del Código Penal, que describen el tipo delictivo objeto de condena.

Parte para ello el recurrente de la afirmación de que su participación en los hechos fue tan insignificante que, aunque no se cuestione la existencia de organización ni el carácter de la "extrema gravedad" del ilícito (art. 370 CP), por la utilización de un buque y la simulación de una operación de comercio internacional, además de la gran cantidad de la droga objeto del tráfico (varias toneladas de sustancia), no le resultaría aplicable, máxime dada su condición de simple subalterno, dicha forma agravada.

Ateniéndonos, una vez más, a la literalidad de la narración de hechos probados, constatamos no sólo que dicho carácter subalterno no es cierto, ni tampoco que su participación pudiera considerarse insignificante, sino que además, aunque lo fuera, basta con llevar a cabo los actos que se le atribuyen, con pleno conocimiento de la concurrencia de la referida gravedad, para que, independientemente de su concreta contribución, pueda aplicársele el referido subtipo que se combate (vid. STS 503/2012, de 5 de Junio).

Por lo tanto motivo y Recurso, en su integridad, se desestiman.

D) RECURSO DE Ignacio Valentín:

SEXTO.- Este recurrente, también condenado como autor de un delito contra la salud pública a las penas de nueve años de prisión y multa, hace referencia a otros cinco motivos, de los que los dos primeros se refieren, una vez más, a vulneraciones de derechos fundamentales (arts. 5.4 LOPJ y 852 LECr) tales como el derecho a la tutela judicial efectiva (art. 24.1 CE) y a la presunción de inocencia (art. 24.2 CE), girando en ambos casos la argumentación en torno a la falta de razonabilidad de la valoración llevada a cabo por la Audiencia sobre el material probatorio disponible.

Cuestión que ya se ha abordado al analizar diversos motivos de los Recursos precedentes, de modo que no es necesario reiterarnos en ellos, pues resultan igualmente predicables de los aspectos conducentes a la condena de Ignacio Valentín, para concluir en idéntico destino desestimatorio.

Así, en cuanto a la supuesta infracción del derecho a la presunción de inocencia, directamente relacionada con la del derecho a la tutela judicial efectiva, ha de hacerse constar que quedó plenamente acreditado, en virtud de las pruebas disponibles, válidas y eficaces, que, al margen de otros actos de colaboración, Ignacio Valentín era la persona materialmente responsable de la empresa ITSA, al margen de que un sobrino suyo figurase formalmente como Administrador de la misma, y que, en esa condición, fue quien preparó el intento inicial de envío de la maquinaria por la referida empresa antes de que, al no estar la misma radicada en nuestro país, tuviera que acudirse a realizar la operación a través de TRANSPIELO S.L., incluyendo contactos con el representante de la empresa CRISMAR, que era la encargada de la recepción de las máquinas en Venezuela, para, ulteriormente, actuar también como Administrador único de GEORMADRID MACHINERY, entidad destinataria del reenvío de las mencionadas máquinas a España, ya cargadas con la droga, y que carecía de actividad alguna real.

Por lo que, al no existir las referidas infracciones de derechos fundamentales, los motivos han de desestimarse.

SÉPTIMO.- Por último, los motivos restantes, Tercero a Quinto, de este Recurso versan sobre tres infracciones de Ley (art. 849.1º LECr) por la incorrecta aplicación de los artículos 368, 369. 5ª, 369 bis y 370, relativos al delito agravado contra la salud pública (motivo Tercero), 16 y 62, acerca de la tentativa (motivo Cuarto), y 29 y 63, que contemplan la complicidad (motivo Quinto).

Con respeto estricto al contenido del "factum" de la recurrida, obligado en este momento como se sabe, hay que afirmar la procedencia de la desestimación de los motivos Tercero y Cuarto, porque vienen a reiterar pretensiones y razonamientos ya abordados a la hora de dar respuesta a motivos formulados en Recursos anteriores, con argumentos que aquí han de tenerse por reproducidos.

Mientras que, en cuanto al motivo Quinto, también hemos de aplicar un criterio desestimatorio pues, lejos de poder calificar la intervención del recurrente en los hechos enjuiciados como un supuesto de complicidad, lo cierto es que la condición de autor que le asigna el Tribunal de instancia se presenta como plenamente acertada, a la vista de los actos que le atribuye el "factum" de la recurrida y que acaban de describirse, siendo la persona que gestionaba tanto la empresa que pretendía inicialmente ser la exportadora de las máquinas de referencia como la que, sin actividad lícita alguna, iba a recibir aquellas a su regreso a nuestro país con su cargamento prohibido.

En consecuencia, los motivos y el Recurso, al igual que los anteriores, deben de ser también desestimados.

RECURSOS DE LAS PERSONAS JURÍDICAS

E) RECURSO DE "TRANSPINELO S.L.":

OCTAVO.- La recurrente, persona jurídica declarada responsable por haber sido considerada instrumento para la comisión de un delito contra la salud pública y condenada por ello a las penas de disolución y multa de 775.633.440 euros, formula en su Recurso ocho diferentes motivos de los que los cuatro primeros y el Octavo hacen referencia a otras tantas vulneraciones de derechos fundamentales (art. 5.4 LOPJ), en concreto a:

1) La presunción de inocencia (art. 4.2 CE), dado que los registros domiciliarios llevados a cabo en su día en las viviendas de las personas físicas también condenadas en estas actuaciones como autoras del delito contra la salud pública originario son nulos por falta de asistencia letrada y no estar acreditado que Avelino Javier fuera administrador de hecho de la recurrente ni que Remigio Gumersindo haya suministrado datos de la entidad para la exportación de las máquinas en las que se ocultó la cocaína al regreso a nuestro país (motivo Primero).

2) A un proceso con todas las garantías (art. 24.2 CE), porque la prueba practicada en Venezuela no respetó los requisitos necesarios y exigibles de acuerdo con la normativa existente en aquel país ni los principios procesales propios de nuestro ordenamiento patrio (motivo Segundo).

3) A la tutela judicial efectiva y al Juez legalmente predeterminado (art. 24.1 y 2 CE), ya que la policía solicitó la autorización de las intervenciones telefónicas al órgano que no le correspondía conocer de su concesión, dando con ello lugar a unas nuevas actuaciones, ante la denegación de aquellas por los Instructores a los que inicialmente se habían dirigido unas solicitudes anteriores (motivo Tercero).

4) A los derechos a la intimidad domiciliaria (art. 18.2 CE), al secreto de las comunicaciones (art. 18.3 CE) y a la presunción de inocencia (art. 24.2 CE), reiterando los argumentos ya expuestos en anteriores motivos de este Recurso y los formulados por las personas físicas condenadas (motivo Cuarto).

Motivos que merecen ser desestimados toda vez que, en primer lugar, en ellos se incluyen diversas cuestiones ya resueltas al dar respuesta a diferentes motivos de los Recursos de las personas físicas, tales como las relativas al valor de las pruebas practicadas tanto en Venezuela (ocupación y análisis de la droga) como en nuestro país (intervenciones telefónicas y registros domiciliarios), al debido respeto al Juez legalmente predeterminado o a la presunción de inocencia.

Mientras que, por lo que se refiere a la condición de administrador de hecho de la recurrente y de representante como administrador de derecho de la misma de las personas físicas autoras del delito contra la salud pública objeto de condena, la prueba ha de ser tenida como bastante, a la vista de las diligencias practicadas en el propio Juicio oral (declaraciones de los acusados, testificales, documental, etc.), debidamente valoradas por la Audiencia, pues en todas ellas se constata que la gestión de la aquí recurrente era llevada en la práctica por los autores del ilícito que da lugar posteriormente a la responsabilidad de TRANSPINELO S.L., cumpliéndose así los dos primeros requisitos previstos en el artículo 31 bis del Código Penal, tanto en su redacción originaria de la LO 5/2010 como en la actualmente vigente tras la reforma operada por la LO 1/2015, a saber:

— La comisión de uno de los delitos integrantes del catálogo de aquellas infracciones susceptibles de generar responsabilidad penal para la persona jurídica en cuyo seno se comete, en este caso el delito contra la salud pública inventariado a tal efecto en el artículo 369 bis del Código Penal.
— Que las personas físicas autoras de dicho delito son integrantes de la persona jurídica, en esta ocasión como administradores de derecho y de hecho, respectivamente, de la misma.

Llegados a este punto y no sólo para completar el análisis de la necesaria acreditación de los diferentes requisitos exigidos para sustentar debidamente una conclusión condenatoria para la persona jurídica, respetuosa con el derecho de ésta a la presunción de inocencia, sino también a fin de cumplir con las funciones nomofiláctica y de unificación doctrinal que esta Sala tiene encomendadas como Tribunal casacional, tratándose de materia tan novedosa como compleja, y por tanto precisada en el momento presente de una dotación, dirigida a los órganos de instrucción y de enjuiciamiento, de criterios válidos en la interpretación del régimen de responsabilidad penal de las personas jurídicas acordes con el sentido, naturaleza y finalidad del mismo, se considera de interés dejar aquí constancia de las siguientes precisiones:

a) Como ya se dijera en la STS núm. 514/15, de 2 de Septiembre de 2015, ha de reiterarse que "Esta Sala todavía no ha tenido ocasión de pronunciarse acerca del fundamento de la responsabilidad de los entes colectivos, declarable al amparo del art. 31 bis del CP. Sin embargo, ya se opte por un modelo de responsabilidad por el hecho propio, ya por una fórmula de heterorresponsabilidad parece evidente que cualquier pronunciamiento condenatorio de las personas jurídicas habrá de estar basado en los principios irrenunciables que informan el derecho penal".

De manera que derechos y garantías constitucionales a los que se refieren los motivos examinados en el presente Recurso, como la tutela judicial efectiva, la presunción de inocencia, al Juez legalmente predeterminado, a un proceso con garantías, etc., sin perjuicio de su concreta titularidad y de la desestimación de tales alegaciones en el caso presente, ampararían también a la persona jurídica de igual forma que lo hacen en el caso de las personas físicas cuyas conductas son objeto del procedimiento penal y, en su consecuencia, podrían ser alegados por aquella como tales y denunciadas sus posibles vulneraciones en lo que a ella respecta.

b) Que, de acuerdo con todo ello y aunque en el presente procedimiento no haya sido materia de debate, ante la carencia absoluta y no cuestionada de instrumentos para la prevención de la comisión de delitos en el seno de la persona jurídica recurrente, es conveniente señalar, intentando eludir en lo posible categorías doctrinales que, sin ser necesarias para la decisión sobre las pretensiones aquí deducidas, podrían dar origen a eventuales confusiones interpretativas, que lo que no admite duda, visto el texto legal (art. 31 bis CP, especialmente tras la Reforma de la LO 1/2015) es el hecho de que el sistema de responsabilidad penal de la persona jurídica se basa, sobre la previa constatación de la comisión del delito por parte de la persona física integrante de la organización como presupuesto inicial de la referida responsabilidad, en la exigencia del establecimiento y correcta aplicación de medidas de control eficaces que prevengan e intenten evitar, en lo posible, la comisión de infracciones delictivas por quienes integran la organización.

Así, la determinación del actuar de la persona jurídica, relevante a efectos de la afirmación de su responsabilidad penal (incluido el supuesto del anterior art. 31 bis.1 párr. 1º CP y hoy de forma definitiva a tenor del nuevo art. 31 bis. 1 a) y 2 CP, tras la reforma operada por la LO 1/2015), ha de establecerse a partir del análisis acerca de si el delito cometido por la persona física en el seno de aquella ha sido posible, o facilitado, por la ausencia de una cultura de respeto al Derecho, como fuente de inspiración de la actuación de su estructura organizativa e independiente de la de cada una de las personas físicas que la integran, que habría de manifestarse en alguna clase de formas concretas de vigilancia y control del comportamiento de sus directivos y subordinados jerárquicos, tendentes a la evitación de la comisión por éstos de los delitos enumerados en el Libro II del Código Penal como posibles antecedentes de esa responsabilidad de la persona jurídica.

Y ello más allá de la eventual existencia de modelos de organización y gestión que, cumpliendo las exigencias concretamente enumeradas en el actual art. 31 bis 2 y 5, podrían dar lugar, en efecto, a la concurrencia de la eximente en ese precepto expresamente prevista, de naturaleza discutible en cuanto relacionada con la exclusión de la culpabilidad, lo que parece incorrecto, con la concurrencia de una causa de justificación o, más bien, con el tipo objetivo, lo que sería quizá lo más adecuado puesto que la exoneración se basa en la prueba de la existencia de herramientas de control idóneas y eficaces cuya ausencia integraría, por el contrario, el núcleo típico de la responsabilidad penal de la persona jurídica, complementario de la comisión del ilícito por la persona física.

Según la Circular 1/2016 de la Fiscalía General del Estado, partiendo de un planteamiento diferente acerca de esa tipicidad, la eximente habría de situarse más bien en las proximidades de una "excusa absolutoria", vinculada a la punibilidad, pág. 56, afirmación discutible si tenemos en cuenta que una "excusa absolutoria" ha de partir, por su propia esencia, de la previa afirmación de la existencia de la responsabilidad, cuya punición se excluye, mientras que a nuestro juicio la presencia de adecuados mecanismos de control lo que supone es la inexistencia misma de la infracción.

Circunstancia de exención de responsabilidad que, en definitiva, lo que persigue esencialmente no es otra cosa que posibilitar la pronta exoneración de esa responsabilidad de la persona jurídica, en evitación de mayores daños reputacionales para la entidad, pero que en cualquier caso no debe confundirse con el núcleo básico de la responsabilidad de la persona jurídica, cuya acreditación por ello habrá de corresponder a la acusación, en caso de no tomar la iniciativa la propia persona jurídica de la búsqueda inmediata de la exención corriendo con la carga de su acreditación como tal eximente.

Núcleo de la responsabilidad de la persona jurídica que, como venimos diciendo, no es otro que el de la ausencia de las medidas de control adecuadas para la evitación de la comisión de delitos, que evidencien una voluntad seria de reforzar la virtualidad de la norma, independientemente de aquellos requisitos, más concretados legalmente en forma de las denominadas "compliances" o "modelos de cumplimiento", exigidos para la aplicación de la eximente que, además, ciertas personas jurídicas, por su pequeño tamaño o menor capacidad económica, no pudieran cumplidamente implementar.

No en vano se advierte cómo la recientísima Circular de la Fiscalía General del Estado 1/2016, de 22 de Enero, al margen de otras consideraciones cuestionables, hace repetida y expresa mención a la "cultura ética empresarial" o "cultura corporativa de respeto a la Ley" (pág. 39), "cultura de cumplimiento" (pág. 63), etc., informadoras de los mecanismos de prevención de la comisión de delitos en su seno, como dato determinante a la hora de establecer la responsabilidad penal de la persona jurídica, independientemente incluso del cumplimiento estricto de los requisitos previstos en el Código Penal de cara a la existencia de la causa de exención de la responsabilidad a la que alude el apartado 2 del actual artículo 31 bis CP.

Y si bien es cierto que, en la práctica, será la propia persona jurídica la que apoye su defensa en la acreditación de la real existencia de modelos de prevención adecuados, reveladores de la referida "cultura de cumplimiento" que la norma penal persigue, lo que no puede sostenerse es que esa actuación pese, como obligación ineludible, sobre la sometida al procedimiento penal, ya que ello equivaldría a que, en el caso de la persona jurídica no rijan los principios básicos de nuestro sistema de enjuiciamiento penal, tales como el de la exclusión de una responsabilidad objetiva o automática o el de la no responsabilidad por el hecho ajeno, que pondrían en claro peligro planteamientos propios de una hetero responsabilidad o responsabilidad por transferencia de tipo vicarial, a los que expresamente se refiere el mismo Legislador, en el para rechazarlos, fijando como uno de los principales objetivos de la reforma la aclaración de este extremo.

Lo que no concebiríamos en modo alguno si de la responsabilidad de la persona física estuviéramos hablando, es decir, el hecho de que estuviera obligada a acreditar la inexistencia de los elementos de los que se deriva su responsabilidad, la ausencia del exigible deber de cuidado en el caso de las conductas imprudentes, por ejemplo, no puede lógicamente predicarse de la responsabilidad de la persona jurídica, una vez que nuestro Legislador ha optado por atribuir a ésta una responsabilidad de tal carácter.

Y ello al margen de las dificultades que, en la práctica del enjuiciamiento de esta clase de responsabilidades, se derivarían, caso de optar por un sistema de responsabilidad por transferencia, en aquellos supuestos, contemplados en la propia norma con una clara vocación de atribuir a la entidad la responsabilidad por el hecho propio, en los que puede declararse su responsabilidad con independencia de que "...la concreta persona física responsable no haya sido individualizada o no haya sido posible dirigir el procedimiento contra ella" (art. 31 ter 1 CP) y, por supuesto, considerando semejante responsabilidad con absoluta incomunicación respecto de la existencia de circunstancias que afecten a la culpabilidad o agraven la responsabilidad de la persona física, que no excluirán ni modificarán en ningún caso la responsabilidad penal de la organización (art. 31 ter 2 CP).

El hecho de que la mera acreditación de la existencia de un hecho descrito como delito, sin poder constatar su autoría o, en el caso de la concurrencia de una eximente psíquica, sin que tan siquiera pudiera calificarse propiamente como delito, por falta de culpabilidad, pudiera conducir directamente a la declaración de responsabilidad de la persona jurídica, nos abocaría a un régimen penal de responsabilidad objetiva que, en nuestro sistema, no tiene cabida.

De lo que se colige que el análisis de la responsabilidad propia de la persona jurídica, manifestada en la existencia de instrumentos adecuados y eficaces de prevención del delito, es esencial para concluir en su condena y, por ende, si la acusación se ha de ver lógicamente obligada, para sentar los requisitos fácticos necesarios en orden a calificar a la persona jurídica como responsable, a afirmar la inexistencia de tales controles, no tendría sentido dispensarla de la acreditación de semejante extremo esencial para la prosperidad de su pretensión.

Pues bien, como ya se dijo y centrándonos en el caso presente, la acreditada ausencia absoluta de instrumentos para la prevención de delitos en TRANSPINELO hace que, como consecuencia de la infracción contra la salud pública cometida por sus representantes, surja la responsabilidad penal para esta persona jurídica.

5) Al derecho de defensa (art. 24.2 CE), por no haberse respetado el derecho de la recurrente a la última palabra, previsto en el art. 739 LECr., ya que tan sólo se dio audiencia en el correspondiente momento procesal a la persona física representante legal de la recurrente, también acusada, que hizo uso de ese trámite en su exclusivo interés y no en el de su representada (motivo Octavo).

En este caso, a diferencia de los anteriores, podría pensarse, al menos inicialmente, que le asiste la razón a la recurrente pues, en efecto, se le habría privado del derecho a hacer uso, en su propia defensa, del referido trámite y, yendo aún más lejos, de poder ejercer plenamente ese derecho suyo a defender los intereses que le eran propios y exclusivos, distintos y hasta contradictorios con los de la persona física que en su nombre intervino a lo largo de todo el procedimiento.

Nos enfrentamos con ello ante un importante problema que la LO 37/2011, de 10 de Octubre, sobre medidas de agilización procesal, que introdujo las reformas en la Ley de Enjuiciamiento Criminal consideradas pertinentes para adaptar la regulación adjetiva a la presencia de la persona jurídica como eventual autora de delitos, no resolvió en su día.

Se trata en concreto de responder al interrogante acerca de cuál habrá de ser el régimen para designar la persona física que deba actuar en representación de esa persona jurídica en el procedimiento en el que se enjuicie su posible responsabilidad penal, no sólo en el ejercicio de la estricta función representativa sino también a la hora de dirigir y adoptar las decisiones oportunas en orden a la estrategia de defensa a seguir como más adecuada para los intereses propios de la representada, lo que obviamente resulta de una importancia aún mayor.

La cuestión lógicamente se suscita especialmente en aquellos supuestos en los que pudiera existir un conflicto de intereses procesales entre los de quienes, en principio, estarían legalmente llamados a llevar a cabo tales funciones representativas (representantes y administradores) y los propios e independientes de la persona jurídica, que a su vez pudieren incluso afectar a los derechos de terceros, como sus trabajadores, acreedores, accionistas minoritarios, etc.

Más en concreto aún, cuando aquel a quien se encomiende tal tarea fuere, a su vez, posible responsable de la infracción que da origen a la condena de la representada, teniendo en cuenta, como se ha dicho, que su actuación se extiende también a las decisiones relativas a la estrategia de defensa a seguir, que incluirán la posibilidad de optar por un camino de colaboración con las autoridades encargadas de la persecución y castigo del delito cometido por la persona física en el seno de la colectiva, aportando datos y pruebas sobre la identidad de su autor y los hechos por él cometidos, con el fin de obtener para la persona jurídica los beneficios punitivos derivados de esa opción como consecuencia de la aplicación de la correspondiente atenuante (vid. art. 31 quáter b) CP).

En estos casos, dejar en manos de quien se sabe autor del delito originario, la posibilidad de llevar a cabo actuaciones como las de buscar una rápida conformidad de la persona jurídica, proceder a la indemnización con cargo a ésta de los eventuales perjudicados y, obviamente, no colaborar con las autoridades para el completo esclarecimiento de los hechos, supondría una intolerable limitación del ejercicio de su derecho de defensa para su representada, con el único objetivo de ocultar la propia responsabilidad del representante o, cuando menos, de desincentivar el interés en proseguir las complejas diligencias dirigidas a averiguar la identidad del autor físico de la infracción inicial, incluso para los propios perjudicados por el delito una vez que han visto ya satisfecho su derecho a la reparación.

Cuando además, de acuerdo con lo previsto en el art. 31 ter CP (anterior art. 31 bis. 2 CP), la persona jurídica responderá "...aún cuando la concreta persona física responsable no haya sido individualizada o no haya sido posible dirigir el procedimiento contra ella" y, según apartado 3 del mismo precepto, incluso ante el "...hecho de que dichas personas hayan fallecido o se hubieren sustraído a la acción de la justicia...".

Semejante cuestión, de tanta trascendencia procesal como puede advertirse y que es resuelta en otros ordenamientos con distintas fórmulas, como la designación a estos efectos por el órgano jurisdiccional correspondiente de una especie de "defensor judicial" de la persona jurídica, la asignación de tales responsabilidades a un órgano colegiado compuesto por personas independientes junto con otras en representación de los intereses de terceros afectados por las posibles consecuencias sancionadoras derivadas del ilícito de la persona jurídica, etc. o como lo era también en nuestro propio país en el Borrador de Código Procesal Penal de 2013 (art. 51.1) mediante la atribución de esas funciones de defensa, con carácter prioritario, al "director del sistema de control interno de la entidad" (el denominado también como "oficial de cumplimiento"), evidentemente no puede ser resuelta, con carácter general, por esta Sala.

Sin embargo nada impediría, sino todo lo contrario, el que, en un caso en el cual efectivamente se apreciase en concreto la posible conculcación efectiva del derecho de defensa de la persona jurídica al haber sido representada en juicio, y a lo largo de todo el procedimiento, por una persona física objeto ella misma de acusación y con intereses distintos y contrapuestos a los de aquella, se pudiera proceder a la estimación de un motivo en la línea del presente, disponiendo la repetición, cuando menos, del Juicio oral, en lo que al enjuiciamiento de la persona jurídica se refiere, a fin de que la misma fuera representada, con las amplias funciones ya descritas, por alguien ajeno a cualquier posible conflicto de intereses procesales con los de la entidad, que debería en este caso ser designado, si ello fuera posible, por los órganos de representación, sin intervención en tal decisión de quienes fueran a ser juzgados en las mismas actuaciones.

Y todo ello incluso siempre que, a esas alturas, resultase ya ineficaz la decisión óptima de retrotraer las actuaciones no al acto del Juicio oral sino a su momento inicial, a fin de que la presencia plena del derecho de defensa de la persona jurídica a lo largo de todo el procedimiento se cumpliera, en aras a seguir la estrategia más favorable para ella en todas sus posibilidades, incluida la de la importante colaboración con las autoridades desde su inicio, para el completo esclarecimiento de los hechos o la reparación de los perjuicios ocasionados por el delito (vid. atenuantes del art. 31 quáter, antes 31 bis.4, CP), finalidad determinante, dentro de criterios de política criminal, para la existencia del régimen de responsabilidad penal de la persona jurídica.

No obstante, tras dejar constancia para ulteriores ocasiones de tales exigencias, a las que tanto Jueces Instructores como Juzgadores habrán de prestar en futuros casos la oportuna atención, en el presente supuesto un pronunciamiento de nulidad semejante no procede, toda vez que no se concreta el perjuicio para la recurrente, constitutivo de verdadera indefensión, que hubiera podido sufrir, resultando además excesivamente complejo, inadecuado y, sobre todo, de escasa utilidad práctica, incluso por las razones que acaban de exponerse en el párrafo anterior, de modo que lo que ha de concluirse, a la postre, es en la desestimación del motivo, a causa de esa inutilidad práctica y ausencia de lesión efectiva de su derecho, sin perjuicio de que, como queda dicho y para futuras ocasiones, se haya de prestar atención a las anteriores consideraciones dirigidas a Jueces y Tribunales para que, en la medida de sus posibilidades, intenten evitar, en el supuesto concreto que se aborde, que los referidos riesgos para el derecho de defensa de la persona jurídica sometida a un procedimiento penal lleguen a producirse, tratando de impedir el que su representante en las actuaciones seguidas contra ella sea, a su vez, una de las personas físicas también acusadas como posibles responsables del delito generador de la responsabilidad penal de la persona jurídica.

Por otro lado, unas admoniciones semejantes así mismo deberían de servir de advertencia al Legislador para que remedie normativamente la posibilidad de que se produzcan situaciones indeseables de esta clase, con una regulación adecuada de la materia.

En definitiva y por las razones expuestas todos los motivos aquí examinados finalmente se deben desestimar.

NOVENO.- Por su parte, en el motivo Séptimo del Recurso se plantea la existencia de un error de hecho (art. 849.2º LECr) en el que habría incurrido la Audiencia a la hora de valorar la prueba documental obrante en las actuaciones.

Pero, a la vista de que no se cita por quien recurre documento alguno cuyo contenido pudiera servir de base a la afirmación de la existencia del error valorativo evidente que se atribuye a la Sentencia recurrida, el motivo no merece otro destino que el desestimatorio.

DÉCIMO.- Finalmente, los restantes motivos, Quinto y Sexto, del Recurso aluden a sendas infracciones de Ley (art. 849.1º LECr), consistentes en:

1) La indebida aplicación de los arts. 369 bis, 370, 570 bis, 570 ter y 570 quáter CP, que describen los delitos objeto de condena pues la recurrente es una persona jurídica, al tiempo de acaecimiento de los hechos enjuiciados con más de cien trabajadores, dedicada a actividades lícitas y en la que su administrador, y aquí condenado como autor del delito contra la salud pública, se limitó a gestionar la exportación de las máquinas a Venezuela, sin intervención en el posterior intento de su importación a nuestro país conteniendo la droga (motivo Quinto).

2) La indebida inaplicación del art. 16 CP, referente a la tentativa, pues no consta que la recurrente tuviera conocimiento del uso ilícito que fuera a darse a las máquinas en Venezuela (motivo Sexto), por lo que menos aún pudo llegar a tener disponibilidad alguna sobre la sustancia que las mismas portaban.

En ambos motivos el Recurso incurre en una clara confusión acerca de la tipicidad de la intervención de la persona jurídica recurrente, que no estriba exclusivamente en la comisión del delito contra la salud pública atribuida a sus administradores, de hecho y de derecho, infracción que opera como requisito precedente necesario para el ulterior pronunciamiento acerca de la responsabilidad penal propia de la entidad medida en términos de incumplimiento de su obligación de poner los medios para la evitación de delitos en su seno, sino en esa existencia de la infracción cometida por la persona física unida a la ausencia del debido control que le es propia a la jurídica, en los términos que describe el art. 31 bis (en su redacción coetánea a los hechos enjuiciados), como se corresponde con los criterios antes expuestos.

En tal sentido, desestimados los Recursos de esas personas físicas y, en definitiva, declaradas aquellas autoras de la infracción y, por otro lado, ausentes por completo cualesquiera medidas de control preventivo respecto de la comisión de tal ilícito, la responsabilidad de la recurrente es en este caso obvia, toda vez que si, como ya se dijo, el núcleo del enjuiciamiento acerca de la responsabilidad propia de la entidad, vinculada a la comisión del delito por la persona física, no es otro que el de la determinación acerca de la existencia de las medidas preventivas oportunas tendentes a la evitación de la comisión de ilícitos por parte de quienes la integran, en supuestos como éste en el que la inexistencia de cualquier clase de tales herramientas de control, vigente ya el régimen de responsabilidad penal de la persona jurídica, es total, la aplicación a la entidad recurrente del artículo 31 bis como autora de infracción, en relación con el artículo 368 y siguientes del Código Penal, resulta del todo acertada.

Otra cosa es, aunque en el Recurso no se aluda expresamente a ella, la de la incorrecta aplicación de las reglas de determinación de las penas, en concreto la de la disolución de la condenada, extremo sobre el que resulta de gran importancia pronunciarnos puesto que se trata de una empresa que, según se nos dice, daba empleo a más de cien trabajadores que habrían de sufrir los graves perjuicios derivados de semejante castigo cuando, además y como ya se ha dicho, los intereses de la persona jurídica, que son también los de ellos, pudieran no haber sido defendidos con la máxima diligencia por aquel que fue llamado a hacerlo.

En efecto, según el contenido del art. 66 bis CP a propósito de las reglas de determinación de las penas aplicables a las personas jurídicas, cuando de sanciones interdictivas, o privativas de derechos, se trate como en el presente supuesto, éstas habrán de aplicarse, con carácter general y entre otros aspectos, atendiendo a "Sus consecuencias económicas y sociales, y especialmente los efectos para los trabajadores" (art. 66 bis 1ª b) CP).

Pero es que además, para la imposición de la pena de disolución, al margen de los casos de "multirreincidencia" de la regla 5ª del art. 66 CP, que no es la que nos ocupa, se requiere "Que la persona jurídica se utilice instrumentalmente para la comisión de ilícitos penales", añadiendo el precepto que "Se entenderá que se está ante este último supuesto siempre que la actividad legal de la persona jurídica sea menos relevante que su actividad ilegal" (art. 66 bis b) "in fine" CP).

De lo que cabe concluir que el hecho de que la estructura y cometido lícito de la persona jurídica fueren utilizados por la persona física integrante de la misma para cometer la infracción de la que es autora no significa obligadamente, así como tampoco la carencia absoluta de medidas de prevención del delito, que la misma deba de disolverse en los términos del art. 33.7 b) CP, sino que se requerirá, cuando menos, motivar adecuadamente el criterio de ponderación entre la relevancia diferente de su actividad legal y el delito cometido en su seno, en busca de una respuesta proporcionada tanto a la gravedad de su actuar culpable como a los intereses de terceros afectados y ajenos a cualquier clase de responsabilidad.

Motivación de la que carece el criterio de la Audiencia en orden a la procedencia de esta sanción, a la vista del contenido del Fundamento Jurídico Sexto ("De la individualización de las penas"), párrafo quince, folio 84 de la recurrida, en el que no se hace alusión alguna a este aspecto.

Por lo que debe procederse a la exclusión de dicha pena de disolución de la persona jurídica, dejando subsistente tan sólo la pena de multa correctamente impuesta en el mínimo legalmente posible, cumpliendo con ello las previsiones del art. 31 ter.1, último inciso, cuando hace referencia a la modulación del importe de la sanción pecuniaria para evitar una respuesta desproporcionada entre la suma total de las multas y la gravedad de los hechos, que no permite por otra parte una reducción de dichas cuantías por debajo del límite mínimo legal. Si bien abierta la posibilidad de un futuro fraccionamiento de pago, de conformidad con lo establecido en el art. 53.5 CP, "...cuando su cuantía ponga probadamente en peligro la supervivencia de aquella (la persona jurídica) o el mantenimiento de los puestos de trabajo existentes en la misma, o cuando lo aconseje el interés general", lo que se inscribirá en la adopción de decisiones propia de la fase de ejecución de la condena.

En otras ocasiones semejantes, no en ésta en la que no se formuló por la acusación pretensión alguna al respecto, se podría considerar también la oportunidad de aplicar la pena de intervención judicial de la persona jurídica que, según el propio art. 33.7 g) CP, tiene como principal finalidad "...salvaguardar los derechos de los trabajadores o de los acreedores por el tiempo que se estime necesario, que no podrá exceder de cinco años".

Mecanismo que, así mismo, viene contemplado en el inciso segundo del apdo. 5 del art. 53 CP para aquellos supuestos en los que se produzca el impago de la multa, en el plazo señalado, por la persona jurídica a ella condenada.

Debiendo, por consiguiente, concluir en la estimación parcial del Recurso, con el posterior dictado de la correspondiente Segunda Sentencia en la que tengan cabida las consecuencias punitivas derivadas de dicha parcial estimación.

F) RECURSO DE "GEORMADRID MACHINERY S.L."

DÉCIMO PRIMERO.- Esta recurrente, también declarada, a semejanza de la anterior, responsable como instrumento para la comisión de un delito contra la salud pública y condenada a las penas de disolución y multa de 775.633.440 euros, incluye en su Recurso tan sólo dos únicos motivos, ambos relativos a la infracción de derechos fundamentales (art. 5.4 LOPJ) como:

1) El derecho de defensa (art. 24.2 CE), con base en las mismas razones expuestas en el motivo Octavo del Recurso anterior (motivo Primero).

El motivo en esta ocasión ha de desestimarse con mayor claridad incluso que en el Recurso que precede pues, aun cuando pudieran resultar de aplicación los mismos argumentos ya expuestos en relación con la inicial posibilidad de indefensión que supondría el que la representación en juicio de la persona jurídica la hubiera ostentado una persona física también acusada y posteriormente condenada como autora del delito originario, a lo que se añadiría igualmente, en el caso de GEORMADRID, la irregularidad consistente en la simultánea asunción de la defensa de la persona física y la jurídica por el mismo Abogado, de acuerdo con lo consignado en los Antecedentes de la recurrida, lo cierto es que ahora nos hallamos, efectivamente y según el relato de hechos de la recurrida, ante una persona jurídica estrictamente instrumental o "pantalla", carente por tanto de cualquier actividad lícita y creada, exclusivamente, para la comisión de hechos delictivos.

Tal circunstancia, que en esta oportunidad sí que nos permite por otra parte y sin perjuicio de lo que más adelante se dirá, mantener la imposición de la pena de disolución de semejante persona jurídica de acuerdo con los preceptos ya citados, esencialmente el 66 bis del Código Penal, tiene así mismo su reflejo en el hecho de la absoluta inutilidad de la repetición de las actuaciones para dotarla de una defensa adecuada, máxime si entendiéramos que nuestro Legislador equipara el enjuiciamiento de esta clase de entidades, formalmente dotadas de personalidad jurídica pero sin contenido real más allá que la finalidad de su utilización para la comisión del delito, con aquellas otras con existencia real y, por ende, para las que la disolución sí que supone un castigo con contenido efectivo.

Interpretación del artículo 66 bis del Código Penal que, por otra parte, debiera considerarse en el futuro rechazable pues la sociedad meramente instrumental, o "pantalla", creada exclusivamente para servir de instrumento en la comisión del delito por la persona física, ha de ser considerada al margen del régimen de responsabilidad del artículo 31 bis, por resultar insólito pretender realizar valoraciones de responsabilidad respecto de ella, dada la imposibilidad congénita de ponderar la existencia de mecanismos internos de control y, por ende, de cultura de respeto o desafección hacia la norma, respecto de quien nace exclusivamente con una finalidad delictiva que agota la propia razón de su existencia y que, por consiguiente, quizás hubiera merecido en su día directamente la disolución por la vía del art. 129 CP, que contemplaba la aplicación de semejante "consecuencia accesoria" a aquellos entes que carecen de una verdadera personalidad jurídica en términos de licitud para desempeñarse en el tráfico jurídico o, en su caso, la mera declaración de su inexistencia como verdadera persona jurídica, con la ulterior comunicación al registro correspondiente para la anulación, o cancelación, de su asiento.

A este respecto la propia Fiscalía, en su Circular 1/2016, aporta para supuestos futuros semejantes una solución solvente y sobre todo procesalmente muy práctica, extraída de planteamientos propuestos por la más acreditada doctrina científica, cuando en sus págs. 27 y siguientes dice así:

"Junto a las sociedades que operan con normalidad en el tráfico jurídico mercantil y en cuyo seno se pueden producir comportamientos delictivos, existen otras estructuras societarias cuya finalidad exclusiva o principal es precisamente la comisión de delitos. El régimen de responsabilidad de las personas jurídicas no está realmente diseñado para ellas (supervisión de los subordinados, programas de cumplimiento normativo, régimen de atenuantes...) de tal modo que la exclusiva sanción de los individuos que las dirigen frecuentemente colmará todo el reproche punitivo de la conducta, que podrá en su caso completarse con otros instrumentos como el decomiso o las medidas cautelares reales. Se entiende así que las sociedades instrumentales aunque formalmente sean personas jurídicas, materialmente carecen del suficiente desarrollo organizativo para que les sea de aplicación el art. 31 bis, especialmente tras la completa regulación de los programas de cumplimiento normativo.

Con anterioridad a la introducción de estos programas, ya advertía la Circular 1/2011 que no se precisaba imputar necesariamente a la persona jurídica en aquellos casos en los que se detectara la existencia de sociedades pantalla o de fachada, caracterizadas por la ausencia de verdadera actividad, organización, infraestructura propia, patrimonio etc., utilizadas como herramientas del delito o para dificultar su investigación. Nada impide -se dice en esta Circular- el recurso a la figura de la simulación contractual o a la doctrina del levantamiento del velo.

El rechazo a la imputación de la persona jurídica en los referidos supuestos tiene una indiscutible trascendencia procesal pues esta resulta privada de los derechos y garantías que, a semejanza de la imputada persona física, fueron introducidos en la LECrim. por la Ley 37/2011, de 10 de octubre, de medidas de agilización procesal.

Ello ha generado alguna controversia procesal, de la que es buena muestra el auto de 19 de mayo de 2014, dictado por la Sala de lo Penal de la Audiencia Nacional, que confirma la denegación de la personación como parte imputada de una mercantil cuyo administrador único era el imputado y a la que se habían embargado unos bienes, acordada por el Juzgado Central de Instrucción en un procedimiento por blanqueo de capitales. Con ocasión de este pronunciamiento, el Tribunal profundiza en el fundamento material de la responsabilidad penal de la persona jurídica introduciendo el concepto de imputabilidad empresarial, con la consiguiente distinción entre personas jurídicas imputables e inimputables, de tal manera que solo serán penalmente responsables aquellas personas jurídicas que tienen un sustrato material suficiente.

Desde el punto de vista de su responsabilidad organizativa surgirían así tres categorías de personas jurídicas:

1. Aquellas que operan con normalidad en el mercado y a las que propia y exclusivamente se dirigen las disposiciones sobre los modelos de organización y gestión de los apartados 2 a 5 del art. 31 bis. Mejor o peor organizadas, son penalmente imputables.

2. Las sociedades que desarrollan una cierta actividad, en su mayor parte ilegal. Como se advierte en el citado auto, "el límite a partir del cual se considera penalmente que la persona jurídica es una entidad totalmente independiente, no mero instrumento de la persona, es un límite normativo que, probablemente irá variando a lo largo del tiempo". Un ejemplo de este tipo de sociedades son las utilizadas habitualmente en esquemas de blanqueo de capitales o financiación del terrorismo como instrumento para colocar fondos al socaire de la actividad legal de la sociedad, simulando que es mayor de la que realmente tiene. En la mayoría de los casos se mezclan fondos de origen lícito e ilícito, normalmente incrementando de manera gradual los fondos de origen ilícito. A ellas se refiere la regla 2ª del art. 66 bis como las utilizadas "instrumentalmente para la comisión de ilícitos penales. Se entenderá que se está ante este último supuesto siempre que la actividad legal de la persona jurídica sea menos relevante que su actividad ilegal". El precepto las deja claramente dentro del círculo de responsabilidad de las personas jurídicas y, en la medida en que tienen un mínimo desarrollo organizativo y cierta actividad, aunque en su mayor parte ilegal, son también imputables.

3. Finalmente solo tendrán la consideración de personas jurídicas inimputables aquellas sociedades cuyo "carácter instrumental exceda del referi-

do, es decir que lo sean totalmente, sin ninguna otra clase de actividad legal o que lo sea solo meramente residual y aparente para los propios propósitos delictivos" (auto de 19 de mayo de 2014, cit.). Frecuentemente, este tipo de sociedades suele emplearse para un uso único. Por ejemplo, como instrumento para la obtención de una plusvalía simulada mediante la compra y posterior venta de un mismo activo, normalmente un bien inmueble (por su elevado valor) o activos financieros (por su dificultad para conocer su valor real). En esta categoría se incluyen también aquellas sociedades utilizadas para un uso finalista, como mero instrumento para la tenencia o titularidad de los fondos o activos a nombre de la entidad, a modo de velo que oculta a la persona física que realmente posee los fondos o disfruta del activo".

No obstante, a la vista de los preceptos correspondientes y en concreto de lo dispuesto en el art. 66 bis, acreditado ese carácter exclusivamente ilícito de su actividad y la comisión del delito contra la salud pública por su representante, de acuerdo con lo razonado por la Audiencia, resulta en este caso procedente, por razones de utilidad, mantener la imposición de la pena de disolución, por otra parte de carácter esencialmente formal puesto que, cumplida y agotada la "misión" delictiva para la que fue realmente constituida, su existencia en la práctica perdió ya sentido, junto con la de multa que, obviamente, será de, cuando menos, muy difícil ejecución.

2) El derecho a la presunción de inocencia (art. 24.2 CE) por la falta de prueba de que su representante tuviera conocimiento de la comisión del delito ni de que actuara en nombre de la recurrente.

Una vez más el motivo debe de desestimarse puesto que incide de nuevo en los errores de planteamiento ya reseñados en fundamento de la desestimación de los ordinales Quinto y Sexto del anterior Recurso, confundiendo la base de la responsabilidad penal de la persona física autora del delito de referencia con las exigencias propias de la de la persona jurídica y añadiéndose además en este caso que no existe duda alguna, ante la contundente prueba al respecto, de que aquella persona física autora del delito contra la salud pública que origina la responsabilidad de la recurrente actuaba también, en su participación en la comisión del ilícito, en representación de la misma.

Por lo que motivos, y Recurso en su integridad, han de desestimarse.

G) RECURSO DE "INVESTISSMENT TRANS SPAINAFRICA":

DÉCIMO SEGUNDO.- Esta persona jurídica, que fue condenada en la instancia a las penas de prohibición de realizar actividades comerciales en España por cinco años y multa de 775.633.440 euros, como instrumento utilizado para la comisión de un delito contra la salud pública, plantea tres motivos, los dos primeros en denuncia de vulneraciones de derechos fundamentales (art. 5.4 LOPJ), en concreto:

1) del derecho de defensa (art. 24.2 CE), en los mismos términos de iguales motivos de los Recursos precedentes (motivo Primero).

2) del derecho a la presunción de inocencia (art. 24.2 CE), también con alegaciones similares a las de los anteriores Recursos (motivo Segundo).

Ambas pretensiones merecen su desestimación conjunta con base en los argumentos ya expuestos en réplica a los motivos de referencia.

DÉCIMO TERCERO.- Finalmente el motivo Tercero, y último, se refiere a la infracción de Ley (art. 849.1° LECr) consistente en la indebida aplicación de los arts. 368, 369 bis, 370 y 31 bis CP, que sirven de fundamento para la condena de la recurrente.

Una vez más procede la desestimación ya que también en este caso el Recurso incurre en el error, expuesto en su momento, de los restantes formalizados por las personas jurídicas condenadas, al confundir las conductas típicas de las personas físicas con el fundamento de la responsabilidad penal de la persona jurídica que, en el presente supuesto es condenada a la suspensión de actividades en nuestro país, dada su nacionalidad extranjera que, según el criterio correcto de la Audiencia, impide su disolución por decisión de nuestros Tribunales, y a la multa correspondiente.

De nuevo se declara probado en el "factum" de la recurrida que estamos ante una "sociedad pantalla", o meramente instrumental, lo que bastaría para la declaración de su responsabilidad penal, de acuerdo con las previsiones al respecto de nuestro Legislador, y la correcta aplicación de tales penas o, en su caso, con mayor corrección, su tratamiento como "inimputable" y ajena por ello al régimen de responsabilidad penal de las personas jurídicas, al que alude la ya citada Circular de la Fiscalía General del Estado 1/2016, con la consecuencia por supuesto de su disolución.

No obstante, se plantea en el motivo una cuestión que, si bien no puede impedir el anterior pronunciamiento, ni incluso aceptando la tesis de la recurrente dado el referido carácter instrumental de la misma, sí que merece un comentario.

Se nos dice que está ausente, en esta ocasión uno de los elementos o requisitos que configuran la base para la declaración de responsabilidad penal de la persona jurídica que no es otro que el de que el delito cometido por la persona física, aquí la infracción contra la salud pública, reporte alguna clase de "provecho" (el art. 31 bis en su redacción actual se refiere en este punto a "beneficio directo o indirecto") para la entidad.

Se trata de un extremo que, sin duda, habrá de resolverse de forma casuística en el futuro y que, junto con otros que incorpora el precepto, será, con toda seguridad objeto de importantes debates.

Por ello convendría dejar claro desde ahora que ese término de "provecho" (o "beneficio") hace alusión a cualquier clase de ventaja, incluso de simple expectativa o referida a aspectos tales como la mejora de posición respecto de otros competidores, etc., provechosa para el lucro o para la mera subsistencia de la persona jurídica en cuyo seno el delito de su representante, administrador o subordinado jerárquico, se comete.

Dice a propósito de ello la reiterada Circular de la Fiscalía que "La sustitución de la expresión "en su provecho" por la de "en su beneficio directo o indirecto", conserva la naturaleza objetiva de la acción, tendente a conseguir un beneficio sin exigencia de que este se produzca, resultando suficiente que la actuación de la persona física se dirija de manera directa o indirecta a beneficiar a la entidad" (Conclusión 3ª).

De modo que cuando, como en el caso que nos ocupa, las ganancias cuantiosas que obtienen los autores del ilícito contra la salud pública no es que favorezcan la subsistencia de la entidad sino que justificarían su propia existencia si, como se dice, se trata de una mera empresa "pantalla" constituida con el designio de servir de instrumento para la comisión del delito como su única finalidad, hay que concluir en que se cumple el referido requisito sin posible réplica.

A mayor abundamiento, incluso en el caso de la igualmente condenada TRANSPINELO S.L., cuya existencia iba más allá de la exclusiva utilización para cometer el delito contra la salud pública de la persona física, advertimos también cómo el hecho del transporte ilícito de la sustancia oculta en las máquinas redundaba en la reimportación de las mismas, que volverían a integrarse en el patrimonio de la Sociedad y, en consecuencia, a estar a su disposición, lo que, independientemente de que eso finalmente hubiera llegado a producirse, o no, tras su incautación en Venezuela, constituía, sin duda, una expectativa provechosa a favor de la entidad, por lo que puede afirmarse que el ilícito, al margen de otros objetivos, propiciaba un indudable beneficio para dicha persona jurídica.

Pues reiterándonos, una vez más, en el contenido de la Circular 1/2016 (pág. 17):

> *"El art. 31 bis original exigía que la conducta de la persona física, en los dos títulos de imputación, se hubiera realizado en nombre o por cuenta de la persona jurídica y "en su provecho". Esta última expresión suscitaba la duda de si tal provecho constituía propiamente un elemento subjetivo del injusto o un elemento objetivo.*

La Circular 1/2011 estudiaba esta cuestión y optaba por interpretar la expresión legal conforme a parámetros objetivos, sin exigir la efectiva constatación del beneficio, como una objetiva tendencia de la acción a conseguir el provecho, valorando esta como provechosa desde una perspectiva objetiva e hipotéticamente razonable, con independencia de factores externos que pudieran determinar que finalmente la utilidad no llegara a producirse".

Y más adelante:

"La nueva expresión legal "en beneficio directo o indirecto" mantiene la naturaleza objetiva que ya tenía la suprimida "en provecho", como acción tendente a conseguir un beneficio, sin necesidad de que este se produzca, resultando suficiente que la actuación de la persona física se dirija de manera directa o indirecta a beneficiar a la entidad. Incluso cuando la persona física haya actuado en su propio beneficio o interés o en el de terceros ajenos a la persona jurídica también se cumplirá la exigencia típica, siempre que el beneficio pueda alcanzar a ésta, debiendo valorarse la idoneidad de la conducta para que la persona jurídica obtenga alguna clase de ventaja asociada a aquella".

De otra forma, una interpretación distinta a la expuesta conduciría a la práctica imposibilidad de aplicación del régimen de responsabilidad penal de la persona jurídica, con el incumplimiento que ello pudiera suponer respecto de las finalidades preventivas del sistema, en relación con un gran número de figuras delictivas como la presente, en la que en muchas ocasiones podrá resultar difícil imaginar la obtención de una ventaja directa para aquel ente que desarrolla una actividad, especialmente si fuera lícita, como consecuencia de la comisión de un ilícito contra la salud pública.

Lo que obligará a los Tribunales, en cada supuesto concreto, a matizar sus decisiones en esta materia, buscando la existencia de una verdadera relación entre el delito cometido y la obtención de la ventaja, provecho o beneficio, directo o indirecto, y huyendo de posiciones maximalistas e igualmente rechazables, tanto las que sostienen que siempre existirá un provecho para la persona jurídica, aunque sólo fuere por el del ahorro económico que le supone la inexistencia de adecuados mecanismos de control, como de aquellas otras, en exceso restrictivas, que pueden llegar a negar tales beneficios, en numerosos casos, por el perjuicio que en definitiva un posible daño reputacional y el cumplimiento último de las penas, pecuniarias e interdictivas, a la postre impuestas, como consecuencia de los actos delictivos cometidos por las personas físicas que la integran, causan a la propia persona jurídica.

Por lo tanto, motivos y Recurso también aquí se desestiman íntegramente.

H) COSTAS:

DÉCIMO CUARTO.- Dada la conclusión parcialmente estimatoria de uno de los Recursos interpuestos por los condenados en la instancia, procede, a tenor de lo dispuesto en el artículo 901 de la Ley de Enjuiciamiento Criminal, la declaración de oficio de las costas procesales causadas por el mismo y la condena por las correspondientes al resto de Recursos que se desestiman.

En su consecuencia, vistos los preceptos mencionados y demás de general aplicación al caso,

FALLO

Que debemos declarar y declaramos haber lugar a la estimación parcial del Recurso de Casación interpuesto por la Representación de TRANSPINELO S.L. contra la Sentencia dictada por la Sección Primera de la Sala de lo Penal de la Audiencia Nacional, el 17 de Noviembre de 2014, por delito contra la Salud pública, que en este sentido casamos y anulamos en parte, debiéndose dictar a continuación la correspondiente Segunda Sentencia, a la vez que desestimamos el resto de Recursos interpuestos contra dicha Resolución por las Representaciones de los otros condenados, Avelino Javier, Remigio Gumersindo, Landelino Valeriano, Ignacio Valentín, INVESTISSMENT TRANS SPAIN AFRICA (ITSA) y GEORMADRID MACHINERY S.L.

Se declaran de oficio las costas procesales ocasionadas por el Recurso que parcialmente se estima, imponiendo al resto de recurrentes las correspondientes a los suyos objeto de desestimación.

Póngase en conocimiento del Tribunal de origen, a los efectos legales oportunos, la presente Resolución y la que seguidamente se dictará, con devolución de la Causa que, en su día, nos fue remitida.

Así por esta nuestra sentencia que se publicará en la Colección Legislativa, lo pronunciamos, mandamos y firmamos

Manuel Marchena, Cándido Conde Pumpido Tourón, Andrés Martínez Arrieta, Julián Sánchez Melgar, José Ramón Soriano Soriano, José Manuel Maza Martín, Miguel Colmenero Menéndez de Luarca, Francisco Monterde Ferrer, Luciano Varela Castro, Alberto Jorge Barreiro, Antonio del Moral García, Andrés Palomo Del Arco, Perfecto Andrés Ibáñez, Juan Saavedra, Ruiz Joaquín Giménez García.

SEGUNDA SENTENCIA

En nombre del Rey

La Sala Segunda de lo Penal, del Tribunal Supremo, constituida por los Excmos. Sres. mencionados al margen, en el ejercicio de la potestad jurisdiccional que la Constitución y el pueblo español le otorgan, ha dictado la siguiente

SENTENCIA

En la Villa de Madrid, a veintinueve de Febrero de dos mil dieciséis.

En la causa incoada por el Juzgado Central de Instrucción número 6 con el número 19/2011 y seguida ante la Audiencia Nacional, Sala de lo Penal, Sección 1ª, por delitos contra la salud pública, contra Avelino Javier con DNI número NUM021, nacido el NUM022 de 1966, Remigio Gumersindo con DNI número NUM023, nacido el NUM024 de 1983, Landelino Valeriano, alias "Tirantes" con DNI número NUM025, nacido el NUM026 de 1977, Ignacio Valentín con DNI número NUM027, nacido el NUM028 de 1973, Ginés Artemio con DNI número NUM029, nacido el NUM030 de 1985, Cándida Belinda, conocida también como "Amatista" con NIE número NUM031, nacida el NUM032 de 1983, TRANSPINELO, SL con CIF número B45479276, GEORMADRID MACHINERY con CIF número B85619781, y, ITSA (INVESTISSIMENT TRANS SPAIN AFIRCA) SA con CIF número 083319509-W, en cuya causa se dictó sentencia por la mencionada Audiencia con fecha 17 de noviembre de 2014, que ha sido casada y anulada parcialmente por la pronunciada en el día de hoy por esta Sala Segunda del Tribunal Supremo, integrada por los Excmos. Sres. expresados al margen y bajo la Ponencia del Excmo. Sr. D. José Manuel Maza Martín, hace constar lo siguiente:

I. ANTECEDENTES

ÚNICO.- Se aceptan y reproducen los antecedentes de Hecho y los fundamentos fácticos de la sentencia dictada por la Audiencia Nacional, Sala de lo Penal, Sección 1ª, en el Rollo de Sala núm. 81/2011.

II. FUNDAMENTOS DE DERECHO

PRIMERO.- Se tienen aquí por reproducidos los fundamentos de nuestra anterior Sentencia de Casación, así como los de la recurrida, en lo que no se opongan a los primeros.

SEGUNDO.- Como ya se ha dicho en el apartado 2) del Fundamento Jurídico Décimo de los de la Resolución que precede y con base en los razonamientos que en el mismo se exponen, en cuanto a la condena de la empresa TRANSPINELO S.L. a la pena de disolución que le impuso la Audiencia debe procederse a la exclusión de dicha pena, dejando subsistente tan sólo la de multa correctamente impuesta, si bien con la posibilidad de un futuro fraccionamiento de pago, de conformidad con lo establecido en el art. 53.5 CP, lo que se inscribirá en la adopción de decisiones propia de la fase de ejecución de la condena.

En su consecuencia, vistos los preceptos mencionados y demás de general aplicación al caso,

III. FALLO

Que debemos excluir del pronunciamiento condenatorio dictado por la Audiencia en las presentes actuaciones contra la empresa TRANSPINELO S.L. la pena de disolución que se le imponía, manteniendo la multa cuyo importe, a su vez, podrá ser fraccionado, en fase de ejecución de condena, con la finalidad de preservar los puestos de trabajo de la misma, manteniendo el resto de los pronunciamientos de la Resolución de instancia, incluidas las otras condenas, comisos y costas.

Así por esta nuestra sentencia, que se publicará en la Colección Legislativa, lo pronunciamos, mandamos y firmamos

Manuel Marchena Gómez, Cándido Conde Pumpido Tourón, Andrés Martínez Arrieta, Julián Sánchez Melgar, José Ramón Soriano Soriano, José Manuel Maza Martín, Miguel Colmenero Menéndez de Luarca, Francisco Monterde Ferrer, Luciano Varela Castro, Alberto Jorge Barreiro Antonio del Moral García, Andrés Palomo Del Arco, Perfecto Andrés Ibáñez, Juan Saavedra Ruiz, Joaquín Giménez García.

VOTO PARTICULAR

Voto concurrente que formula el Excmo. Sr. D. Cándido Conde Pumpido Tourón, y al que se adhieren los Excmos. Sres. D. Miguel Colmenero Menéndez de Luarca, D. Luciano Varela Castro, D. Alberto Jorge Barreiro, D. Antonio del Moral García, D. Andrés Palomo Del Arco y D. Joaquín Giménez García en la Sentencia del Pleno de esta Sala sobre responsabilidad penal de las personas jurídicas, recaída en el Recurso de Casación Núm. 10.011/2015, interpuesto contra la sentencia de instancia dictada por la Sala de lo Penal de la Audiencia Nacional, con fecha 17 de noviembre de 2014.

Desde el respeto que nos merece la sentencia mayoritaria, y desde nuestra valoración del esfuerzo de clarificación realizado por el ponente, pero atendiendo también a la finalidad nomofiláctica y de unificación doctrinal que se atribuye expresamente a esta resolución, formulamos este voto concurrente para poder expresar en él nuestra respetuosa discrepancia con alguna de las doctrinas que se sostienen en la sentencia, sin afectar al fallo de la resolución, que compartimos. Confiamos, con ello, poder complementar y matizar alguna de las ideas que se expresan en la resolución mayoritaria, y contribuir modestamente al debate que necesariamente va a suscitar.

FUNDAMENTOS JURÍDICOS

1º.- VULNERACIÓN DEL PRINCIPIO DE CONTRADICCIÓN.

Reconocemos la conveniencia de que en una materia tan compleja y novedosa como la responsabilidad penal de las personas jurídicas esta Sala vaya expresando criterios de interpretación orientados a los órganos de instrucción y de enjuiciamiento, como se señala en el fundamento jurídico octavo de la sentencia mayoritaria. Pero no creemos necesario resolver todos los problemas a la vez, considerando preferible que nos pronunciemos expresamente en cada caso sobre aquellas cuestiones que de manera efectiva se han planteado y debatido de forma contradictoria en los motivos del recurso interpuesto, para garantizar la debida audiencia de las partes ("audiatur et altera pars").

En este sentido consideramos que el recurso planteado nos ha permitido resolver relevantes cuestiones de índole procesal que se han planteado de forma efectiva en los motivos de casación formulados; motivos que han podido ser razonadamente impugnados por el Ministerio Público. Pero la específica naturaleza del caso (un supuesto en el que las personas jurídicas condenadas han sido utilizadas como instrumento del tráfico internacional de drogas), ha excluido del debate casacional alguna cuestión problemática, como por ejemplo la consideración de la ausencia de una cultura de control en la empresa como elemento del tipo objetivo que debe ser probado en cada caso por la acusación. Una cuestión muy relevante desde el punto de vista jurisdiccional, sobre la cual el Ministerio Público no ha podido argumentar expresamente su posición porque, como se reconoce expresamente en la sentencia (fundamento jurídico octavo, apartado b), "no ha sido materia de debate en este procedimiento", y sobre la que, sin embargo, la sentencia se pronuncia de forma expresa y cuestionable.

Es cierto que este pronunciamiento tiene la naturaleza de "obiter dicta" pues, como analizaremos más adelante, no constituye la "ratio decidendi" del fallo, e incluso puede apreciarse que el propio fallo resulta, a nuestro entender, incongruente con el criterio doctrinal previamente expresado en la fundamentación de la sentencia sobre esta cuestión específica. Pero esta ausencia de contradicción en la tramitación y ausencia de unanimidad en la respuesta, dota lamentablemente a la resolución en esta materia de un tinte de provisionalidad, que habrá que ir matizando, o confirmando, en función de los supuestos específicos que en adelante vayan siendo sometidos a nuestra consideración.

No hay que olvidar que el Ministerio Público se ha pronunciado de forma expresa sobre esta cuestión en la Circular 1/2011, referida a la LO 5/2010, de 22 de junio, y en la reciente Circular 1/2016, publicada tras la aprobación de la reforma operada en el régimen de responsabilidad penal de las personas jurídicas por la LO 1/2015, de 30 de marzo. En estas Circulares de la Fiscalía General del Estado se mantiene, entre otras materias, una posición diferente de la sostenida en la sentencia sobre la calificación de la ausencia de una cultura de control en la empresa como elemento del tipo objetivo que deba ser probado necesariamente caso a caso por la acusación, en relación con la eventual concurrencia de la eximente prevenida en los párrafos 2 º y 4º del art 31 bis CP 2015. Criterio autorizado y razonado que, a nuestro entender, hubiese sido procedente escuchar, en su aplicación al caso concreto y en relación con las consecuencias prácticas de asumir uno u otro modelo probatorio, con anterioridad a adoptar una decisión sobre el tema. Para lo cual habría sido preferible, en nuestra opinión, esperar a un recurso en el que esta cuestión hubiese sido expresamente planteada y debatida.

2º.- LA AUSENCIA DE UNA CULTURA DE CONTROL COMO ELEMENTO DEL TIPO OBJETIVO.

Sin abundar ahora en planteamientos doctrinales, y desde una perspectiva exclusivamente jurisdiccional, no cuestionamos que el fundamento último de la responsabilidad penal de las personas jurídicas se encuentre en la ausencia de medidas eficaces de prevención y control de su funcionamiento interno, como el fundamento último de la sanción penal del homicidio se encuentra en el respeto a la vida. Pero no compartimos que esta ausencia se pueda calificar, en la específica regulación vigente, como "el núcleo de la tipicidad" o como un elemento autónomo del tipo objetivo definido en el art 31 bis 1º CP 2015, según se considera en la sentencia mayoritaria al analizar la naturaleza de la eximente prevenida en el párrafo segundo del citado precepto.

Los presupuestos específicos de la responsabilidad penal de las personas jurídicas o elementos del tipo objetivo a que se refiere la sentencia mayoritaria, vienen expresamente definidos por el Legislador en los párrafos a) y b) del párrafo 1º del art 31 bis CP, y estos son los que deben ser probados por la acusación, y expresamente reflejados en el relato fáctico de la sentencia, para permitir la subsunción jurídica adecuada. No pretendemos, con esta afirmación, otorgar a la responsabilidad penal de las personas jurídicas una naturaleza objetiva. La persona jurídica es responsable penalmente de los delitos cometidos por sus representantes o dependientes en el contexto empresarial, societario o asociativo (art 31 bis 1º CP), porque es culpable (en la escasa medida en que este concepto puede ser aplicado a una persona jurídica, que no deja de constituir una ficción). Pero esta culpabilidad la infiere el Legislador, en el apartado a) del art 31 bis CP que es el aquí aplicado, del hecho de permitir que sus representantes cometan un acto delictivo, en nombre y por cuenta de la sociedad y en su beneficio. Y se fundamenta en los principios generales de la "culpa in eligendo" y la "culpa in vigilando ", o incluso, si se quiere profundizar más, de la culpa "in constituendo" y la culpa "in instruendo". S in constituir un elemento adicional del tipo objetivo que exija a la acusación acreditar en cada supuesto enjuiciado un presupuesto de tipicidad tan evanescente y negativo como es demostrar que el delito ha sido facilitado por la ausencia de una cultura de respeto al Derecho en el seno de la persona jurídica afectada, "como fuente de inspiración de la actuación de su estructura organizativa e independiente de la de cada una de las personas físicas que la integran", que es lo que, con cierta confusión, constituye el elemento típico que exige acreditar en cada caso la sentencia mayoritaria (fundamento jurídico octavo).

3º.- LA EXENCIÓN DE RESPONSABILIDAD PENAL Y SU PRUEBA: ¿PROCEDE CONFIGURAR UN MODELO PROBATORIO EXCEPCIONAL Y PRIVILEGIADO PARA LAS PERSONAS JURÍDICAS?

La reforma operada por la LO 1/2015, introduce en los párrafos segundo y cuarto del art 31 bis unas circunstancias específicas de exención de la responsabilidad penal, para los supuestos en que la persona jurídica disponga de determinados instrumentos eficaces para la prevención de delitos en su seno.

Estas exenciones son coherentes con el fundamento último de la responsabilidad penal de las personas jurídicas, al que nos hemos referido, excluyendo su culpabilidad, en el sentido "figurado" al que también hemos hecho referencia. Si la atribución de responsabilidad penal a la persona jurídica por los delitos cometidos por sus representantes, o dependientes, con determinados presupuestos, se fundamenta en el plano culpabilístico en permitir o favorecer su comisión al haber eludido la adopción de las medidas de prevención adecuadas, la acreditación de la adopción de estas medidas debe producir como consecuencia la exclusión de su responsabilidad penal. Lo cierto es que el Legislador establece expresamente esta exención, y la configura en unos términos muy específicos, cuya concurrencia deberá comprobarse en cada caso.

Ahora bien no apreciamos razón alguna que justifique alterar las reglas probatorias aplicables con carácter general para la estimación de circunstancias eximentes, imponiendo que en todo caso corresponda a la acusación la acreditación del hecho negativo de su no concurrencia. No se exige en un homicidio que el Ministerio Fiscal acredite sucesivamente que no concurre legítima defensa, ni estado de necesidad, ni miedo insuperable, salvo que alguna de estas circunstancias se haya alegado expresamente y conste una base razonable para su apreciación.

Constituye una regla general probatoria, consolidada en nuestra doctrina jurisprudencial, que las circunstancias eximentes, y concretamente aquellas que excluyen la culpabilidad, han de estar tan acreditadas como el hecho delictivo. En cuanto pretensiones obstativas de la responsabilidad, y una vez acreditada la concurrencia de los elementos integradores del tipo delictivo objeto de acusación, corresponde a quien las alega aportar una base racional suficiente para su apreciación, y en el caso de que no se constate su concurrencia, la consecuencia no es la exención de responsabilidad penal sino la plena asunción de la misma (STS 1068/2012, de 13 de noviembre, entre otras muchas).

Sin perjuicio de todas las matizaciones que puedan hacerse a esta doctrina general, y que estimamos que no corresponde ahora desarrollar, consideramos que no procede constituir a las personas jurídicas en un modelo privilegiado de excepción en materia probatoria, imponiendo a la acusación la acreditación de hechos negativos (la ausencia de instrumentos adecuados y eficaces de prevención del delito), sino que corresponde a la persona jurídica alegar su concurrencia, y aportar una base racional para que pueda ser constatada la disposición de estos instrumentos. Y, en todo caso, sobre la base de lo alegado y aportado por la empresa, deberá practicarse la prueba necesaria para constatar la concurrencia, o no, de los elementos integradores de las circunstancias de exención de responsabilidad prevenidas en los párrafos segundo o cuarto del art 31 bis, en el bien entendido de que si no se acredita la existencia de estos sistemas de control la consecuencia será la subsistencia de la responsabilidad penal.

Prueba de que el propio Legislador sigue este criterio probatorio de carácter general es que en el párrafo segundo del número 2º del art 31 bis se establece expresamente que cuando las circunstancias que dan lugar a la exención "solamente puedan ser objeto de acreditación parcial, esta circunstancia será valorada a los efectos de atenuación de la pena".

Por ello nos causa preocupación, en la medida en que puede determinar un vaciamiento de la responsabilidad penal de las personas jurídicas, e incluso su impunidad, la propuesta de inversión del sistema ordinario de prueba en esta materia, que puede constatarse, por ejemplo, en diversos párrafos del fundamento jurídico octavo de la sentencia mayoritaria, que establecen la doctrina de que no se puede dispensar a la acusación de su obligación de acreditar la "inexistencia de instrumentos adecuados y eficaces de prevención del delito" en el seno de la persona jurídica, en lugar de considerar que el objeto de la prueba no es la inexistencia, sino la disposición de estos instrumentos.

Criterio que puede ocasionar consecuencias imprevisibles, como cabe apreciar en el propio caso enjuiciado, según analizaremos en el apartado siguiente.

4º.- INCONGRUENCIA DE LA RESOLUCIÓN

La resolución mayoritaria establece de modo reiterado que en los supuestos de responsabilidad penal de las personas jurídicas corresponde a la acusación acreditar el "núcleo de la tipicidad" consistente en "la ausencia de una cultura de respeto al derecho como fuente de inspiración de la actuación de su estructura organizativa e independiente de la de cada una de las personas que la integran, que habría de manifestarse en alguna clase de formas concretas de vigilancia y control del comportamiento de sus directivos y subordinados jerárquicos, tendentes a la evitación de la comisión por éstos de los delitos enumerados en el Libro II del Código Penal, como posibles antecedentes de esa responsabilidad de la persona jurídica" (fundamento jurídico octavo).

O bien se establece que la concurrencia de la eximente está relacionada "con el tipo objetivo, lo que sería quizás lo más adecuado puesto que la exoneración se basa en la prueba de la existencia de herramientas de control idóneas y eficaces cuya ausencia integraría, por el contrario, el núcleo típico de la responsabilidad penal de las personas jurídicas" (fundamento jurídico octavo, párrafo siguiente).

O, en su caso, el "núcleo de la responsabilidad de la persona jurídica, que como venimos diciendo no es otro que el de la ausencia de las medidas de control adecuadas para la evitación de la comisión de delitos, que evidencien una voluntad seria de reforzar la virtualidad de la norma, independientemente de aquellos requisitos más concretados legalmente en forma de las denominadas compliances o "modelos de cumplimiento" (fundamento jurídico octavo, tres párrafos después).

O bien "el análisis de la responsabilidad propia de la persona jurídica, manifestada en la existencia de instrumentos adecuados y eficaces para la prevención del delito, es esencial para concluir la condena y, por ende, si la acusación se ha de ver lógicamente obligada, para sentar los requisitos fácticos en orden a calificar a la persona jurídica como responsable, a afirmar la inexistencia de tales controles, no tendría sentido dispensarla de la acreditación de semejante extremo esencial para la prosperidad de su pretensión (fundamento jurídico octavo, más adelante).

Como hemos señalado, y sin desconocer la relevancia de los mecanismos de prevención a los que el Legislador ha atribuido expresamente la función de exención o, en su caso, atenuación de la responsabilidad penal, estimamos que incorporar al núcleo del tipo un elemento tan evanescente como la "ausencia de una cultura de respeto al derecho "no cumple con el principio de certeza, ínsito en el de tipicidad, que exige que los supuestos a los que la ley atribuya una responsabilidad penal aparezcan descritos en el texto legal con la mayor precisión posible, en todos los elementos que los definen. Criterio que, a nuestro entender, no respeta este presupuesto metalegal incorporado en la sentencia mayoritaria al art 31 bis 1° CP, por su carácter abierto e indeterminado.

Ahora bien, si considerásemos efectivamente que este elemento constituye el núcleo de la tipicidad y que debe ser acreditado en cada caso por la acusación para que pueda prosperar su pretensión de condena, es indudable que este presupuesto debería haberse declarado expresamente probado en el relato fáctico de la sentencia de instancia, para que pudiésemos confirmar la condena de las personas jurídicas recurrentes. Es claro que el relato fáctico debe contener todos los elementos objetivos que determinan legalmente la responsabilidad penal para proceder a la subsunción del hecho declarado probado en la norma penal legalmente procedente.

Pues bien, analizando minuciosamente el relato fáctico, no cabe apreciar en momento alguno que se declare probado que las empresas condenadas careciesen de "una cultura de respeto al derecho", o más simplemente que "careciesen de los instrumentos adecuados y eficaces para la prevención del delito", dato fáctico que, en aplicación rigurosa de la doctrina establecida en la sentencia mayoritaria, debería haberse acreditado por la acusación y figurar en los hechos probados, como núcleo de la tipicidad.

En realidad "la carencia absoluta y no cuestionada de instrumentos para la prevención de la comisión de delitos en el seno de la persona jurídica recurrente", referida en concreto, y en exclusiva, a la empresa Transpinelo SL, es un dato fáctico que se incorpora en la fundamentación jurídica de nuestra sentencia casacional (fundamento jurídico octavo, apartado b), y que carece de sustento alguno en los hechos probados. Constituye una doctrina consolidada de esta Sala que la fundamentación jurídica no puede complementar el relato fáctico en perjuicio del reo, por lo que si realmente se considerase imprescindible que la acusación acreditase este núcleo típico, y que efectivamente constase acreditado en el relato fáctico para fundamentar la condena, no se habría podido desestimar el recurso y mantener la condena impuesta en la instancia.

En definitiva, la doctrina a la que estamos haciendo referencia, muy respetable, constituye en realidad un "obiter dicta" de la sentencia mayoritaria, que se pronuncia sobre una materia que no ha sido objeto de debate durante el procedimiento, y que no se utiliza como "ratio decidendi" del fallo confirmatorio de la condena impuesta a las personas jurídicas recurrentes. En el caso de que se hubiese exigido de modo efectivo en el caso actual la prueba por la acusación de la ausencia de una cultura de control y de elementos específicos de prevención en las empresas enjuiciadas, como elemento autónomo del tipo objetivo que tendría que constar en los hechos probados, la resolución determinada por el relato fáctico habría tenido que ser absolutoria.

5º.- CONCLUSIÓN

A) Los elementos que configuran la responsabilidad penal de las personas jurídicas y que deben ser acreditados por la acusación son los que de manera expresa se relacionan por el Legislador en el art 31 bis 1º CP, apartados a) y b).

B) La conveniencia de que las personas jurídicas dispongan de una cultura de control y de instrumentos eficaces para prevenir la comisión de delitos en el seno de su actividad social constituye indudablemente uno de los motivos relevantes que justifican la decisión del Legislador de establecer en nuestro ordenamiento su responsabilidad penal. Pero la acreditación de la ausencia de esta cultura de control no se ha incorporado expresamente en nuestro derecho positivo como un presupuesto específico de la responsabilidad penal de las personas jurídicas o como elemento del tipo objetivo, desempeñando una función relevante como causa de exención o atenuación de la responsabilidad penal a través de lo prevenido en los párrafos 2º y 4º del art 31 bis.

C) La aplicación de estas causas de exención o atenuación de la responsabilidad penal de las personas jurídicas debe realizarse conforme a las reglas probatorias ordinarias consolidadas en nuestra doctrina jurisprudencial para la apreciación con carácter general de las circunstancias eximentes o atenuantes.

Manteniendo nuestra conformidad en el resto de los pronunciamientos de la sentencia mayoritaria, y también con el contenido del fallo, expresamos y suscribimos este voto concurrente.

Cándido Conde Pumpido Tourón, Miguel Colmenero Menéndez de Luarca, Luciano Varela Castro, Alberto Jorge Barreiro, Antonio del Moral García, Andrés Palomo Del Arco, Joaquín Giménez García.

PUBLICACIÓN.- Leídas y publicadas han sido las anteriores sentencias por el Magistrado Ponente Excmo. Sr. D. José Manuel Maza Martín, mientras se celebraba audiencia pública en el día de su fecha la Sala Segunda del Tribunal Supremo, de lo que como Letrado/a de la Administración de Justicia, certifico.

Made in United States
Orlando, FL
05 November 2026

90231072R00167